Lo que América le debe a España

Historia

Marcelo Gullo Omodeo

Lo que América le debe a España

El legado español en el Nuevo Mundo

ESPASA

PEFC Certificado

Este libro procede de bosques gestionados de forma sostenible

PEFC

PEFC/14-38-00305 www.pefc.es

Espasa, un sello editorial de Editorial Planeta, S. A.
Avda. Diagonal, 662-664, 08034 Barcelona (España)

Adaptación de la cubierta: Booket / Área Editorial Grupo Planeta
Imagen de la cubierta: © Stocktrek Images, Inc. / Alamy / ACI y © Kathy Collins / Getty Images
Imágenes de interior: © Ann Ronan Picture Library / Heritage-Images / Album; © Bridgeman Images / ACI; © Shutterstock; © History and Art Collection / Alamy / ACI; © Everett Collection Inc / Alamy / ACI; © Eduardo Comesaña / Alamy Foto de stock; © sfgp / Album; © GL Archive / Alamy / ACI; Wikimedia; © Zuri Swimmer / Alamy / ACI; © Fotystory.pl / Shutterstock; © Ksenia Ragozina / Shutterstock; © Hernando Cortes Nuremburg Newberry Library, Chicago / Album; © Album; © Atienza / EFE; © Archivo personal del autor y por cortesía de José Luis López-Linares.
Gráficos de interior: © Jesús Sanz (jesussanz.com)
Primera edición en Colección Booket: mayo de 2025

Depósito legal: B. 7188-2025
ISBN: 978-84-670-7741-4
Impreso en España

Biografía

Marcelo Gullo Omodeo es doctor en Ciencia Política por la Universidad del Salvador (Buenos Aires), magíster en Relaciones Internacionales —especialización en Historia y Política Internacional— por el Institut Universitaire de Hautes Études Internationales de la Universidad de Ginebra, graduado en Estudios Internacionales por la Escuela Diplomática de Madrid, profesor de la Escuela Superior de Guerra y de la Universidad Nacional de Lanús (Buenos Aires) e investigador asociado del Instituto de Estudios Estratégicos (INEST) de la Universidad Federal Fluminense (Río de Janeiro). Es autor de varios libros, entre los que cabe destacar *Argentina-Brasil. La gran oportunidad*; *La insubordinación fundante. Breve historia de la construcción del poder de las naciones*; *Insubordinación y desarrollo. Las claves del éxito y el fracaso de las naciones*; *La historia oculta. La lucha del pueblo argentino por su independencia del imperio inglés*; *Haya de la Torre. La lucha por la Patria Grande* y *Relaciones internacionales. Una teoría crítica desde la periferia sudamericana*. Ha impartido numerosas conferencias en España, Argentina, Bolivia, Perú, Uruguay, Brasil, Venezuela, Italia y Rusia. En Espasa ha publicado tres obras de enorme repercusión en venta y crítica: *Madre patria, Nada por lo que pedir perdón* y *Lo que América le debe a España*.

Al legendario profesor Luis D'Aloisio, mi gran maestro y amigo, el «Sócrates de Rosario», el hombre que me enseñó a pensar.

A la memoria de Hugo Manini Ríos, un auténtico caballero cristiano de la estirpe de Rodrigo Díaz de Vivar, y de José Gervasio Artigas, que soñó y luchó siempre por la reunificación de Patria Grande, sabiendo que la reconstrucción de la unidad perdida debía partir de desenmascarar la pérfida obra de lord Ponsonby.

A mi amigo Roberto Vitali, sin cuyo apoyo no habría sido posible este libro.

A Inés, a quien he amado siempre.

A mis queridos hijos Juan Carlos, Piti y Antonio, a los que amo profundamente.

Entre el pasado y el presente hay una filiación tan estrecha que juzgar el pasado no es otra cosa que ocuparse del presente. Si así no fuera, la historia no tendría interés ni objeto. Falsificad el sentido de la historia y pervertís por el hecho toda la política. La falsa historia es el origen de la falsa política.

Juan Bautista Alberdi

Sabemos que nos mienten. Ellos saben que mienten. Ellos saben que sabemos que nos mienten. Sabemos que ellos saben que sabemos que nos mienten. Y, sin embargo, siguen mintiendo.

Alexander Solzhenitsyn

Y nos dicen a los españoles —e hispanolatinos— que no soñemos, que despertemos, que volvamos en nosotros mismos, que olvidemos nuestras mentidas glorias. Es el camino para que no actuemos. ¡No! Soñemos nuestra inmortalidad, soñemos que volverá a tocarnos la hora.

Miguel de Unamuno

Índice

La falsa historia es el origen de la falsa política

Un hombre que no arriesga nada por sus ideas,
o no valen nada sus ideas, o no vale nada el hombre.

Platón

Estimado lector: seguro que está usted viendo cómo año tras año disminuye su salario real, cómo sube el precio de los alimentos, cómo aumentan los impuestos que paga por su casa —hasta que no pueda pagarlos más y se vea obligado a venderla—, al tiempo que se disparan las tarifas del gas y la electricidad. Como si eso fuese poco, la guerra ha regresado a Europa, y tan solo a dos mil quinientos kilómetros de Madrid, ucranianos y rusos se matan unos a otros. Y para aumentar el estado de preocupación que sufrimos todos, siempre aparece un periodista que nos recuerda que, quizá, llegue una nueva pandemia, como la viruela del mono o el sarampión del elefante.

Y resulta que ahora regresa este argentino —pensará usted— con un libro que insiste en la necesidad del estudio de la historia de España e Hispanoamérica. ¿Por qué esa manía por la historia?, se preguntará. Porque, como sostenía Juan Bautista Alberdi, «entre el pasado y el presente hay una filiación tan estrecha que juzgar el pasado no es otra cosa que ocuparse del presente». Y porque, además, como Alberdi también afirmaba, «la falsa historia es el origen de la falsa política», es decir, de la política perversa que hoy padecemos todos: la política de los Kirchner en Argentina, de los Boric en Chile, de los Petro en Colombia, de los Puigdemont en España... Y para nosotros, estimado lector, esa tergiversación de la historia comenzó con la falsificación de la conquista española de América. Una falsificación que fue la obra más genial del *marketing* político británico, tal y como venimos afirmando desde hace tiempo en nuestros libros y declaraciones. Sin duda alguna, la leyenda negra es el huevo de la serpiente.

Si, a día de hoy, el nacionalismo catalán amenaza con destruir la unidad de España y el falso indigenismo —de los Evo Morales, de los Maduro...— conduce a las repúblicas hispanoamericanas hacia una nueva balcanización territorial, es porque se ha falsificado la historia y porque se ha producido una tergiversación sistemática de nuestro pasado. Los políticos negrolegendarios —los López Obrador y compañía— mienten sistemáticamente. Saben que sabemos que mienten, que los hemos pillado en sus mentiras y, sin embargo, como si nada hubiese acontecido, con total desfachatez siguen insistiendo en esas mismas mentiras e inventando otras nuevas. Por eso hay que desenmascararlos continuamente, una y otra vez, y esa es la razón profunda y el porqué de este libro.

Las naciones que no saben de dónde vienen no saben a dónde deben ir. Mejor dicho: hay otros, los que les han falsificado la historia, que dicen dónde tienen que ir. Ese es el motivo por el que en el primer capítulo de este libro me pregunto: «¿De dónde venimos?». Dar una respuesta adecuada a esa pregunta es una cuestión de vital importancia. Porque el lobo —ayer el imperialismo anglocalvinista y hoy la oligarquía financiera internacional[1]— le dice a las ovejas cuál es el camino más seguro para que puedan arribar a un hermoso prado de hierbas siempre verdes. Y es precisamente porque nos hicieron olvidar de dónde venimos por lo que nos hemos olvidado de qué es España y qué es Hispanoamérica, asunto que abordo en el segundo y tercer capítulos de la obra que usted tiene en sus manos.

La leyenda negra, la falsa historia de España inventada por los enemigos de España, es hoy relatada como una verdad irrefutable en la propia España por militantes políticos disfrazados de profesores e investigadores, que predican que los españoles deberían sentir vergüenza de la conquista de América, que deberían pedir perdón de rodillas una y mil veces cuando, en realidad, lo que hizo España fue liberar a los pueblos precolombinos de los «dioses de la muerte» que los hacían vivir en la *angustia del estar,* es decir, en un infierno en la Tierra. Porque América le debe a España su *ser* y su liberación espiritual, tema este que desarrollo en el capítulo quinto del libro.

Las masas indias se convirtieron a la nueva fe porque quisieron, no porque fueron obligadas. Nadie da su vida por una fe que le ha sido impuesta. Y cuando, en México, una dirigencia política apátrida, disfrazada de socialista y al servicio del imperialismo yanqui, quiso arrancar de raíz la fe del Nazareno, las masas indias se levantaron en armas y, dispuestas a morir, marcharon a la guerra en defensa de su fe. Apasionante y trágica es la historia de la Revolución Cristera, asunto que relato en el capítulo sexto del libro.

El último capítulo, también largo, trata de la historia política y económica de Estados Unidos. Y, seguramente, querido lector, se preguntará: ¿y eso que tiene ver con la leyenda negra y la historia de España e Hispanoamérica? Quizá esté pensando que, después de la agresión y golpiza que sufrí el 7 de febrero de 2023 en Rosario, mi ciudad natal, he enloquecido, o que escribí ese último capítulo inspirado por Dionisio. La explicación es bastante larga, pero estoy convencido de que, al final de la misma, usted comprenderá su razón de ser y seguro que llegará a pensar que es de los apartados más importantes del libro. Así pues, permítame que le exponga los motivos.

El 19 septiembre de 2022 viajé a España para presentar mi libro *Nada por lo que pedir perdón.* Era el cuarto viaje que hacía a la Madre Patria —desde el fin del tristemente famoso confinamiento— para promocionar mis libros y exponer mi pensamiento sobre la leyenda negra de la conquista española de América. Al poco de llegar, el 10 de octubre, presenté el libro en la Fundación Rafael del Pino. Fue una tarde gloriosa que no olvidaré jamás. La sala principal de la fundación, con capacidad para quinientas personas, estaba abarrotada. No cabía un alfiler. Tuvieron que habilitar una sala contigua, donde el público vio la presentación en una pantalla gigante. Y, aun así, muchísima gente se quedó en la calle. Aquella tarde sentí que estaba jugando la final de la Copa del Mundo.

Seguro que estará pensando: «Ya están estos argentinos con sus metáforas futbolísticas...». Pero ¿qué quiere que le diga? La verdad es que yo me sentía Messi, es decir, me sentía el capitán de un equipo. Porque aquello ni mucho menos era la final de Wimbledon o de Roland Garros. No. Era la final de la Copa del Mundo de fútbol, porque, aunque yo era el que estaba sobre el escenario, en realidad formaba parte de un equipo de amigos que se fue creando desde que, en mayo de 2021, publiqué mi libro *Madre Patria,* un equipo que me había llevado a mí hasta el escenario para que «pateara el penal».

Pilar de Arístegui, Mai Rivas, Beatriz Paredes, Almudena de Maeztu, Miguel de Bertodano, José Luis López-Linares, Borja Díez de Rivera, Agustín de Diego, Vicente Miró y Antonio Llop. Esos son los nombres de los titulares de la «selección» que jugaba contra la leyenda negra, aunque en muchos partidos también entraron a la cancha —así le decimos en Argentina coloquialmente al estadio de fútbol, «cancha», que es una palabra de origen quechua, como «pampa» o «pucho», todas ellas incorporadas al hablar cotidiano— María Maier, Yopi Balboa, Patricia Larrinaga, Pepe Lombardía, Javier Tafur o Antonio Armada.

Se sucedieron luego otras presentaciones, como la de Sevilla, en la Sala del Archivo de Indias, organizada por Joaquín Egea, o las de Madrid, en La Gran Peña, promovida por Miguel Ayuso, y la reunión en un domicilio particular a la que fui invitado el 4 de noviembre de 2022, justo antes de regresar a la Argentina, y a la que asistieron jóvenes universitarios y profesionales recién graduados en la universidad. Como en tantas otras ocasiones, me acompañaba mi entrañable amigo José Luis López-Linares, director del extraordinario documental titulado *España: la primera globalización*.

Desde la mesa expliqué que España nunca había considerado al Nuevo Mundo como un botín, que había sembrado América de hospitales y universidades, que había fundado la Universidad de Lima ochenta y tres años antes de que los ingleses fundaran Harvard, que España nos había dado su lengua, su cultura y sus valores... Grande fue mi sorpresa cuando, al finalizar mi exposición, uno de los jóvenes asistentes me dijo que la cultura española no debía de ser muy buena porque México, Argentina y el resto de naciones hispanoamericanas eran países subdesarrollados, mientras que

Estados Unidos, de cultura anglosajona, era una potencia mundial.

Aquel joven presentaba el desarrollo económico de Estados Unidos como prueba de que la cultura hispánica —que habíamos recibido como herencia de la Madre Patria— no solo era inferior a la anglosajona que había heredado Estados Unidos, sino que, además, la cultura española había sido precisamente la causa primera de nuestro subdesarrollo.

Le pregunté si sabía que México, en el momento de su independencia, era mucho más rico, próspero y poderoso que Estados Unidos, y me miró con cara de asombro. También le pregunté si había estudiado la historia del desarrollo económico de Estados Unidos y si conocía en profundidad la historia económica del periodo colonial norteamericano para afirmar tan temeraria e infundada idea. Como preveía, me contestó que no.

Lo cierto es que muchos otros asistentes —jóvenes y no tan jóvenes— compartían el prejuicio de que la cultura católica que las repúblicas hispanoamericanas heredaron de España es la causa principal de su subdesarrollo, de modo que expliqué que tiempo atrás había escrito dos libros sobre ese asunto, *La insubordinación fundante. Breve historia de la construcción del poder de las naciones* (2010) e *Insubordinación y desarrollo. Las claves del éxito y el fracaso de las naciones* (2012), en los que exponía cómo Inglaterra, Estados Unidos, Alemania, Japón, Francia, Canadá y Corea del Sur se convirtieron en potencias industriales sin que el factor cultural fuera decisivo o determinante. También expliqué que yo mismo había creado una teoría sobre las causas principales del desarrollo de las naciones —la «teoría de la Insubordinación Fundante»—, pero no me pareció que les interesara demasiado.

No había duda de que se sentían cómodos con sus prejuicios culturales. Como la mayoría de los jóvenes españoles e hispanoamericanos, también ellos eran víctimas de la leyenda negra, que dice que España era la barbarie y el atraso, e Inglaterra la civilización y el progreso. Y, como consecuencia, creían que los hijos de la «bárbara» España —salvo que abandonaran la cultura recibida— estaban condenados a ser ignorantes y pobres, mientras que los hijos de la «civilizada» Inglaterra estaban destinados a ser cultos y ricos.

Estos prejuicios culturales están muy arraigados en la juventud hispanoamericana, pues uno de los objetivos de la leyenda negra —predicada en nuestro continente por los agentes de Inglaterra, primero, y después por los de Estados Unidos— es el de hacernos creer que somos subdesarrollados porque España nos conquistó y, para colmo de males, porque los españoles nos hicieron católicos.

Se trata de un prejuicio muy frecuente en el sector social que el sociólogo argentino Arturo Jauretche definió como «el medio pelo»[2], que es el que repite en las calles de Buenos Aires o de Rosario la vergonzante frase «¡ojalá hubiéramos sido colonia de Inglaterra!». Son muchos los argentinos que la exclaman, sin advertir que por medio de la colonización ideológica —esa que Hans Morgenthau llamó «imperialismo cultural»[3]— fuimos, después de nuestra independencia, efectivamente, una «colonia de Inglaterra», por más que mantuviéramos los atributos formales de la soberanía —Gobierno, bandera, himno y Ejército— necesarios para realizar los desfiles del Día de la Independencia.

Al finalizar la presentación de *Nada por lo que pedir perdón,* José Luis y yo nos fuimos a un bar del Paseo de la Castellana a tomar un *gin-tonic* para ahogar nuestras penas con un trago bien anglosajón.

De regreso en Rosario volví a abrir *La obra de España en América,* del mexicano Carlos Pereyra, y me encontré —lo había olvidado— que el libro se cierra con un capítulo titulado «El engrandecimiento territorial, económico y político de los Estados Unidos como hecho acusatorio contra España». El gran historiador y diplomático publicó su libro en Madrid en 1930, lo que demuestra que el prejuicio de aquel joven estaba muy extendido desde vieja data. Como decía anteriormente, hablamos de un prejuicio que es el resultado de la leyenda *negra* de la conquista española del Nuevo Mundo y de la leyenda *rosa* de la conquista inglesa de América del Norte.

Es probable que usted también comparta ese prejuicio —o quizá conozca a muchos que lo hacen—, por lo que seguramente estará de acuerdo conmigo en que este libro debía finalizar analizando la historia política y económica de Estados Unidos. Es un capítulo extenso, pues, como afirmaba Carlos Pereyra, el desarrollo económico de Estados Unidos es una de las principales pruebas —en realidad, como veremos, falsa prueba— presentada por los negrolegendarios delante del Tribunal de la Historia para demostrar que la conquista española de América es la causa primera del atraso económico de Hispanoamérica y que, en definitiva, la cultura católica llevada por España al Nuevo Mundo es la culpable del subdesarrollo hispanoamericano.

Ahora, estimado lector, puede usted comenzar a leer este libro.

1
¿De dónde venimos? De Atenas, Roma y Jerusalén

> La historia, la religión y el idioma nos sitúan en el mapa de la cultura occidental y latina a través de su vertiente hispánica, en la que el heroísmo y la nobleza, el ascetismo y la espiritualidad alcanzan sus más sublimes proporciones.
>
> Juan Domingo Perón

Esta es una historia mil veces contada y que los viejos españoles e hispanoamericanos medianamente formados conocían de memoria. Hoy, sin embargo, los más jóvenes la han olvidado. Conviene recordarla, porque el olvido de la Historia lleva a la incomprensión del presente, y la incomprensión del presente a la imposibilidad de intuir y construir el futuro. Y es que, sin un mínimo conocimiento del pasado, en un mundo en el que diversos grupos de militantes políticos —caniches de la oligarquía financiera internacional disfrazados de historiadores, sociólogos, antropólogos, etc.— intentan destruir los valores de la cultura occidental, mientras las clases medias y los trabajadores pierden cada vez más derechos y calidad de vida, los más jóvenes marchan alegremente por la vida como ovejas al matadero.

Tenga usted en cuenta, estimado lector, que resulta imposible resumir en apenas unas cuantas páginas más de tres mil años de historia, por lo que tan solo podré brindarle un pequeño esquema y un relato que contenga algunas claves de interpretación que le permitirán cabalgar, sin perderse en la trampa de los detalles, desde ese remoto pasado hasta nuestro confuso —aparentemente— presente.

Así, pues, comencemos por el principio.

Mientras a orillas del Nilo, del Tigris, del Indo y del Ganges se desarrollaban las brillantes civilizaciones orientales, en un rincón del Mediterráneo, justo entre Asia y Europa, los pelasgos, un pueblo de marinos, creaban en la isla de Creta, aproximadamente hacia el año 3000 a. C., una avanzada cultura que fue heredada por sus conquistadores: los helenos.

Hacia el año 1200 a. C., los helenos —llamados después griegos—, divididos en tres tribus, los eolios, los jonios y los aqueos —conquistadores de los pelasgos—, penetraron en el territorio de la actual Grecia, aunque no destruyeron las civilizaciones que allí encontraron, sino que decidieron asimilarlas. Por su parte, los dorios, la tribu más atrasada de los helenos, permanecieron a las puertas de Grecia, como si esperaran su turno para aparecer en la historia[1]...

Micenas fue la ciudad más importante fundada por los aqueos, que rápidamente se impusieron sobre sus tribus hermanas y emprendieron la conquista de las islas y las costas del mar Egeo. Únicamente la ciudad de Troya, que desde la desaparición del poder naval cretense saqueaba y sembraba la desolación en las costas griegas, se interponía en el camino de los aqueos. Así, pues, los reyes de Micenas (a los que se denominaba «reyes de reyes») decidieron acabar con Troya y, al frente de una gigantesca coalición integrada por todos los helenos, se lanzaron sobre sus habitantes, a los que lograron vencer tras diez años de durísimos combates[2].

Poco después, los dorios penetraron en Grecia desde Macedonia armados con espadas de hierro, lo que les daba una clara superioridad militar que les permitió imponerse rápidamente sobre sus hermanos helenos. Ante la amenaza de los dorios y para ponerse a salvo, los mejores hombres de la Grecia micénica abandonaron la península Helénica, desparramándose por todas las islas del mar Egeo y por las costas de Asia Menor.

Fue precisamente en esas nuevas tierras de Asia Menor —hoy pertenecientes a Turquía— donde Homero[3] concibió la *Ilíada* y la *Odisea* y donde nacieron los filósofos Tales de Mileto y Pitágoras. Más tarde los griegos fundaron, en la isla de Sicilia, las ciudades de Agrigento, Siracusa, Catania, Naxos, Taormina y Messina, mientras que en el sur de la península Itálica se crearon las urbes de Nápoles, Cortona, Tarento, Síbaris o Gallipoli, entre otras. Asimismo, en las Galias construyeron las ciudades-puerto de Niza, Mónaco y Marsella; en la península Ibérica, Ampurias, Tarragona, Zacintos y Hemeroscopion, y en el mar Negro, la que siglos más tarde sería la famosa ciudad de Bizancio.

Todas estas urbes autónomas, celosas de su independencia, se denominaban *poleis* y conformaban lo que se denomina la Magna Grecia. Los fundadores siempre llevaban consigo un puñado de tierra de su Madre Patria, Grecia, que desparramaban simbólicamente sobre el suelo de la nueva ciudad. También transportaban el fuego sagrado para asegurar la continuidad de la «Fe fundante». Es importante resaltar que los fundadores de estas nuevas ciudades eran hombres y que tomaban esposas entre las mujeres indígenas, dando así inicio a un proceso de mestizaje que fue más o menos intenso dependiendo de las circunstancias. Esta voluntad de mezclarse con el otro fue desde aquel momento parte del ADN constitutivo del verdadero Occidente y así se comportaron tanto romanos como españoles cuando construyeron sus respectivos imperios. Sin embargo, esa herencia cultural fue rechazada —tras la rebelión de Lutero— por los pueblos anglo-germanos que se hicieron protestantes. Así, cuando Inglaterra se convirtió en la gran potencia hegemónica del mundo, Occidente —sería mejor decir el «falso Occidente» que Inglaterra representaba— pasó a ser sinónimo de racismo. Ese falso Occidente, la Europa nórdico-protestante, que antaño fuera Occidente cristiano, borró lo que había de cristiano dentro de él y logró derrotar a la Hispanidad. A partir de la plena consagración de la hegemonía británica —después de la derrota de Napoleón y de la balcanización de Hispanoamérica en repúblicas impotentes—, Occidente se convirtió en sinónimo de imperialismo.

Pero no perdamos el hilo de nuestro relato y volvamos a los griegos. Los invasores dorios destruyeron Micenas y, a orillas del río Eurotas, se asentaron en cinco pequeñas aldeas que, agrupadas, conformaron la polis de Esparta, que se convirtió en una verdadera ciudad-cuartel, cuyo ideal era hacer de todos los espartanos perfectos soldados. A los aqueos que no lograron huir los convirtieron en sus esclavos, obligándolos a trabajar en los campos para su propio provecho.

Cuando los jonios penetraron en Grecia, en la fértil llanura del río Cefiso, se apoderaron de varias aldeas de los pelasgos, situadas a pocos kilómetros del mar, y las reagruparon en una nueva polis a la que denominaron Atenas en honor de Atenea, diosa de la Sabiduría. Cuando, siglos después, los dorios invadieron Grecia pasaron milagrosamente delante de Atenas sin causarle ningún daño, por lo que la ciudad pudo continuar su desarrollo y su progreso sin dificultades. Fue justamente en Atenas donde nació Sócrates, a quien debemos la liberación del pensamiento respecto de la sensación, del sentimiento y de la percepción subjetiva, y su elevación a la altura del concepto y de la definición, un hecho que hizo posible el posterior desarrollo de la ciencia y del Derecho.

En este punto es importante destacar que la libertad del hombre en una comunidad resulta imposible si su pensamiento no se basa en conceptos claros y distintos, sino en su caprichosa y voluble percepción individual, la cual lleva casi indefectiblemente al establecimiento de una dictadura personal o colectiva. Por ello puede afirmarse que el pensamiento griego posibilitó la aparición, por primera vez en la Historia, de la verdadera libertad política.

Sócrates (469 a. C.-399 a. C.), hijo de una partera y de un albañil, debería haber seguido el oficio de su padre, pero se interesó por el conocimiento y decidió cambiar el rumbo de su vida y, sin saberlo, de gran parte de la humanidad. Aun así, su afición por el conocimiento no le impidió cumplir con sus obligaciones para con Atenas e incluso «sirvió con gran valentía y distinción en varios de los choques de la Guerra del Peloponeso»[4]. Aunque mantuvo relaciones cordiales con Protágoras, «desafió el relativismo de los sofistas en nombre de una idea, objetivamente alcanzable, de la justicia y del bien»[5].

Adversario feroz del relativismo de los sofistas, Sócrates sostenía que «el conocimiento válido para todos, y no una simple opinión, puede alcanzarse mediante el intelecto. Ese conocimiento se puede obtener comprendiendo la naturaleza conceptual de las cosas»[6]. Para Sócrates, el objetivo de cualquier labor científica es «determinar la naturaleza esencial de las concepciones por medio de definiciones exactas»[7], entendiendo como concepto lo que una cosa es, su esencia fija e inmutable, lo que hace que el agua sea agua, el vino sea vino, el gallo sea gallo y la gallina sea gallina. Sócrates afirmaba que la esencia o forma constitutiva de las cosas es la razón de ser, lo que permanece siempre igual a sí mismo, lo que nos permite identificar una cosa con ella misma a pesar del paso del tiempo y a pesar de todos sus cambios sensibles y aparentes.

Mientras que Heráclito, para ilustrar el «Eterno devenir» (la mudanza de todas las cosas), afirmaba que «no es posible bañarse dos veces en la misma agua de un río», Sócrates decía que sí, que eso era cierto, pero que siempre que nos bañamos lo hacemos en agua. Puede que numérica o materialmente no sea la misma agua, pero, en esencia, es la misma que nos lava y apaga la sed. Podemos pasar de un agua a otra agua y a otra..., pero esto es accidental. Lo que importa es la *esencia,* que es lo que hace que el agua sea agua y no otra cosa.

El concepto de un ser determinado —hombre, mujer, caballo, etc.— es la afirmación de su esencia fija e inmutable, que es lo que establece su identidad y su distinción. Esa esencia no puede cambiar por el simple deseo personal ni por la subjetiva y caprichosa percepción individual. Y la primera afirmación objetiva, universal y necesaria de la inteligencia racional —que hace posible todas las demás— es el principio de identidad; es decir, la afirmación de que cada cosa es lo que es: el hombre es hombre, la mujer es mujer, el gallo es gallo, la gallina es gallina. Ni mucho menos se trata de una redundancia, sino de la afirmación de que en los individuos y en las cosas reales que existen aquí y ahora hay algo que no cambia y que permanece igual a sí mismo, algo que permite identificar al hombre como hombre entre los individuos de la especie: la esencia o, en el lenguaje de Platón, la idea.

A pesar de haber dedicado su vida a enseñar a pensar a los jóvenes atenienses, «Sócrates fue absurdamente condenado a muerte tras la restauración de la democracia ateniense, acusado de impiedad y de corrupción de la juventud. Tras esas descabelladas acusaciones se hallaban los temores y el resentimiento provocados por sus críticas a la democracia ateniense, que pretendía alcanzar la meta de la igualdad mediante el sistema de sorteo a expensas de la competencia y el mérito. La defensa de Sócrates fue una arrogante reafirmación de sus ideas —que despertó la ira del jurado—, en la que sostuvo que en lugar de un castigo merecía el reconocimiento público por sus servicios al educar a los atenienses. Rechazó las facilidades de escapar que se le ofrecieron y apaciblemente bebió la copa de cicuta mientras dialogaba serenamente con sus amigos y subrayaba su convicción de la inmortalidad del alma»[8].

La obra de Sócrates fue continuada por su discípulo Aristocles, más conocido como Platón (427-347 a. C.), «el que tiene las espaldas anchas», apodo que, según Diógenes Laercio, le fue dado por unos de sus profesores de gimnasia. Desde muy joven, Platón tuvo una profunda vocación política[9]. Sin embargo, la arbitraria condena a Sócrates lo convenció de que «las condiciones de su época no eran propicias para la acción política a la que deseaba dedicarse, y que, en cambio, lo necesario era un esfuerzo filosófico para aclarar los problemas de la sociedad y un compromiso pedagógico de cambiarla. Su interés central fue determinar los requerimientos de una sociedad buena, partiendo de la suposición básica de que una sociedad buena es el producto de hombres buenos, y que los hombres buenos tienden a ser formados por sociedades buenas. El fundamento es la justicia, tanto en el corazón de los hombres como en las instituciones y las prácticas de la sociedad»[10]. Para Platón, las ideas, «como los seres incorpóreos eternos, son la realidad efectiva contra las cambiantes apariencias del mundo sensible, y la idea suprema es idea del Bien»[11].

Platón fundó la Academia de Atenas, institución a la que en el año 367 a. C. acudió a estudiar, desde Estagira, un inquieto y brillante joven de apenas diecisiete años llamado Aristóteles. En la Academia se fue forjando una amistad entre maestro y discípulo que duraría más de veinte años, hasta el último día de la vida del primero[12].

Poco después de la muerte de Platón, Aristóteles abandonó Atenas y se dirigió al reino de Macedonia, donde fue maestro de Alejandro el Magno. Como bien señala el escritor y sociólogo brasileño Helio Jaguaribe, Aristóteles fue «el genio más enciclopédico, lúcido y congruente de la Antigüedad, escribió sobre una vasta gama de temas, desde lógica —de la que fue el fundador— hasta física, biología, estética, ética, metafísica y política. La lógica de Aristóteles es una teoría del razonamiento basada en la interpretación rigurosa de los requerimientos de las proposiciones congruentes y los modos en que se concatenan para llegar a conclusiones apodícticas. Oponiéndose al concepto platónico de las ideas como seres incorpóreos independientes y como realidad última, mostró que eran, sencillamente, representaciones mentales de objetos reales o ideales. Estableció las categorías fundamentales de la metafísica, como materia y forma, sustancia y atributo, esencia y accidente, acto y potencia, causa y efecto, que configurarían todas las futuras investigaciones filosóficas [...]. Aristóteles sostuvo que el mundo, tal como existe, requiere la suposición de un primer motor como causa inmóvil de todos los movimientos [...]. Su metafísica, fundamentada en un análisis sistemático de las propiedades aparentes de la realidad, dominó nuestra comprensión del mundo durante dos milenios; en la Edad Media fue la base del escolasticismo y de la fe cristiana»[13]. Hasta que en la década de 1960 —agregamos por nuestra cuenta— la Iglesia decidió «suicidarse» abandonando el pensamiento y las tradiciones que había conservado durante casi mil quinientos años[14].

Siguiendo a Leonardo Castellani en su obra *Elementos de metafísica,* nos atrevemos a afirmar que la filosofía fundada y elaborada sistemáticamente como ciencia —conocimiento por las causas o razones de lo que existe— es un producto original de la cultura griega de los siglos v y iv a. C. No hay precedentes históricos y, de hecho, se trata del aporte más importante y sustancial del pueblo griego a la cultura occidental[15].

La herencia del pensamiento griego fue asumida, siglos después, por los grandes pensadores cristianos, como san Agustín y santo Tomás, y constituyó el «núcleo duro» del pensamiento de Occidente hasta que los pseudo-pensadores posmodernos, encabezados por Michel Foucault, comenzaron el trabajo de demolición de la cultura occidental y, con ello, del fundamento de la verdadera libertad política, allanando el camino para la imposición de una dictadura mundial —disfrazada de democracia— deseada por la oligarquía financiera mundial.

Tan solo nos queda agregar que hoy, cuando las democracias occidentales sancionan —mediante leyes— que el deseo determina la sustancia, el pensamiento de Sócrates, Platón y Aristóteles no es solo actual, sino que deviene revolucionario.

Fue también en Atenas donde nació la primera república, y fue allí donde por primera vez en la historia se estableció que las leyes surgen de la voluntad de los ciudadanos, que todos los ciudadanos son iguales en derechos y ante la ley y que todos los cargos públicos son accesibles a todos los ciudadanos idóneos[16]. Nunca antes en la historia, en ningún lugar del planeta, un grupo de hombres había gozado de esos derechos, que iban acompañados de la obligación de defender la independencia de Atenas ante cualquier poder que pretendiese someterla. La ciudad no contaba con un ejército permanente, pero todos los atenienses estaban obligados a defenderla en caso de que llegara la hora de la guerra. E incluso en ese momento decisivo —cuando se jugaba la suerte de la polis—, los atenienses eran protagonistas de la historia y responsables de su propio destino, porque tanto los almirantes como los generales, llamados *estrategos,* eran elegidos por votación popular.

Fue el poderoso imperio persa el que puso a prueba las virtudes, los valores y el patriotismo de los atenienses, y fue en la guerra contra el imperialismo persa donde los atenienses demostraron lo que valían. En el año 500 a. C., el rey Darío (549-486 a. C.) envió emisarios a todas las ciudades griegas para que aceptaran someterse a su poder. Aterrorizadas, todas las *poleis* aceptaron rendirse[17], a excepción de Atenas y Esparta, que decidieron resistir.

En 492 a. C., un impresionante ejército persa, compuesto por unos cien mil hombres, desembarcó en las llanuras de Maratón, a cuarenta kilómetros de Atenas. Los atenienses estaban solos porque sus aliados espartanos no habían llegado aún, y fue entonces cuando los hijos de Atenas, conducidos por Milcíades (550-488 a. C.) y en la más completa inferioridad de condiciones, atacaron por sorpresa al ejército invasor y le infligieron una durísima derrota (la batalla de Maratón) que los persas jamás olvidarían[18].

A la muerte de Darío en 485 a. C., su hijo Jerjes (519-465 a. C.) se dispuso a vengar la humillación que su padre y los persas habían sufrido en Maratón, para lo cual reunió un formidable ejército y penetró en Grecia sembrando la destrucción y la muerte[19]. La mayoría de las ciudades griegas decidieron rendirse, pero nuevamente Esparta y Atenas optaron por resistir. Los espartanos, acaudillados por Leónidas

(540-480 a. C.), intentaron detener a los invasores en el desfiladero de las Termópilas, que en su parte más angosta tenía solo cien metros de ancho, aunque tras varios días de heroica resistencia fueron completamente aniquilados[20]. Pese a que los persas se abalanzaron sobre Atenas y la saquearon brutalmente, la flota ateniense derrotó a la persa en el golfo de Salamina, lo que supuso un duro revés para las tropas de Jerjes. Envalentonados por el triunfo, los griegos siguieron atacando a los persas, hasta que en el año 479 a. C., en la batalla de Platea, los espartanos dieron a los invasores el golpe definitivo[21].

Así, pues, podemos afirmar que tanto atenienses como espartanos escribieron con su sangre la máxima histórica que dice que solo es libre el hombre que no tiene miedo. Como señaló Juan Domingo Perón, en el momento de la victoria contra los persas, «la historia de la cultura griega es la exposición del prodigio que nos lleva súbitamente desde el brutal sistema de la tiranía oriental a las más elevadas y no superadas cumbres de la sapiencia humana. [Sin duda alguna] la cultura griega facilitó la comprensión del cristianismo y dio lugar al nacimiento de la civilización occidental. [Es justo colocar] al pueblo griego en rango de progenitor de la humanidad, por su genio creador en el campo filosófico al plantear los problemas de la mente, despreciando mitos y prejuicios»[22]. El genio griego quedó sintetizado en la máxima que presidía el pórtico del templo de Apolo en Delfos: «Nada con exceso. La medida ante todo». De ahí la afirmación de que los griegos enseñaron al mundo que la armonía es la categoría fundamental de la existencia humana.

Sobrevino luego el Siglo de Oro de Atenas, en el que brilló la figura del gran Pericles (495-429 a. C.)[23], aunque luego la molicie y el lujo llevaron a la corrupción de las costumbres, a la pérdida de los valores y, finalmente, a la más completa decadencia. El ejército ateniense había ido en constante aumento, pero la creciente falta de patriotismo hizo que la polis tuviera que recurrir a tropas extranjeras y mercenarias. Como si eso fuera poco, treinta años de guerra civil fratricida debilitaron al mundo heleno hasta dejarlo exhausto.

Sin embargo, la aparición en el norte de Grecia —en medio del rudo pueblo macedónico— de un hombre extraordinario cambiaría el curso de la historia. Hablamos de Filipo II de Macedonia (382-336 a. C.), que logró unir a todas las ciudades griegas y les propuso el objetivo de acabar para siempre con el eterno enemigo persa. Así, su hijo Alejandro Magno (356-323 a. C.), cumpliendo el sueño de su padre, acaudilló a los griegos y se lanzó contra Persia, que se desmoronó como un castillo de naipes[24]. Detrás de los soldados griegos llegaron los artistas y los sabios, lo que hizo que la cultura griega se expandiera por todo el Oriente y que el griego se convirtiera en la lengua franca del nuevo imperio creado por Alejandro[25], que incluso soñó con llegar a China, aunque la muerte lo sorprendió en Babilonia en junio de 323 a. C.[26]. Sus generales se repartieron el imperio, lo que dio lugar a la creación de varios reinos greco-orientales.

En el imperio «informal» creado por Alejandro y sus lugartenientes florecieron impresionantes ciudades cuya fama ha llegado hasta nuestros días. Fue el caso, por ejemplo, de Antioquía, que llegó a tener más de medio millón de habitantes y que fue conocida como la «reina de Oriente» precisamente por su gran opulencia; o Pérgamo, con su imponente templo dedicado a Zeus y su grandiosa biblioteca, donde por primera vez se empleó el cuero de oveja en lugar del papiro para que los filósofos pudieran escribir sus ideas y los poetas sus sentimientos. Pero fue Alejandría, un pedazo de Grecia trasplantado a orillas del Nilo, la más maravillosa ciudad del nuevo mundo creado por los griegos. Gracias a su extraordinaria biblioteca, que poseía copias de todos los escritos de la Antigüedad y que llegó a albergar más de seiscientos mil volúmenes, Alejandría se convirtió en la capital cultural del mundo hasta que, en el año 640 de nuestra era, los invasores mahometanos la redujeron a cenizas.

Pero mientras todo eso ocurría en el Oriente, en la península Itálica comenzaba a desarrollarse una ciudad que crearía uno de los mayores imperios de la historia.

La gloriosa herencia de Roma: el Derecho

Unos 750 años a. C., unas familias de pastores pertenecientes a la tribu de los latinos se establecieron en el centro de la península Itálica —en concreto, en el Lazio, entre el río Tíber y los montes Albanos—, donde fundaron una serie de pequeñas aldeas confederadas y subordinadas a otra superior, o «aldea-madre», conocida como Alba Longa. Poco después, los amos de la península, los etruscos (pueblo camita proveniente de Asia Menor), se hicieron con esa aldea-madre, le dieron el nombre de Roma[27] y la transformaron en una próspera ciudad.

La leyenda atribuye la fundación de Roma a Rómulo, que fue arrojado por su tío al río junto a su hermano mellizo, Remo, cuando ambos eran bebés. Según el mito fundacional de Roma, los pequeños fueron salvados «milagrosamente» por los dioses, amamantados por una loba, llamada Luperca, y criados por una familia de pastores.

Desde su fundación —y durante muchos siglos—, Roma fue una rara mezcla de cuartel y monasterio: por un lado, los patricios eran granjeros-soldados que formaban a sus hijos en una rigurosa disciplina militar, y, por otro, la familia era la institución clave de la sociedad, hasta el extremo de que el matrimonio era una unión indisoluble. Los romanos eran profundamente religiosos y en todos los hogares había un altar en el que ardía perpetuamente el fuego sagrado y se veneraba el espíritu de los antepasados[28].

> La religión de la familia *(sacra familiaria)* tenía como centro mismo el *Lar Familiaris,* el dios de la Familia, representado por una estatuilla de cera mantenida en el *lararium* [...]. El culto familiar era celebrado diariamente por el *paterfamilias,* seguido por la familia y los esclavos, y consistía en plegarias, ofrendas de flores y frutos y conservación del fuego sagrado en el *lararium*[29].

La primera forma de gobierno que tuvieron los romanos fue la monarquía. Cuando esta cayó, llegó una especie de república aristocrática[30] en la que dos cónsules elegidos anualmente por las curias patricias ocupaban el lugar del rey. Los cónsules, vestidos de una toga orlada de púrpura, iban siempre escoltados por doce guardias personales, que eran los encargados de llevar el *fascio,* o haz de varas con un hacha en medio, símbolo de su autoridad.

Ante una situación de extrema gravedad —que pudiera poner en peligro la existencia misma de Roma—, los dos cónsules eran sustituidos, durante seis meses, por un magistrado extraordinario llamado «dictador», que asumía el poder público. El más famoso dictador fue Cincinato, nombrado cuando los ecuos se lanzaron a la conquista de Roma y que regresó a sus labores como agricultor cuando logró derrotarlos.

Los patricios —todos aquellos descendientes de los padres fundadores de Roma— constituyeron una verdadera aristocracia que ejerció el gobierno de la ciudad a través del Senado. Un abismo los separaba de los plebeyos —es decir, todos los demás—, lo que dio lugar a una serie de luchas que se extendieron durante doscientos años, hasta que los segundos obtuvieron la completa igualdad respecto a los primeros[31]. En 325 a. C., una vez lograda la paz social, los romanos decidieron dominar a los samnios, que habitaban en las montañas vecinas. La dura resistencia de estos hizo que la guerra se prolongara durante cincuenta años y, de hecho, los romanos sufrieron importantes reveses militares, como el ocurrido en la batalla del Desfiladero de Caudium, donde los soldados romanos —con los cónsules a la cabeza— tuvieron que sufrir la humillación de entregar sus armas y desfilar desnudos bajo un yugo formado por unas lanzas conocidas como «horcas caudinas»[32]. Pese a aquel duro varapalo, los romanos lograron reponerse, vencieron a los samnios y, conscientes de su fuerza militar, se lanzaron a la conquista de las ciudades griegas del sur de la península. Así, en el año 275 a. C. Roma era ya dueña de todo el centro y el sur de Italia.

En la costa africana, frente a Sicilia, se erguía la rica y orgullosa ciudad de Cartago, a la que Roma se enfrentó en un duelo a muerte que duró ciento veinte años[33], desde 265 a. C. hasta 146 a. C., y en el que destacaron las figuras de los generales Aníbal (247-183 a. C.), por el bando cartaginés, y el legendario Escipión el Africano (236-183 a. C.), por el romano. El enfrentamiento terminó con la toma de Cartago a manos de las tropas de Escipión. Sobre las ruinas de la ciudad, el Senado ordenó, a modo de símbolo, pasar el arado y sembrar la tierra de sal. Importa destacar que fue precisamente durante el transcurso de la guerra contra Cartago cuando la península Ibérica se convirtió en una provincia romana. Como señaló en su día Juan Domingo Perón, Roma permitió que «la península Ibérica se compenetrara tan hondamente con la ciudad-madre que no solo le proporcionará grandes escritores y filósofos, sino que también le dará emperadores»[34]. En efecto, Hispania dio a Roma tres grandes emperadores: Adriano, Trajano y Teodosio.

Sin embargo, a partir de 146 a. C., los romanos comenzaron a perder la fe que les habían transmitido sus antepasados, lo que se reflejaría en una clara disminución de su poderío militar y en una notable relajación de las costumbres sociales y morales —la proverbial sobriedad romana—, que irremediablemente llevarían a la desaparición de los valores fundacionales de Roma y, como consecuencia, a su decadencia. Así lo denunciaron personajes tan relevantes como el ya mencionado Escipión el Africano, el filósofo Cicerón o el político y militar Catón el Censor, quienes, pese a sus duras críticas, no lograron detener la marcha de los romanos hacia el precipicio.

Ahora bien, puesto que el proceso de decadencia moral de un pueblo no se da de la noche a la mañana, en el año 51 a. C. el gran Julio César consiguió una de las victorias más famosas de Roma, la de la guerra de las Galias, tras lo cual tuvo lugar una nueva guerra civil —entre César y Pompeyo— para hacerse con el poder. El enfrentamiento se resolvió con el triunfo de Julio César, que se convirtió en dictador de Roma hasta su asesinato, el 15 de marzo de 44 a. C. (los famosos idus de marzo), a manos de un grupo de disidentes encabezados por Cayo Casio y Marco Junio Bruto[35].

Tras la muerte de César, de nuevo sobrevino la guerra civil, esta vez entre uno de sus lugartenientes, Marco Antonio, y el joven Octavio, sobrino e hijo adoptivo del propio Julio César. Marco Antonio estableció su cuartel general en Alejandría, donde perdió la cabeza por Cleopatra, la reina de Egipto, y donde los dos amantes terminarían suicidándose[36]. Egipto, entonces, pasó a ser una provincia romana, de tal manera que todo el Mediterráneo le pertenecía a Roma.

Octavio mantuvo todas las instituciones de la República —Senado, cónsules, asambleas populares...—, y aunque no quiso ser nombrado «dictador perpetuo», sí aceptó que lo llamaran «príncipe», es decir, «primer ciudadano romano». Poco a poco fue concentrando en sus manos todos los poderes, hasta que, finalmente, el Senado lo nombró «emperador», que era como tradicionalmente se designaba a los generales victoriosos. Octavio decidió añadir a su nombre el de César, y el propio Senado lo calificó de «Augusto» (sagrado). Es en este punto cuando comienza el «Imperio» y cuando definitivamente «los valiosos elementos que integraban la cultura griega fueron captados por el pueblo romano. Roma añadió un sentido que debía ser el que facilitaría materialmente la comprensión y adopción de los principios filosóficos griegos y la propagación y extensión del cristianismo; y con él, la desaparición de los mitos panteístas. Me refiero al sentido del «Imperio» y al concepto del Derecho, que, justamente, con la extensión en el mundo civilizado de la lengua del Lazio, fue la base determinante de nuestra civilización»[37].

Sin embargo, como señala Jaguaribe, Octavio Augusto era consciente de que Roma se estaba debilitando moralmente:

La crisis ética y religiosa generada por las guerras civiles, desde Mario y Sila hasta César y el segundo triunvirato, llevaron a Augusto a intentar seriamente la restauración de las normas religiosas y morales de la sociedad romana. Se repararon los viejos templos y se construyeron otros nuevos, se reanimaron los colegios sacerdotales, se insistió en la moral pública y se exigió practicarla[38].

Augusto sabía que la «Fe fundante» era clave en la construcción y reconstrucción del poder de los pueblos, y obró en consecuencia. De pasada mencionaremos que fue durante el gobierno de Augusto cuando, en la pequeña aldea de Belén, nació Jesucristo.

La vieja República romana —transformada en Imperio—, a pesar de que la carcomía por dentro el cáncer de la corrupción moral, continuará gobernando las tierras que se extienden desde las Islas Británicas hasta el desierto del Sahara, y desde Gibraltar hasta al río Tigris, durante más de quinientos años.

Es importante tener en cuenta que fue la alta moral de las familias patricias —su sentido del deber y del honor— la que permitió a Roma contar con un ejército formidable que se constituyó en la columna vertebral del poder de un imperio cuya extensión llegó a superar los nueve millones de kilómetros cuadrados. En un primer momento, solo los patricios podían formar parte de la milicia y, de hecho, nunca admitieron que los plebeyos carentes de fortuna fueran admitidos, pues pensaban que no tendrían ningún interés en defender lo que no era de ellos. El caso es que el ejército romano se había caracterizado desde sus inicios por su bravura, su absoluta disciplina y la ciega obediencia de los legionarios a los mandos superiores. Sin embargo, cuando Roma perdió su «Fe fundante» y se inició su proceso de decadencia moral, los soldados comenzaron a escasear y la milicia pasó a ser nada más que un oficio que permitía cobrar un sueldo y participar del botín. Esta falta de motivación hizo que la defensa de Roma y de sus fronteras cayera en manos de mercenarios extranjeros, de quienes empezó a depender la suerte del imperio.

Sin embargo, precisemos que, si bien el ejército fue la extraordinaria máquina de guerra que permitió a Roma construir su poder, la aplicación del Derecho fue lo que le permitió mantenerlo. Los romanos comenzaron rigiéndose por las costumbres de los mayores, costumbres que quedaron fijadas en la llamada «Ley de las Doce Tablas». Posteriormente, y poco a poco, comenzó el extraordinario desarrollo de una legislación que se convirtió en la expresión más genuina del genio romano y en su más importante contribución a la cultura de Occidente[39].

La implantación de ese conjunto de leyes fue obra de dos tipos de magistrados diferentes: el *pretor urbano,* que era el juez de los ciudadanos romanos, y el *pretor peregrino,* que era quien juzgaba a los extranjeros. Ambos permanecían un año en el cargo, promulgando al comienzo de su mandato un conjunto de leyes —conocidas como «edictos»— a las que todo ciudadano romano o extranjero debía ajustar su conducta. Este marco legal proporcionó una seguridad jurídica a todos los integrantes del imperio —seguridad que no había existido nunca antes en la historia de la humanidad—, ya que, por lo general, los nuevos pretores repetían el edicto de sus predecesores. Fue así como nació el Derecho civil, para los ciudadanos romanos, y el Derecho de gentes, para los demás habitantes, ya fueran libres o esclavos. Cuando el emperador Adriano llegó al poder en el año 121 d. C., ordenó que se recopilaran todas las leyes promulgadas hasta entonces en el «Edicto perpetuo» —obra del jurisconsulto Salvio Julianiano—, lo que aumentó la seguridad jurídica en todo el territorio del imperio. Como explicaba acertadamente Helio Jaguaribe:

> Fueron muchas las condiciones internas y externas que favorecieron la formación y consolidación del Imperio romano. [Sin embargo] independientemente del hecho de que las condiciones internas de Roma favorecieran su proyecto imperial y que el contexto internacional, después de la destrucción de Cartago y de la derrota de los reinos helénicos, no presentaba otros contendientes [...], lo importante es tener en cuenta el hecho de que el Imperio romano fue coercitivo solo marginalmente. Es cierto que las legiones de César derrotaron a las fuerzas galas, posibilitando la incorporación de la Galia como provincia del imperio. Lo mismo puede decirse de la intervención de las huestes romanas en la península Ibérica, en Egipto, en la Dacia...
>
> Lo que importa, empero, no es ese primer momento de conquista militar, sino el hecho de que, una vez consolidado el dominio romano en esas provincias, este pasó a contar con la aceptación y activa colaboración de las élites nativas, con las naturales excepciones que constituyen casos extremadamente minoritarios [...]. ¿Por qué se dio este hecho? Porque la *Pax romana* era sumamente ventajosa para el pueblo y la élite nativa de las provincias. La *Pax romana* implicaba, por un lado, una eficaz protección contra los bárbaros externos y, por otro, un sistema de equitativo e ilustrado ordenamiento jurídico de las sociedades integrantes de las provincias que les proporcionaba un régimen legal del que no disfrutaban anteriormente, seguridad personal, igualdad de todos ante la ley, garantía de los contratos, expansión del comercio, desarrollo de la capacidad productiva de cada región, acceso a la educación y a la alta cultura y un trato desprovisto de prejui-

cios raciales [...]. La *Pax romana* reposaba en la equitatividad del *jusgentium* y en la imparcialidad y objetividad legal del *praetorperegrinus*. [En los tiempos de César] Roma dejó de ser una ciudad-Estado, para la cual el imperio era objeto de botín, para convertirse, operativamente con César y organizativamente con Augusto, en centro administrativo de un sistema imperial, en la policía del conjunto del sistema. Aunque Roma usufructuase ciertas ventajas como administradora del imperio, no consideraba a las provincias como un botín [...]. Roma cayó solo cuando [...] la *Pax romana* se convirtió en *oppresio romana*[40].

En realidad, la *oppresio romana* fue el resultado de una crisis moral, que degeneró en una crisis política, que provocó a su vez una crisis económica, que, finalmente, contribuyó a la creación de un «Estado» semitotalitario.

Dada la pérdida del patriotismo provocada por la pérdida de los valores fundantes, para que resultase más atractivo enrolarse en el ejército, el emperador Caracalla (gobernó entre los años 198-217) aumentó un 50 % el salario de los soldados. El emperador, para poder cubrir el presupuesto, procedió a realizar un desorbitado aumento de los impuestos a los terratenientes, quienes, a su vez, reaccionaron sobreexplotando a los aparceros, que se vieron obligados a soportar sobre sus hombros una brutal subida de los tributos. Por otra parte, procedió a acuñar más monedas, para lo cual redujo el nivel de plata de cada moneda circulante de un 75 % a un 50 %. La mayor circulación de monedas, pero de menor valor, hizo que los comerciantes subieran los precios, lo que provocó el aumento de la inflación, que llegó al 1.000 %, reduciendo el poder adquisitivo de los ciudadanos.

Al llegar al poder Diocleciano (gobernó de 284 hasta 305), trató de detener la inflación, fijando el precio máximo sobre mil trescientos productos y estableciendo la pena de muerte para los mercaderes que no los respetasen. En muchas ciudades, el comercio casi desapareció, lo que dio lugar al desabastecimiento, dado que muchos comerciantes decidieron dejar de vender algunas mercancías al público para hacerlo en el mercado negro o, simplemente, volver al trueque. Esto provocó que muchos ciudadanos abandonaran las ciudades para irse a vivir al campo con el fin de poder autoproducir lo que necesitaban.

Como señala Jaguaribe, «las crecientes dificultades a las que se enfrentó el imperio tardío lo obligaron a crear una sociedad y un Estado semitotalitarios y el régimen semitotalitario convirtió la antes envidiada *pax romana* en una detestada *oppresio romana*. Mientras que, en su apogeo, el imperio había sido sostenido por la anuencia de las provincias a atenerse al Derecho romano, y ellas se disputaban el privilegio de la ciudadanía, a fines del imperio ese factor de atracción casi desapareció, y sus ciudadanos aplicaban todas sus energías y su ingenio a librarse del sistema público. Solo una minoría privilegiada lograba refugiarse en una vida privada protegida»[41].

Jerusalén, la ciudad donde terminó la angustia del Ser

En tiempos del emperador Nerón, que gobernó entre los años 54 y 68 d. C., un desconcertante relato llegó a Roma: un galileo, de profesión carpintero, al que llamaban Jesús, había sido condenado a morir en la cruz por el procónsul Poncio Pilato. Tres días después resucitó, y sus seguidores afirmaban que se trataba de Cristo, o el Mesías, al que se referían los libros sagrados de los judíos, y que era el mismísimo hijo de Dios, enviado para salvar a la humanidad entera. También relataban que, en Nazaret, una joven virgen llamada María, prometida con un humilde carpintero llamado José, de la familia de David, cierto día recibió la visita del arcángel san Gabriel, quien le dijo: «El Señor está contigo. No temas porque has ganado la gracia de Dios, y vas a ser madre de un hijo, a quien, al nacer, pondrás el nombre de Jesús». A lo que ella contestó: «¿Cómo puede ser eso, pues yo no me he relacionado con ningún hombre?». Entonces el arcángel dijo: «El Espíritu Santo vendrá sobre ti, y por eso el hijo que va a nacer de ti será santo y será llamado Hijo de Dios». Finalmente, María concluyó el diálogo con estas palabras: «Yo soy la esclava del Señor. Hágase en mí según lo que tú dices».

El relato que llegaba a oídos de los romanos continuaba diciendo que el niño había nacido en un pesebre en Belén de Judá, ciudad gobernada por el rey Herodes; que había sido adorado por unos pastores a los que un ángel se les había aparecido para decirles: «En Belén, la ciudad de David, os ha nacido un Salvador, que es Cristo Señor»; que, procedentes de Oriente y guiados por una estrella, tres reyes llamados Gaspar, Melchor y Baltasar llegaron hasta el portal de Belén para ofrecer al recién nacido oro, incienso y mirra; que el padre del niño, José, advertido por un ángel de que el rey Herodes pensaba asesinar al niño, llevó a Jesús y a su madre a Egipto; que, tras la muerte de Herodes, la familia regresó a Nazaret, en la región de Galilea, para que se cumpliese la antigua profecía que había anunciado que «el Salvador» sería llamado «el Nazareno», y que fue allí, en Nazaret, donde el niño Jesús aprendió de su padre el duro oficio de carpintero.

En el relato también se decía que, en tiempos del emperador Tiberio, cuando el gobernador de Judea era el romano Poncio Pilato, y tetrarca de Galilea el judío Herodes Antipas (hijo de Herodes el Grande), en la región del Jordán predicaba Juan el Bautista, hijo de Zacarías e Isabel, y que Jesús, a la edad de treinta años, fue a su encuentro para pedirle que lo bautizara, a lo que aquel, asombrado, dijo: «¿Tú vienes a mí para esto? Soy yo verdaderamente el que debe ser bautizado por ti». Entonces Jesús respondió: «Déjame hacerlo así, pues conviene que todo se haga por orden y justicia, según lo escrito por los profetas».

Una vez bautizado, pero antes de comenzar su predicación, Jesús ayunó en el desierto durante cuarenta días —allí fue tentado por el diablo— y, posteriormente, hizo varios milagros, como el de convertir el agua en vino durante una boda que se celebraba en el pueblo de Caná, o el de multiplicar panes y peces para dar de comer al numeroso grupo de personas que le seguía. Incluso se contaba que llegó a caminar sobre las aguas del mar de Galilea, que había resucitado a su amigo Lázaro, después de tres días de fallecido, que había hecho caminar a los paralíticos y ver a los ciegos y que, látigo en mano, había expulsado del Templo de Jerusalén a los mercaderes y especuladores que lo profanaban.

Entonces —continuaba el relato— Jesús comenzó a ser llamado «maestro» entre sus seguidores, entre los cuales escogió a doce que pasaron a ser sus «apóstoles»: Simón, hijo de Jonás, a quien Jesús llamó Pedro; Andrés, hermano de Pedro; Santiago y Juan; Felipe y Bartolomé; Mateo y Tomás;

Santiago el de Alfeo; Simón el Celador; Judas de Santiago, y Judas Iscariote, que fue quien lo traicionó. Todos ellos juraban haber sido testigos de la resurrección de Jesús y aseguraban que había estado con ellos antes de volver junto a su Padre para encomendarles que, bajo la jefatura de Pedro, difundieran la «buena nueva» hasta el último confín de la Tierra. Así, los apóstoles narraban —con total naturalidad— que, al anochecer del primer día de la semana posterior a la crucifixión, estando reunidos en una casa con las puertas cerradas por miedo a que los detuvieran, el mismo Jesús se les apareció y les dijo: «La paz sea con vosotros... Soy yo y como me envió mi Padre, así os envío yo. Recibid el Espíritu Santo. Aquellos a quienes perdonéis, los pecados les serán perdonados...».

También llegó a oídos de los romanos que a los apóstoles se les unió Saulo de Tarso, un joven apasionado y de extraordinaria cultura que, antes de su conversión, había perseguido cruelmente a los seguidores del Nazareno. Saulo tomó el nombre de Pablo y, rápidamente, se convirtió en uno de los principales organizadores y dirigentes de la nueva comunidad de creyentes.

Asimismo, los romanos sabían que, de Jerusalén, los seguidores de Jesús habían pasado a Antioquía, donde comenzaron a llamarse «cristianos». Luego fueron a Atenas y, desde allí, a Roma y a las demás ciudades del imperio. Al principio, los romanos pensaron que el Dios de los cristianos podía convivir con los dioses romanos, pero los cristianos se negaron a aceptar que la verdad coexistiera con el error. Entonces, Roma ordenó perseguir implacablemente a los cristianos para hacerlos desaparecer. Sin embargo, la obstinación de estos —tanto en el testimonio de su fe como en su capacidad para sufrir y morir antes que transigir con el error— permitió la propagación del cristianismo hasta el último rincón del imperio.

Pero ¿qué podían los cristianos enseñar a los griegos y a los romanos que estos no supieran? A fin de cuentas, Sócrates ya había hablado de la inmortalidad del alma y Aristóteles de la existencia de un primer motor inmóvil… En efecto, la filosofía griega ya planteaba la teología del Dios único, aunque, siguiendo al filósofo Gustavo Bueno, es importante precisar que

> […] el Dios de Aristóteles no es el creador del Universo eterno; es su Primer Motor inmóvil, pero sobre todo es Acto Puro, «ocupado enteramente en hacerse presente por el pensamiento ante sí mismo» *(Metafísica,* 1072 b 25). El Acto Puro, por tanto, no conoce siquiera al Universo, ni a los hombres, y, menos aún, desde su distancia infinita (fuera de toda proporción), puede amarlos o ser amado por ellos *(Ética a Nicómaco,* VIII, 1159 a 1-10). La divinidad no tiene necesidad de amigos *(Ética a Eudemo,* VII, 12, 1245b, 14-19). El Acto Puro, el Dios aristotélico, carece, según esto, para los hombres, de significación religiosa, al menos si entendemos la religión como una relación con el Dios del Amor, con el *Deus charitas est* de San Juan («el que no ama no ha conocido a Dios, porque Dios es amor», Primera Carta, IV, 8; «nosotros hemos conocido el amor que Dios nos tiene. Dios es amor y el que está en el amor está en Dios», IV, 16)… El Dios de los cristianos ya no es una «Sublime soledad», sino una Trinidad de tres Personas Divinas, la Segunda de las cuales, además, se une hipostáticamente con el hombre a través de Cristo[42].

Además, sobre la revolución que supuso el cristianismo, Gustavo Bueno afirmaba:

La revolución (o vuelta del revés) que el cristianismo habría dado a la filosofía (y a la ciencia) griega se manifiesta en muchos terrenos, pero principalmente en el de las relaciones de los hombres con Dios y de los hombres entre sí. El cristianismo introdujo un nuevo modo de entender las relaciones de los hombres entre sí, una moral y una ética nuevas, en virtud de las cuales los cristianos considerarán a los demás hombres (independientemente de su color, de su lengua, de su política, de su condición social, de su edad) como imágenes del cuerpo de Cristo, a quienes había que amar y respetar ante todo atendiendo a su misma corporeidad, y no solo a su alma, porque el cuerpo resucita también después de la muerte.

Los cristianos comenzarán a ver a los demás hombres como partes vivientes del cuerpo de Cristo, que será preciso atender en su propio cuerpo, sobre todo si está hambriento, o enfermo, o tullido, o sometido a trabajos extenuadores. No se trataba de una «revolución humanística», porque los hombres no eran vistos propiamente como hombres, ni siquiera solo como hermanos de algún tronco común particular, que pudiera ser fuente de un humanismo incapaz de rebasar los términos del racismo. Si los cristianos introdujeron la visión de los hombres como hermanos era en la medida en que estos hombres se veían como hermanos, no en relación con algunos ancestros míticos ya fallecidos, sino en relación con un padre vivo y presente, el Dios hecho hombre en la figura de Cristo: ya no hay griegos ni bárbaros[43].

Los cristianos venían a certificar —con su sangre en el martirio— la existencia de un Dios único que era como un Padre que había creado al hombre completamente libre y le había dotado de un alma inmortal; que ese Dios Padre había cumplido la promesa que le había hecho al pueblo judío de enviarle un Mesías; que Jesús, verdadero hombre y verdadero Dios al mismo tiempo, habiendo sido crucificado, había resucitado y había vencido a la muerte, y que eso había terminado con la «angustia del Ser» de una vez y para siempre; que todos los que se bautizaban eran hermanos en Cristo y que todos los que dejaran de pecar y cumplieran los mandamientos por Él establecidos —que se resumían en uno: amarse los unos a los otros— gozarían de la vida eterna.

En este sentido, los cristianos eran intransigentes —se estaba *con* Cristo o *contra* Cristo—, se amaban los unos a otros, predicaban la «buena nueva» a los paganos y desbordaban de alegría. Creían que a los tibios Jesús los vomitaría de su boca, y por eso los consumía como un fuego una desbordante pasión por propagar la verdad y convertir a los gentiles. Creían, en definitiva, que el Dios cristiano no podía convivir con el error, es decir, no podía coexistir con la creencia en Zeus o en Afrodita.

La conversión del Imperio romano al cristianismo

Las persecuciones comenzaron unos treinta años después de la muerte de Jesús y se extendieron, aunque con varios interregnos de paz, durante tres siglos. Aun así, toda la violencia del imperio no fue capaz de exterminar la nueva creencia.

En el año 312, en las afueras de Roma, sobre el puente Milvio, se enfrentaron dos pretendientes al trono imperial: Constantino, defensor del cristianismo —sin ser él mismo cristiano—, y Majencio, sostenedor del paganismo. La victoria sonrió a Constantino, y gracias a él triunfó la nueva fe[44].

Así, con la intención de refundar el imperio, Constantino encontró en la fe predicada por los discípulos del Nazareno un nuevo fuego sagrado. Su acción de gobierno, mediante el Edicto de Milán (313), terminó con las persecuciones, abriendo el camino para que el cristianismo se convirtiera en la nueva «Fe fundante» del nuevo imperio[45]. Y para simbolizar la refundación del poder imperial ordenó construir una nueva capital, Constantinopla, situada a medio camino entre Oriente y Occidente, en la antigua ciudad griega de Bizancio. En 330, Constantino, después de ceder su palacio de Roma al papa, se trasladó junto a toda su corte a la nueva metrópolis, que estaba protegida por una muralla infranqueable y llena de lujosos palacios y majestuosos templos.

Sin embargo, pese a su inmenso poder, y poco antes de morir, Constantino cometió el terrible error político de dividir el imperio entre sus tres hijos, Constantino II, Constante y Constancio, que fue quien venció en la lucha fratricida que se libró a la muerte de Constantino. A Constancio le sucedió su primo Juliano, que siempre había ocultado su paganismo por temor a las represalias de Constantino. Por ello, lo primero que hizo cuando llegó al trono fue restablecer el culto de los antiguos dioses, razón por la cual la historia lo recuerda como Juliano el Apóstata. Austero y preocupado por la justicia, fue, sin embargo, un modelo de gobernante. Murió en 363 a orillas del río Tigris, combatiendo contra los partos, eternos enemigos de Roma[46].

Tras la muerte de Juliano, la situación política del imperio cambió drásticamente: una terrible agitación sacudió a las «valerosas» tribus germanas, que entraron en pánico cuando recibieron las primeras noticias de la llegada a las llanuras del este de Europa de los feroces mongoles.

En el año 378, los visigodos, aterrorizados, quebraron la frontera del imperio y dieron muerte al emperador Valente en la batalla de Andrinópolis, tras lo cual el trono fue ocupado entonces por dos hermanos: Graciano, de tan solo dieciséis años, y Valentiniano II, de apenas cuatro años. La situación del imperio era desesperada y la suerte parecía echada. Pero Roma contaba aún con un hombre excepcional, el general hispano Teodosio, jefe de las tropas del Rin, que logró detener momentáneamente la invasión de los germanos, cediéndoles las provincias del Danubio y encargándoles la defensa de la nueva frontera.

Para desgracia de Roma, en 395, el imperio se dividió entre los dos jóvenes, incapaces e inmorales hijos de Teodosio: Arcadio, de dieciocho años, que reinó en Oriente, y Honorio, de once, que gobernó en Occidente. La tan anhelada e imprescindible unidad se había quebrado para siempre y, desde entonces, los dos imperios seguirán caminos bien distintos: el de Occidente, con capital en Milán —siempre bajo la amenaza de las tribus germanas y carcomido por la crisis moral reinante en la corte— continuará desmoronándose hasta su definitiva desaparición en el año 476; el de Oriente, con capital en Constantinopla —recompuesto moralmente y protegido por una formidable muralla—, logrará resistir durante más de mil años el asedio de decenas de invasores, aunque, finalmente, el 7 de abril de 1453, las murallas de Constantinopla serán destruidas por los cañones turcos[47]. Fue el sultán Mahomet II quien saqueó la capital y quien reclamó para sí todas las riquezas incautadas, pese a haber prometido a sus tropas —unos cien mil combatientes, de los cuales ochenta mil eran profesionales y el resto mercenarios, aventureros y voluntarios— que podrían quedarse con el botín que hallaran a su paso.

El 29 de mayo de 1453, los turcos tomaron por asalto Constantinopla. Aquel día, las últimas defensas de la ciudad se derrumbaron y la furia de los invasores musulmanes se dirigió hacia la basílica de Santa Sofía[48], donde los sacerdotes, acompañados de los feligreses incapaces —por edad o por enfermedad—, celebraban la santa misa y la liturgia de las horas[49]. Las tropas turcas derribaron las puertas del templo, asesinaron a los ancianos y a los enfermos y tomaron a las mujeres y a los niños como esclavos[50]. Por si fuera poco, Mahomet II, ebrio de soberbia, entró a caballo en la basílica y ordenó degollar a los cristianos que se habían atrevido a hacerle frente. La cabeza del último emperador, Constantino XII, quedó colgada durante días de las murallas de Constantinopla, señalando el final del gran Imperio romano de Oriente[51]. Desde entonces, la basílica de Santa Sofía, la más importante iglesia de la Cristiandad oriental, fue transformada en mezquita.

El desmoronamiento del Imperio romano de Occidente

Más allá de las fronteras del imperio, cruzando los ríos Rin y Danubio, estaban los germanos, y más hacia el este, los eslavos. Posteriormente llegarían a las estepas de Rusia tribus provenientes del corazón del Asia, entre los que se encontraban los búlgaros, los magyares y los temidos hunos.

Las tribus germanas eran independientes unas de otras y jamás soñaron con alcanzar una unidad política. En la actual Dinamarca se encontraban los anglos; en las orillas del río Elba, los sajones, y en la desembocadura del Rin, los francos. En la actual Alemania vagaban los alamanes, los suevos, los borgoñones y los lombardos. En las orillas del Danubio acampaban los godos, divididos en ostrogodos y visigodos, y muy cerca de ellos, los hérulos y los vándalos. Escandinavia era el hogar de los normandos o vikingos.

Los germanos —o «bárbaros», como los llamaban los romanos— no tenían más ley que la del más fuerte, apenas atemperada por las costumbres y tradiciones de sus mayores, que imponían un tenue límite. Ningún código escrito regía su conducta. No tenían ciudades, apenas pequeñas aldeas dispersas en el impenetrable bosque que cubría sus tierras y que los romanos llamaban «selva negra». Tampoco tenían grandes templos y su dios principal, Odín, padre de los dioses y señor de la guerra, habitaba el Valhala, o Paraíso, al que llegaban los buenos germanos, pero, principalmente, los bravos guerreros que morían con honor en el campo de batalla. Los germanos se caracterizaban por ser rústicos, valientes y leales, pero también eran conocidos por su poco amor al trabajo y, sobre todo, por su afición a la guerra y a la bebida.

Cuando Augusto fundó el imperio, ordenó la conquista de la tierra de los germanos, pero la ofensiva romana terminó en el más rotundo fracaso. El Rin y el Danubio se constituyeron entonces en las fronteras naturales del imperio, y poco a poco los germanos las fueron cruzando para convertirse en soldados de las legiones encargadas, precisamente, de custodiarlas.

Ya por entonces los romanos comenzaban a repudiar ser soldados y casi nadie parecía dispuesto a morir por Roma. Como consecuencia, el ejército comenzó a estar integrado mayoritariamente por germanos, que, por lo general, sí estaban dispuestos a dar la vida por el imperio, ya que sabían por propia experiencia que era preferible vivir en la civilización que en la barbarie. La sangre germana parecía estar revitalizando al imperio, en una especie de «germanización» de las legiones romanas, al tiempo que de romanización y cristianización de los bárbaros. Sin embargo, el proceso fue interrumpido por la inesperada llegada, desde las estepas de Mongolia, de unos sanguinarios jinetes que desde hacía siglos eran la pesadilla del pueblo chino. Hablamos de los hunos, que llegaron a las orillas del mar Negro y provocaron la huida de los «bravos» germanos hacia el interior del imperio, convirtiendo una invasión pacífica en una invasión violenta.

En 378, los visigodos fueron los primeros en huir de los hunos y, tras enfrentarse a los romanos, establecieron una breve alianza con el imperio, hasta que en el año 402 arrasaron Grecia, Macedonia y los Balcanes. En 405, los suevos, los alanos y los vándalos cruzaron el Rin, saquearon las Galias y devastaron el norte de Italia. Fueron derrotados por el general Estilicón en la batalla de Fiésole, aunque posteriormente se reagruparon para invadir Hispania. Los suevos ocuparon la actual Galicia; los alanos se establecieron en la meseta castellana y los vándalos acamparon en el sur de la península Ibérica, que entonces comenzó a llamarse «Vandalucía».

Por su parte, los francos, alamanes y burgundios cruzaron el Rin y, tras sembrar el terror, se apoderaron de las Galias. En el año 408, los visigodos, al mando del rey Alarico, saquearon Roma, después de ocho siglos sin que ningún pueblo bárbaro pusiera sus pies en la Ciudad Eterna. «¡Ha sido conquistada la urbe que conquistó el universo entero!», exclamó san Jerónimo con consternación y amargura cuando la noticia del saqueo llegó a sus oídos.

En efecto, el imperio parecía estar viviendo sus últimos días... Sin embargo, la muerte de Alarico cambió la suerte de Roma. Su sucesor, Ataúlfo, pactó con los romanos y llevó a los visigodos al territorio de la actual Francia, estableciéndose primero en Aquitania y más tarde en Narbona. En esta ciudad, Ataúlfo contrajo matrimonio con la princesa Élia Gala Placidia, hija del emperador romano Teodosio I y medio hermana de los emperadores Honorio y Arcadio. Nuevas desavenencias con Roma lo obligaron poco después a cruzar los Pirineos hacia Hispania, lo que provocó la salida de la península de los vándalos, quienes, bajo las órdenes del rey Genserico, ocuparon el norte de África.

Los invasores visigodos, que, como todos los bárbaros —excepto los francos—, eran arrianos, establecieron su capital en Toledo. A esas alturas, la provincia romana de Hispania era ya genuinamente católica, razón por la cual la población se vio oprimida no solo por las costumbres bárbaras de los invasores, sino por la prepotencia de un pueblo hereje. El reino bárbaro-romano construido por los visigodos quedó minado por esta profunda división en cuestiones de fe. El catolicismo era ya la marca, la característica esencial, de lo que siglos después sería España.

En 451, Atila, al mando de seiscientos mil guerreros mongoles, atravesó el Rin quemando e incendiando cuanta ciudad o aldea encontraba a su paso. Ante tal amenaza, las legiones romanas que aún quedaban se unieron a los germanos, conformando un poderoso ejército que, al mando del general romano Aecio, esperó a los mongoles en los Campos Cataláunicos, cerca de Orleans. Una vez más, Occidente y Asia se enfrentaban. Una vez más, la suerte de la civilización occidental dependía de una batalla... Tras varios días de sangrienta lucha, ningún bando pudo declararse vencedor. Atila decidió regresar a su campamento del Danubio, donde permaneció alrededor de un año, hasta que, sediento de venganza, se lanzó sobre Italia dispuesto a destruir la Ciudad Eterna.

Apenas encontró resistencia a su paso y, cuando llegó a Roma, sucedió algo que los historiadores no han podido explicar hasta el día de hoy. El papa León I salió al encuentro de Atila y conversaron durante un rato. Nadie sabe de qué hablaron, pero el caso es que, cuando se despidieron, el jefe de los hunos ordenó a sus tropas que regresaran a la actual Hungría, donde habitualmente acampaban. Poco después Atila falleció y los mongoles no pudieron reorganizarse. Terminaba así una de las más atroces pesadillas de Occidente.

Sin embargo, poco duró la alegría de los romanos porque, en 455, los vándalos, que, como dijimos un poco más arriba, habían conformado un poderoso reino en el norte de África, desembarcaron en la península Itálica y durante quince días pusieron sus garras sobre Roma, violando a las mujeres y a los niños para finalmente incendiar la ciudad y llevarse a ochenta mil romanos como esclavos. Destaquemos que de estos sucesos nacieron la palabra y el concepto de «vandalismo». En definitiva: tras casi un siglo de invasiones, todas las ciudades de Italia se hallaban en ruinas y el resto del imperio no era más que un conjunto de reinos germánicos en el que dominaba la anarquía.

En 476, Odoacro, jefe de los hérulos, disgustado por un reparto de tierras, depuso al emperador Rómulo Augústulo, de catorce años, y se proclamó «rey de Italia», acontecimiento que señala el fin del Imperio romano de Occidente.

Aunque el colapso del imperio fue un suceso relativamente repentino, lo cierto es que, como ya hemos señalado, fue el resultado de un largo proceso de decadencia moral, que llevó a la decadencia política, y esta a la decadencia militar.

¿Cuándo comienza el desmoronamiento del poder de una nación o de un pueblo? Seguramente, siempre habrá razones intrínsecas y extrínsecas a las que recurrir, pero el desmoronamiento empieza a producirse cuando se deja de formar a los niños en los valores sobre los que se fundó ese pueblo o esa nación.

Puesto que en el origen del poder de las naciones se encuentra siempre una «Fe fundante», cuando los jóvenes dejan de ser formados en los valores de dicha fe, los cimientos de esa nación o de ese pueblo comienzan a desintegrarse. Y como los cimientos están bajo tierra, pocos son los que observan el proceso: la mayoría tan solo ve la majestuosidad de la casa construida, sin darse cuenta de que sus muros tienen los días contados.

Dice la tradición que, cuando Augusto creó el imperio y cuando todos creían que Roma se encontraba en el apogeo de su poder, el emperador intuyó que la decadencia había comenzado y que incluso manifestó a sus íntimos que Roma estaba perdida. Cuando, perplejos, estos le preguntaron el motivo de semejante afirmación, Augusto contestó: «Los romanos no quieren ser más soldados, las mujeres no quieren tener más hijos y el pueblo no cree más en los dioses. Estamos perdidos».

Varios siglos después, Constantino tuvo la misma certeza, y fue esta la que le llevó a «refundar» el imperio adoptando una nueva «Fe fundante».

Sin embargo, como señala Helio Jaguaribe, en Occidente, el intento de Constantino fracasó porque «Roma conservó durante un largo tiempo un sólido paganismo residual, al final encubierto. El de Occidente quedó solo como imperio cristianizado, en tanto que el de Oriente fue en realidad un imperio cristiano. En Roma, los tradicionales fundamentos clásicos del compromiso cívico no fueron enteramente reemplazados por valores cristianos, mientras que en Oriente sí se logró una eficaz fusión entre el Estado y la Iglesia, entre el emperador y la fe. Los cristianos de Occidente prefirieron retirarse del Estado; en cambio, los de Oriente se identificaron con él»[52].

2
España: de la voluntad de ser a la voluntad de hacer

> Ni la historia de España se entiende sin América,
> ni la de América sin España.
>
> John Elliot

> Aquel que no es orgulloso de su origen no valdrá nada nunca, porque empieza por despreciarse a sí mismo. Por eso nosotros veneramos el nombre de España, porque significa la ciencia del Derecho, las ciencias positivas, la ciencia de la moral y la tradición cristiana de nuestro pueblo.
>
> Pedro Albizu Campos[1]

Después de las invasiones de los germanos, la Iglesia, que nunca había querido destruir al Imperio romano, sino cristianizarlo, tomó a su cargo la salvación de lo mejor de la cultura grecorromana y convirtió los monasterios y conventos en centros de enseñanza, ya que era consciente de la importancia que la filosofía griega y el Derecho romano habían tenido en la construcción de la civilización y del mismo imperio.

San Benito de Nursia (480-547), noble patricio romano, hijo de un noble de Nursia llamado Eutropio y bisnieto de Justiniano Probo (cónsul y capitán general de las legiones en la región de Umbría), fue el gran organizador de la vida monacal en las provincias romanas de Occidente que fueron arrasadas por los bárbaros. Después de vivir como un ermitaño durante tres años (hasta la Pascua del año 500), en las laderas del Valle de Subiaco, no muy lejos de Roma, en el año 525 se convirtió en abad de un monasterio, donde sufrió dos intentos de asesinato por envenenamiento. Después volvió a su ermita, hasta que en 530 fundó, junto a una docena de discípulos, el monasterio de Monte Cassino, a ciento treinta kilómetros al sur de Roma. Las reglas que san Benito estableció en Montecassino quedaron resumidas en la famosa consigna *Ora et labora* (reza y trabaja).

Su ejemplo fue seguido por una gran cantidad de cristianos, lo que dio como resultado que apenas unos años después toda Europa occidental estaba llena de monasterios habitados por miles de monjes. Sin temor a exagerar, puede afirmarse que esos monjes fueron los verdaderos civilizadores de los pueblos germanos. Entre los más renombrados se encuentran san Patricio (385-461), en Irlanda; san Columbano (549-615), en Escocia y Baviera, o el obispo y mártir anglosajón san Bonifacio (672-754), que fue el gran evangelizador y civilizador de Alemania.

Como decimos, los monasterios se convirtieron en los guardianes del conocimiento y la cultura grecorromana. Entre otras muchas tareas, los monjes se dedicaron a copiar cuidadosamente los antiguos manuscritos, gracias a lo cual muchas de las obras de la Antigüedad clásica han llegado hasta nuestros días. Sin duda alguna, la Iglesia evitó la desaparición de la cultura grecorromana, y al cristianizar y civilizar a los pueblos germanos creó el alma de lo que luego se llamaría Europa.

Pero la Iglesia aun hizo algo más. Una vez establecido el sistema feudal, convirtió a grupos de matones y malvivientes en caballeros, y es que ser caballero pasó a ser un ideal que empujaba a quien lo asumía a ejercer de héroe y de santo al mismo tiempo. Por supuesto, no muchos lo lograban, pero se creó un nuevo tipo de hombre nunca antes visto en la historia: el caballero cristiano.

El pensador brasileño Helio Jaguaribe, que se autodefinía como «ateo católico», cuenta espléndidamente el proceso que llevó a la creación del ideal de caballería que regiría en todos los pueblos de Europa hasta la aparición, durante el Renacimiento, del espíritu burgués:

> El desarrollo de grupos de caballeros constituidos por jóvenes rudos, entrenados para la violencia y la guerra en defensa de sus señores, sin más restricciones que la voluntad de estos últimos, de quienes recibían armas, alimento, cobijo y parte de los botines, creó un grupo de personas socialmente peligrosas, conocidas popularmente como *tyranni,* a causa de los abusos violentos, y *praedores* por sus robos frecuentes. La Iglesia estaba muy preocupada por esta situación, y con el apoyo de los miembros más responsables del sistema feudal comenzó a realizar esfuerzos serios para consolidar la disciplina moral y religiosa en la clase nueva de caballeros. Dichos esfuerzos tuvieron cierto éxito y condujeron a la creación y difusión general de los ideales de la caballería. Los caballeros ingobernables pasaron a ser *chevaliers,* con un código de honor especial, que implicaba la obligación de defender a la Iglesia, a los pobres y los débiles, y a comportarse con gallardía y valor[2].

Ese proceso de construcción de un ideal fue complementado después por la labor de trovadores y escritores anónimos, cuyas obras eran recitadas para que el mensaje llegara incluso a quienes no sabían leer ni escribir:

> El ideal caballeresco se difundió mediante una literatura abundante que presentaba al noble caballero como campeón de la Cristiandad, en la Reconquista española como cruzado o como caballero errante en pos de la reparación de fechorías. Ejemplo de esto se encuentran, con diferentes perspec-

tivas, en el *Cantar de Mio Cid,* en España, o en la *Canción de Rolando,* del siglo XI, que recuerda la muerte de Rolando en Roncesvalles, en el siglo VIII[3].

Por tanto, tiene sentido afirmar que, gracias a la labor de los sacerdotes y de los hombres de letras, «los caballeros se convirtieron en la nueva nobleza menor de la Edad Media; fueron el modelo de comportamiento valeroso noble, que hasta los reyes buscaban imitar, como san Luis de Francia o Ricardo Corazón de León»[4]. A estos nombres habría que agregar el de Alfonso VIII, héroe en la batalla de Las Navas de Tolosa y, por supuesto, el de Fernando III de Castilla, apodado justamente «el Santo», dos héroes que raramente son recordados en la propia España, mientras que, por el contrario, todo el mundo en Europa sabe quién fue Ricardo Corazón de León o san Luis de Francia, primo hermano de Fernando III de Castilla, que fue un modelo de gobernante y de creyente. De hecho, todas las batallas en las que participó tuvieron como objetivo liberar a España —y, con ella, a toda la Cristiandad— de la influencia y del dominio mahometano.

Su ideal, tal y como él mismo declaró en sus cartas, era ser un «caballero de Jesucristo», un «siervo de la Virgen Santísima» y un «alférez del apóstol Santiago». Y, en efecto, Fernando III el Santo fue el libertador de Úbeda, Córdoba, Jaén, Cádiz y Sevilla, y para agradecer a Dios tan importantes victorias levantó la catedral de Burgos y convirtió en templo católico la mezquita de Sevilla. A sus victorias militares hay que añadirle el mérito de ser el fundador de la Universidad de Salamanca, así como el de construir numerosas catedrales y monasterios a lo largo y ancho de la Península para que los caballeros que luchaban a sus órdenes recibieran formación cristiana. Asimismo, instauró el castellano como idioma oficial en los territorios que logró recuperar y se esmeró para que en su corte se cultivaran la música y la literatura.

El fracaso de Carlomagno en la reconstrucción del imperio

Hacia el año 480, una vez concluidas las invasiones bárbaras, todos los territorios que habían conformado el Imperio romano de Occidente se hallaban en la más completa desolación: las ciudades saqueadas se fueron despoblando, los caminos quedaron a merced de bandas de asaltantes que proliferaron como hongos y, como consecuencia, se extinguió el comercio.

Sobre esa Europa occidental en ruinas comenzó a surgir un verdadero rosario de reinos germanos. Así, por ejemplo, los lombardos se adueñaron del norte de Italia y durante casi dos siglos fueron la pesadilla de la ciudad de Roma y del papa; los anglos y los sajones dominaron la provincia romana de Britania; los visigodos extendieron su dominio sobre la península Ibérica, y los burgundios, los alamanes y los francos se asentaron en la actual Francia.

En el año 481, un joven de quince años llamado Clovis (o Clodoveo) fue coronado como rey de los francos y se propuso lograr la reunificación de la antigua Galia romana. Su primera acción fue lanzarse contra los alamanes y, según la tradición cristiana, estando prácticamente vencido y sin saber a qué dios invocar, vino a su mente la imagen de Jesús, a quien prometió que, si lo libraba de la derrota y de la muerte, se convertiría al cristianismo. En ese momento una flecha alcanzó el corazón del jefe de los alamanes, que, desorientados, se retiraron del campo de batalla.

En cumplimiento de su promesa, en la noche del 25 de diciembre de 496, Clodoveo renegó de los ídolos paganos y se hizo bautizar por san Remigio en la catedral de Reims. Junto a él se bautizaron tres mil de los mejores oficiales de su ejército. Tras el bautismo, Clodoveo derrotó a los burgundios y a los visigodos, y en el año 511 la antigua Galia romana, ya completamente reunificada, comenzó a ser conocida con el nombre de Francia (el país de los francos). Aclaremos que los francos fueron —de entre todos los pueblos germanos— los primeros en convertirse al catolicismo, circunstancia que permitió que a partir de esa fecha comenzara el proceso de mestizaje entre los galo-romanos y los francos, un mestizaje que pudo realizarse porque la Iglesia sirvió de puente entre la antigua población romana y los recién llegados pueblos germanos. El caso es que fue a partir del bautismo de Clodoveo cuando la Iglesia comenzó a considerar a Francia su hija predilecta, de tal manera que una invisible alianza quedó sellada —por siglos— entre el destino de la Iglesia y la suerte de la nación gala.

Los descendientes de Clodoveo, los merovingios, conocidos como los «reyes holgazanes», dejaron el gobierno del reino en manos de los «mayordomos de Palacio», una especie de primeros ministros, entre los que destacó Pipino el Breve, que había sido educado cuidadosamente por los monjes benedictinos del monasterio de Saint-Denis[5]. En el año 751, Pipino depuso a Childerico III y, con el apoyo del papa Zacarías, se proclamó rey de Francia:

> A continuación de la aceptación de Zacarías del golpe de Pipino a la dinastía, el papa siguiente, Esteban II (752-757), tomó la iniciativa de ir a la Galia y ungir rey a Pipino, al que confirió el título de patricio —que legalmente solo podía

conceder Constantinopla—, lo cual realzó significativamente la autoridad del papa. A su vez, Pipino estuvo de acuerdo en librar de los lombardos al pontífice y marchó contra ellos en el año 754[6].

En efecto, en 754 Pipino venció a los lombardos y los disciplinó, aunque dos años después volvieron a sublevarse y el rey tuvo que regresar a Italia para derrotarlos definitivamente, tras lo cual le dio al Papado el dominio sobre el territorio que posteriormente, y hasta el 20 de septiembre de 1870, conformaría los Estados Pontificios.

El sueño de la reconstrucción del imperio nunca desapareció de la cabeza de los hombres más lúcidos de la Iglesia, y es probable que por ello decidieran aliarse con los francos, el único pueblo germano que pasó directamente del paganismo al catolicismo —todos los demás pasaron por el arrianismo—, entre los que destacó Carlomagno (hijo mayor de Pipino el Breve), el hombre que tuvo en sus manos la posibilidad de convertir aquel sueño en una realidad.

Se desconoce la fecha exacta de su nacimiento, que algunos sitúan en 742 y otros en 747. Sí se sabe con certeza que en el año 768, tras la muerte de Pipino el Breve, Carlomagno compartió el reino de los francos con su hermano Carlomán, aunque la temprana muerte de este en 771 permitió al primero hacerse con todo el poder y comenzar, motivado por la Iglesia, el proyecto de unificación del Occidente cristiano. Carlomagno atravesó el Rin con sus tropas y, después de treinta años de duras batallas, logró doblegar a los sajones que no habían cruzado a las Islas Británicas. De ése modo, el territorio de la actual Alemania quedó bajo su mando. Asimismo atacó a los ávaros (hunos), que, acampados al otro lado del Danubio, asaltaban con frecuencia el centro de Europa. Carlomagno logró derrotarlos, lo que supuso la incorporación de Austria a su ya vasto imperio. Luego cruzó los Alpes para enfrentarse a los lombardos, a quienes también derrotó, y finalmente, en la Nochebuena del año 800, en la basílica de San Pedro, el papa León III lo coronó solemnemente como «emperador de los romanos». El pueblo de Roma, ebrio de alegría, vitoreó y aclamó a Carlomagno como el «nuevo Augusto». El sueño de la reconstrucción del Imperio romano de Occidente parecía haberse hecho realidad, aunque faltaba una pieza esencial, la península Ibérica, que luchaba por su supervivencia tras haber sido invadida por los guerreros de Mahoma que llegaron de África.

Sin embargo, el proyecto de la Iglesia y de Carlomagno de reconstruir el Imperio romano de Occidente fue tan solo el sueño de una noche de verano. No podemos explayarnos aquí en las causas del fracaso del imperio carolingio y solo ofreceremos la síntesis realizada por el historiador Helio Jaguaribe. Carlomagno murió el 18 de mayo del año 814, dejando tras de sí una extraordinaria leyenda que persiste hasta el día de hoy. Con su desaparición, «el imperio carolingio fue víctima del conflicto entre el concepto unitario intrínseco de la noción de imperio y la tradición patrimonial, proveniente de los francos, que conducía a la subdivisión territorial del reino entre los hijos de un rey difunto. El mismo Carlomagno, a pesar de los criterios firmes sobre la unidad imperial, que mantuvo enérgicamente durante su vida, tomó la iniciativa de dividir sus dominios entre sus hijos, y fue solo la eventualidad de quedar Luis el Piadoso como único sobreviviente lo que mantuvo la unidad del imperio. Más coherente que su padre, Luis trató de conservar esa unidad confiriendo a su hijo mayor, Lotario I, el título y las funciones imperiales, y dando reinos subordinados a sus otros hijos. Sin embargo, la sublevación de estos últimos, incluso en vida de su padre, frustró sus designios»[7].

Pese a todo, es importante resaltar que gracias a la acción de Carlomagno y de la Iglesia —principalmente, de san Bonifacio— se produjo la cristianización de los pueblos germanos que habitaban más allá del Rin, un acontecimiento histórico extraordinario que terminó de conformar la Cristiandad occidental:

> Sin haber logrado aprender a leer ni a escribir [...] Carlomagno llevó a su corte una aristocracia intelectual de monjes anglosajones y celtas irlandeses, algún obispo visigodo, teutones e italianos. Bajo su dirección se abrió un verdadero renacimiento de las artes y las letras, y un espléndido impulso de reorganización civil y eclesiástica [...]. Allí se logra la fusión de lo romano y lo germánico bajo la forma cristiana, y el que sopese esto sabrá comprender las dimensiones gigantescas del emperador Carlomagno[8].

Tan solo una pequeña franja del norte de la península Ibérica formó parte de esa Cristiandad occidental, aunque las circunstancias que les tocó vivir a esos cristianos —la guerra permanente contra el islam por su supervivencia cultural y política— hicieron que, en esa región del extremo sur de Europa, la Cristiandad tuviera una identidad particular que la diferenciaba de la fundada por la Iglesia y los francos, hasta el punto de poder afirmar que se trataba de una tercera Cristiandad, la Cristiandad hispánica.

España: una voluntad de ser basada en el cristianismo

De entre los discípulos de Jesús de Nazaret, el hijo de Zebedeo y hermano de Juan, conocido como Santiago el Mayor (5 a. C.-44 d. C.), estaba destinado a tener una relación especial con lo que siglos después serían España y el pueblo español.

Según relata el Evangelio de san Marcos, Santiago fue uno de los primeros que recibieron el llamamiento de Jesús cuando estaba pescando en el lago de Genesaret junto a su hermano Juan. Jesús llamo a Santiago *Boanerge,* que significa «hijo del trueno», por su carácter impetuoso y guerrero... Aunque no era el único de los discípulos que tenía esa forma de ser: Simón, a quien el maestro llamó Pedro, portaba siempre una espada, por más que hoy en día, cuando el cristianismo se ha convertido en «buenismo», no quede bien decir estas cosas.

Tal y como relatan los evangelistas Marcos y Lucas, Santiago fue testigo presencial de la resurrección de la hija de Jairo, de la transfiguración de Jesús y de la oración en el Huerto de los Olivos. Según el relato medieval, después del Pentecostés de 33 d. C., cumpliendo el mandato de Jesús de llevar la buena nueva hasta el último rincón de la Tierra, Santiago se dirigió a la provincia romana de Hispania.

Afirma la tradición cristiana —no probada por ninguna fuente histórica, pero creída por el pueblo español durante siglos; de ahí su importancia desde el punto de vista sociológico— que el 2 de enero del año 40, el apóstol Santiago se hallaba rezando, junto a los únicos siete hispanorromanos que había logrado convertir, cuando se le apareció, sobre una columna de alabastro, María, la madre de Jesús, rodeada por un coro de ángeles que cantaban una oración. Al final del canto, la Virgen se dirigió a Santiago con estas palabras:

> Hijo mío, Santiago, este es el lugar designado y deputado para mi culto, en el cual edificarás una iglesia en mi memoria [...]. En este lugar el poder del Altísimo obrará, por mi intersección, prodigios y milagros en favor de aquellos que imploren mi misericordia en sus necesidades[9].

A raíz de este suceso fueron muchos los hispanorromanos que se convirtieron al cristianismo, con la singularidad de que, al creer en la aparición de la Virgen al apóstol, se transformaron, además, en un pueblo profundamente mariano. Este marianismo constituyó durante siglos el núcleo duro del ADN del pueblo español y, por tanto, el ADN que España inyectó en las venas de América, donde ha perdurado hasta el día de hoy. Así, por ejemplo, lo demuestran las peregrinaciones al santuario de la Virgen de Luján, en Argentina, o las multitudes que visitan, en México, a la Virgen de Guadalupe. Cierto es que nada es eterno en esta tierra y que hoy una pléyade de ideólogos, periodistas, académicos y políticos trabajan aviesamente para extirpar ese componente mariano de la esencia de los pueblos hispanos. Pero ese es un tema tan vasto que merecería otro libro[10].

Pero volvamos a nuestro relato histórico. Como acertadamente señala la historiadora Ángela Pellicciari:

> Cuando los godos invadieron la España romana a inicios del siglo VI, la población romana se vio oprimida no solo por las costumbres bárbaras de los invasores, sino por la

prepotencia de un pueblo hereje. El reino bárbaro-romano construido por los visigodos quedó minado por esta profunda división en cuestiones de fe hasta que Isidoro de Sevilla contribuyó a la conversión al catolicismo del rey godo Recaredo en el año 587, facilitando así la fusión entre elemento godo y el romano, hasta entonces impedida por la herejía[11].

Isidoro de Sevilla, hijo de una familia hispanorromana de Cartagena, nació, probablemente, en esa misma ciudad en el año 560. A pesar de que sus padres lo llamaron Isidoro, nombre pagano que significa «don de Isis», el niño se crio en el seno de un hogar profundamente cristiano. Sus hermanos Leandro y Fulgencio fueron obispos, y su hermana Florentina, monja. Aclaremos en este punto que el II Concilio de Toledo (533) había dispuesto que los jóvenes que tuviesen vocación religiosa y quisieran ser sacerdotes debían recibir enseñanzas obligatorias de la mano de clérigos especializados y ser supervisados por un obispo.

Isidoro se formó como sacerdote en la ciudad de Sevilla, de la que fue obispo durante más de tres décadas, entre los años 599 y 636. Fue amigo de Sisebuto (565-621), rey de los visigodos, quien le animó a escribir *Historiae Gothorum,* una obra que demuestra que en aquella época ya existía un sentimiento español; es decir, que la población hispanogoda sentía un afecto particular sobre la tierra que habitaba.

> Eres, oh, España, la más hermosa de todas las tierras que se extienden del Occidente a la India; tierra bendita y siempre feliz en tus príncipes, madre de muchos pueblos. Eres con pleno derecho la reina de todas las provincias, pues de ti reciben luz el Oriente y el Occidente. Tú, honra y prez de

todo el Orbe; tú, la porción más ilustre del globo. En tu suelo campea alegre y florece exuberancia la fecundidad gloriosa del pueblo godo [...]. Eres, pues, oh, España, rica de hombres y de piedras preciosas y púrpura, abundante en gobernadores y hombres de Estado; tan opulenta en la educación de los príncipes, como bienhadada en producirlos. Con razón puso en ti los ojos Roma, la cabeza del orbe; y aunque el valor romano vencedor, se desposó contigo, al fin el floreciente pueblo de los godos, después de haberte alcanzado, te arrebató y te armó, y goza de ti lleno de felicidad entre las regias ínfulas y en medio de abundantes riquezas[12].

Tenga en cuenta, estimado lector, que la patria es un sentimiento que se hace razón, o una razón que se hace sentimiento, pero para existir siempre necesita un acto de voluntad. Fue justamente ese sentimiento de ser español, ya presente en el corazón de Isidoro de Sevilla —como reflejo del que tenían los hispanogodos—, el que se transformó en Covadonga en voluntad de ser, en voluntad de seguir siendo y en voluntad de no ser. Es decir, en la voluntad de ser cristianos, de seguir siendo cristianos y de no ser musulmanes. Porque, en ese particular momento histórico, ser español era ser cristiano, y ser cristiano era ser español, ya que el invasor, africano o árabe, era siempre musulmán.

Hagamos aquí un breve paréntesis para recordar de dónde procedían los invasores y cómo se habían expandido por toda la cuenca del Mediterráneo. Hasta el año 633, los árabes, sumidos en la más absoluta pobreza, habitaban tan solo en la península de Arabia, es decir, en un inmenso desierto de roca y arena de casi tres millones de kilómetros cuadrados, donde llevaban una vida austera y por momentos miserable cuidando de sus rebaños de cabras y camellos, comerciando de oasis en oasis o asaltando caravanas rivales.

En marzo de 633, Jaled Ibn al-Walid (592-642), al frente de dieciocho mil hombres, ocupó lo que hoy es Irak. Cinco años después, en 638, y tras un largo asedio, cayó Jerusalén y, al poco tiempo, Antioquía y Damasco. A finales del 639, los guerreros árabes mahometanos invadieron la rica provincia bizantina de Egipto, barriendo todo a su paso. Alejandría, la gran ciudad fundada por Alejandro Magno, fue tomada en 641 y, aunque la población resistió heroicamente, su famosa Biblioteca terminó devorada por el fuego[13].

Uno de los episodios menos conocidos de la resistencia a la invasión musulmana fue el protagonizado por las tribus judías del norte de África, comandadas por una misteriosa reina judía llamada Al-Kahina (la prestigiadora), o Kahena, de quien apenas nos ha llegado nada a nuestros días. El caso es que hacia el año 709, todo el norte de África estaba ya bajo control árabe; la única excepción era Ceuta, en las Columnas de Hércules africanas. En 711, cuando don Rodrigo fue elegido rey, el conde don Julián, gobernador de Ceuta, pensó en destronarlo y pidió ayuda a los guerreros mahometanos recientemente llegados al norte de África. Estos no se hicieron de rogar y, al mando de Táriq ibn Ziyad, atravesaron el estrecho, llamado desde entonces Gibraltar (Jabal Táriq, o monte de Táriq) y se enfrentaron a los visigodos de don Rodrigo cerca de Jerez de la Frontera, a orillas del río Guadalete, aplastando a los cristianos y dando muerte al rey. Casi de inmediato acudieron grandes masas de jinetes mahometanos comandadas por el emir Muza y, arrollando toda resistencia a su paso, se extendieron por la península Ibérica hasta llegar al norte de la misma. Su triunfo no fue total, porque, en Asturias, el príncipe visigodo don Pelayo logró detenerlos en Covadonga, de donde los mahometanos jamás pasarían. La batalla de Covadonga —o la «escaramuza», como les gusta decir a los progresistas— tuvo lugar en 718 o en 722. Poco importa la fecha exacta, como poco importa saber si fue una batalla o una escaramuza, si combatieron veinte cristianos contra doscientos moros, o dos mil cristianos contra veinte mil moros. Lo que importa es que, aunque ni moros ni cristianos lo supiesen entonces, en aquel momento nació España, porque el sentimiento de los hispanogodos se transformó en voluntad.

España nació de un acto de voluntad de un pequeño grupo de hombres que decidieron ser libres y gritaron a los cuatro vientos: «¡Nosotros no aceptamos estar sometidos al imperialismo árabe y jamás nos convertiremos al islam!». No importa si ese grupo de hombres se enfrentó a un gran ejército o solo a un puñado de guerreros de Mahoma; lo que importa es que, si no hubieran decidido jugarse la vida en Covadonga, hoy España no existiría y sería como Argelia o Egipto: hablaría árabe, rezaría mirando a la Meca y de sus hermosas mujeres tan solo se verían los ojos.

Así, pues, en términos filosóficos, Covadonga es la causa primera de la existencia de España. Esa voluntad de ser, de seguir siendo y de no ser se transformó luego en voluntad de reconquista de un territorio que se sentía como propio. En palabras del historiador Claudio Sánchez-Albornoz:

> Desde los días iniciales de la Reconquista hasta sus postrimerías, los cristianos tuvieron conciencia de que luchaban por la recuperación del solar nacional, que los islamitas detentaban [...]. Pero la reconquista del solar nacional implicaba la guerra contra el enemigo de Cristo y de su Iglesia, y ellos daban un matiz religioso a la contienda. Se combatía de

> continuo invocando el auxilio divinal y confiando en él [...]. Los musulmanes eran a la par enemigos de Cristo y suyos [...]. Solo era posible vencer con la ayuda de Dios, que daba victorias y derrotas a su grado, en premio o castigo. Era preciso implorarle, *flexibus genibus,* antes de pelear; e implorar también a María [...]. Si la guerra contra el moro no era una guerra santa equiparable a la que obligaba a los mahometanos, con exactitud la calificó don Alonso de Cartagena de guerra divinal[14].

Tampoco puede pasarse por alto que la guerra contra el invasor musulmán fue una guerra popular, es decir, sostenida y querida por el conjunto de la población. De hecho, el concepto de «pueblo o nación en armas» *(Das Volk in Waffen),* que siglos más tarde teorizaría Colmar von der Goltz (1843-1916), fue una realidad en España durante setecientos años[15].

> Durante siglos, la lucha contra los islamitas no fue una empresa de minorías señoriales, como fueron a la sazón las más de las guerras en la Europa de Occidente, sino que constituyó una tarea nacional en la que participaban las masas populares. Y no se peleó por intereses dinásticos, por apetitos o ambiciones comarcanos o por odios o sañas familiares, como se combatió allende el Pirineo, sino por la libertad del reino y de la Iglesia[16].

El hecho de que la guerra contra el invasor musulmán fuese una guerra popular —participaron desde los nobles hasta los campesinos; desde los artesanos hasta los comerciantes, desde los sacerdotes hasta los obispos— hizo que se produjera una enorme diferencia entre la Cristiandad occidental y la Cristiandad hispana, porque la guerra hizo que los ideales de la caballería se extendieran, en la segunda, a la masa popular, de la que surgieron caballeros como hongos. Por eso, mientras en la Cristiandad occidental los caballeros eran una minoría, en la hispana eran multitud. En este sentido, Sánchez-Albornoz afirmaba que, en la guerra contra el invasor mahometano,

> [...] no se luchaba por mandato divino, pero se batallaba por el Altísimo tanto como por la reconquista y por la libertad del solar nacional. Los guerreros cristianos no peleaban en cumplimiento de un precepto religioso ni confiados en la muerte martirial, pero luchaban con los enemigos de su Dios. Para defender su libertad y su vida, y las de sus mujeres y sus hijos, tanto como para salvaguardar la libre práctica de su religión en sus iglesias y en su hogar. Y tanto para ganar la vieja tierra hispana, hacía siglos conquistada por los infieles sarracenos, como para llevar la fe de Cristo hasta las fronteras extremas de la patria irredenta[17].

Cierto es que, en un principio, la Cristiandad hispánica solo atinó a defenderse del agresor —imperialista— islámico. Es decir, la ofensiva le correspondía al invasor mahometano. Por ello no se puede hablar de «guerra de reconquista», aunque eventualmente se le llegara a arrebatar al invasor algunos kilómetros de los que se había apoderado por la superioridad de su fuerza. Aun así, en el espíritu de los hispanocristianos estaba el pasar a la ofensiva cuando la relación de fuerzas les fuera mínimamente favorable.

> Hasta la caída del califato la lucha fue áspera y brutal. Cuando el gobierno cordobés se hundía temporalmente en la impotencia y no podía proseguir sus embestidas contra tierras cristianas, atacaban estas con frecuencia los islamitas fronterizos; y si la iniciativa de la guerra escapaba a los mus-

limes, los cristianos pasaban de la defensiva angustiada a la ofensiva audaz, y continuaba la batalla. Desde el aseguramiento de la dinastía Omeya en Córdoba, el reino asturleonés, embrión de España, y Castilla especialmente no conocieron una década de paz. No cabía ningún compromiso. Y la contienda acarreaba a los cristianos asolamientos, fieros males y humillaciones vergonzosas[18].

La guerra que tuvo que afrontar la Cristiandad hispánica fue una contienda sin cuartel, puesto que la superioridad militar estuvo —durante siglos— del lado del invasor musulmán. Fue una guerra cruelísima, sobre todo por las características del invasor —solo tolerantes en la imaginación de los profesores progresistas, que hoy, en lugar de dar clases en las universidades españolas, hacen propaganda del antiguo invasor—, y lo cierto es que el destino de quienes se resistían a someterse al islam era ser degollados como corderos o vendidos como esclavos.

> Los ismaelitas —así les llamaban los cristianos— entraban en el país a sangre y fuego. Las iglesias y los monasterios eran arrasados y las comunidades religiosas pasadas a cuchillo. Los habitantes de las ciudades o de los campos, si caían prisioneros, eran vendidos como esclavos en los mercados andaluces. Hasta condes y obispos morían cautivos en las mazmorras cordobesas. Y varios soberanos de León y de Navarra hubieron de enviar a sus hermanas al harén del odiado Almanzor. ¡Duros tiempos! ¡Y así tres siglos! ¡Tres siglos de enconada guerra nacional y religiosa, de bárbara contienda devocional y popular![19].

La guerra por la expulsión del invasor mahometano —es decir, por la liberación del territorio ocupado por el imperialismo islámico— llevada a cabo por la Cristiandad hispánica fue, sin duda, la más larga de la historia de la humanidad. En este sentido, le pido, estimado lector, que nos hagamos juntos las siguientes preguntas: ¿acaso el pueblo alemán tuvo que luchar contra un enemigo que amenazara su existencia misma durante cuatro, tres o dos siglos? ¿Acaso el pueblo francés tuvo que librar una guerra para recuperar el territorio de su patria ocupado por un pueblo invasor durante cuatro, tres o dos siglos? Con razón afirmaba Sánchez-Albornoz que

> [...] ningún pueblo europeo ha llevado a cabo una aventura tan dilatada y tan monocorde como la que implicó la reconquista y la repoblación del solar nacional, desde Covadonga (722) hasta Granada (1492). Ninguno ha vivido como nosotros cerca de ocho siglos con una frontera siempre abierta y en avance. Ninguno ha presenciado los continuos y colosales trasiegos humanos que en la Península fueron precisos para repoblar el país ganado al enemigo[20].

Se ha criticado a Sánchez-Albornoz diciendo que en Covadonga no había españoles, sino únicamente un pequeño grupo de cristianos que no tenían ninguna conciencia de ser españoles. Si nos atenemos a la forma, pero no a la sustancia, la crítica parece correcta, pero si ponemos nuestra mirada en la sustancia y no en la forma, la crítica es incorrecta. Veamos por qué.

Como ya hemos señalado, las circunstancias —la guerra permanente para poder ser— hicieron que la Cristiandad occidental en el extremo sur de la península europea se transformara en Cristiandad hispánica, y las circunstancias —la ruptura de la Cristiandad occidental al primar el factor político-lingüístico sobre el religioso— hicieron que la Cristiandad hispánica se transformara en España. Ahora bien, como España mantuvo durante siglos la esencia de Cristiandad hispánica —el espíritu de la caballería—, España siempre fue sinónimo de Cristiandad hispánica. Puede decirse, entonces —si nos atenemos a la sustancia y no a la forma de las cosas—, que España nació en Covadonga y que España fue, durante ochocientos años, un «estar» en peligro de extinción frente al imperialismo mahometano avasallador. Dicho de otro modo: las circunstancias —ochocientos años de guerra contra los mahometanos: árabes, africanos o turcos— forjaron España, pero la materia prima sobre la que habían operado esas circunstancias eran el Imperio romano y el cristianismo. Roma aportó su lengua, el Derecho, la filosofía griega y, sobre todo, la idea de imperio. Roma inoculó en la sangre de España la idea de que esta debía construir un imperio como lo había hecho Roma, porque esa era la mejor forma de organizar la convivencia entre las distintas comunidades políticas y lingüísticas que habitaban la faz de la Tierra.

El cristianismo plasmó en el ADN de España que debía cumplirse el mandato del carpintero de Nazaret, resucitado en Jerusalén, de predicar el Evangelio hasta el último rincón del mundo. Por eso, cuando las circunstancias lo permitiesen, España no podía sino intentar construir un imperio católico, es decir, universal. La decisión de edificar dicho imperio para cumplir el mandato del Nazareno —que todos los españoles, sin importar si eran nobles o plebeyos, ricos o pobres, creían que había resucitado en Jerusalén— y llevar hasta el último rincón de la Tierra el Evangelio, fue tomada el 17 de abril de 1492 por la mujer más formidable de la historia de España, a quien en el mundo entero se conoce como

Isabel la Católica, mientras que el encargado de ejecutar la primera acción fue un desconocido marinero genovés llamado Cristóbal Colón.

Importa resaltar que, tras el descubrimiento de América, cinco fracturas sucesivas se producirán en el seno de la Cristiandad occidental, de la que la Cristiandad hispánica —con su particular forma de pensar y de sentir— formaba parte. Nos referimos, de acuerdo con el historiador Miguel Ayuso, a la fractura «religiosa del luteranismo, la ética del maquiavelismo, la política del bodinismo, la jurídica del hobbesianismo y la histórica que supuso la Paz de Westfalia»[21]. España, que no se vio afectada por ninguna de las cuatro primeras —gracias a lo que en su sangre habían inoculado Roma y el cristianismo—, paso a paso fue construyendo un imperio católico, mientras que Inglaterra —transformada por todas esas fracturas— y Francia —que por milagro no se hizo protestante— construyeron sus respectivos Estados-naciones y se lanzaron a la conquista del mundo no como imperios, sino como imperialismos. Es importante no perder de vista esta fundamental diferencia.

El descubrimiento de América: el afianzamiento del imperio cristiano español

El último acto de esa voluntad de ser, de seguir siendo y de no ser —el primero tuvo lugar el 28 de mayo de 722 en Covadonga— ocurrió el 2 de enero de 1492 en la ciudad de Granada. Y es que, como señaló Sánchez-Albornoz, una vez terminada la Reconquista, «parecía que la actividad de Castilla iba a encontrar su final, al hallar ante ella la barrera marítima del Mediterráneo y del Atlántico. Pero Colón descubre América y más acá del mar se repite la historia medieval recordada, y el sino de Castilla se cumple una vez más»[22].

Veamos ahora cómo apareció en la historia de Castilla aquel genovés que hizo que España cruzara el Atlántico y continuara la Reconquista allende los mares. En 1484, ese extraño personaje, mezcla de mercader y cruzado, llamado Cristóbal Colón[23], acompañado de su hijo Diego, de tan solo cinco años, golpeó las puertas del monasterio franciscano de Santa María de La Rábida, ubicado sobre una elevación natural del terreno que domina la confluencia de los ríos Tinto y Odiel. Es probable que, en tiempos de los fenicios, aquella morada de los monjes franciscanos hubiera sido un altar dedicado al dios Baal, aunque, pasados los siglos, los árabes construyeron sobre el lugar una especie de monasterio-cuartel dedicado a formar guerreros musulmanes que combatieran contra los cristianos. Diversos relatos afirman que, cuando los hispanocristianos lograron expulsar de ese rincón de Andalucía al invasor musulmán, los caballeros templarios tomaron posesión del cuartel-monasterio mahometano y lo colocaron bajo la advocación de Nuestra Señora de los Milagros.

De entre las numerosas leyendas que se cuentan sobre los templarios destaca una que afirma que estos habían llegado a América mucho antes de que, en 1307, Felipe IV de Francia (apodado el Hermoso) dispusiera el arresto de todos los miembros de la Orden que se encontraban en suelo galo[24]. Otra leyenda dice que en 1307 una flota templaria zarpó de un puerto del sur de España rumbo al Nuevo Mundo para esconder un enorme tesoro después de que el rey francés iniciara la persecución de los caballeros de la Orden[25]. Por su parte, la tradición cristiana afirma que fue el propio san Francisco de Asís quien llegó al abandonado cuartel templario en compañía de doce discípulos para fundar un pequeño y humilde monasterio franciscano.

Pero, leyendas y relatos aparte, lo que nos dicen los documentos escritos es que, el 7 de diciembre de 1412, el papa aragonés Benedicto XIII (1328-1423)[26] concedió a fray Juan Rodríguez y a sus compañeros religiosos, moradores del eremitorio de Santa María de La Rábida desde 1403, el permiso pontificio para establecer allí una comunidad franciscana[27]. Más de setenta años después, aquel desconocido marino genovés llamado Cristóbal Colón apareció por el monasterio y fue recibido nada más y nada menos que por el prior, Juan Pérez, que había sido confesor de la reina Isabel y seguía siendo uno de sus hombres de máxima confianza, y por fray Antonio de Marchena, uno de los religiosos más ilustrados de España[28]. ¿Fue la providencia o el azar quienes guiaron los pasos de Colón hasta el monasterio de La Rábida, o quizá los franciscanos lo estaban esperando?

El caso es que unas semanas antes Colón había expuesto al rey de Portugal, Juan II, su proyecto de llegar a Asia navegando hacia Occidente, un plan que el Consejo de Sabios del monarca rechazó por considerarlo «ridículamente temerario». Es de suponer que Colón expuso detalladamente delante de Juan Pérez y de Antonio de Marchena su teoría, por lo que cabe preguntarse: ¿por qué los dos franciscanos no la consideraron «ridículamente temeraria»? ¿Por ignorantes o, quizá, porque poseían ciertos conocimientos heredados de otros monjes que los sabios portugueses no tenían? Sea cual fuere la respuesta a estas preguntas, los franciscanos hicieron los preparativos necesarios para que los reyes de España escucharan la propuesta de Colón, aunque nada podían decidir antes de reconquistar Granada...

Es preciso entender que, para todos los españoles, con la rendición de Granada el 2 de enero de 1492 terminó la reconquista del solar patrio, aunque quedaban por reconquistar todas las demás tierras que los guerreros mahometanos les habían arrebatado por la fuerza desde el Éufrates al Atlántico y desde Constantinopla a Alejandría. Cruzar Gibraltar para marchar hasta Jerusalén, como soñaba el cardenal Cisneros, era la ruta más lógica para llegar a la Ciudad Santa[29]; navegar hacia Occidente para atacar al islam por su retaguardia era una estrategia audaz e incierta, pero Isabel, que había escuchado atentamente el discurso de Colón, no dudó de que valía la pena apostar por esa estrategia. Siguiendo al historiador Charles F. Lummis,

> [...] no fue la sórdida ambición ni la codicia lo que le hizo a Isabel prestar oídos al descubridor de mundos. Fue la fe, la simpatía y la intuición de una mujer, que tantas veces ha cambiado el curso de la historia y dado pie a las proezas de tantos héroes, quienes hubieran muerto desconocidos si hubiesen confiado en la más lenta, más fría y más interesada simpatía de los hombres[30].

El 17 de abril de 1492 se firmaron en la población de Santa Fe (Granada) las famosas «Capitulaciones», uno de los documentos más importantes de la historia de la humanidad. De la redacción del texto se encargaron Juan de Colona, en representación de los reyes, y fray Juan Pérez, en nombre de Cristóbal Colón. El caso es que Isabel, que tenía un reino propio (Castilla), tomó la iniciativa y asumió la responsabilidad de la decisión. De hecho, como nos recuerda Lummis, «su real esposo Fernando no creyó prudente embarcar las fortunas de Aragón en tan descabellada empresa»[31]. Los detalles de las «Capitulaciones» son bien conocidos[32], y no me detendré en ellos. Sin embargo, de lo que no suele hablarse es de que la financiación del proyecto la asumieron las arcas castellanas, en concreto «la quinta prorrogación de la Santa Hermandad entregada al entonces obispo de Ávila y confesor de Isabel, fray Hernando de Talavera, que registra una entrega de 1.157.000 maravedís [...]. Nada de joyas»[33].

A las ocho de la mañana del viernes 3 de agosto de 1492, tres pequeñas embarcaciones, la Santa María, la Niña y la Pinta, zarparon del puerto de Palos de Moguer. Gonzalo Fernández Oviedo, en su monumental *Historia general y natural de las Indias,* afirmaba que «Colón recibió el santísimo sacramento de la Eucaristía el día mismo que entró en el mar, y en nombre de Jesús mandó desplegar las velas y salió de puerto de Palos por el río de Saltés a la Mar Océana»[34]. En la aventura lo acompañaban tres respetados y adinerados hombres del sur de Andalucía: los hermanos Martín Alonso Pinzón, capitán de la Pinta; Vicente Yáñez Pinzón, capitán de la Niña, y Francisco Martín Pinzón, que iba a bordo de la Pinta como maestre. Fue el primero de ellos, Martín Alonso, quien recorrió todo el sur de Andalucía convenciendo a familiares y amigos para que se enrolasen y disponer así de la mejor tripulación posible. Obviamente, «no todos eran angelitos, pero eran, sin duda alguna, hombres de fe, gente cristiana, pueblo sencillo. Así, por ejemplo, solían rezar o cantar cada día la *Salve Regina,* con otras coplas y prosas devotas que contienen alabanzas de Dios»[35].

A las diez de la noche del 11 de octubre, Colón, que comandaba la Santa María, creyó divisar una pequeña luz que hizo que la esperanza prendiera en la expedición. Al amanecer del 12 de octubre, Rodrigo de Triana, desde la Pinta, dio, lo más fuerte que pudo, el ansiado grito de «¡Tierra!», y la emoción embargó a todos. Aquel día España descubrió América.

El 28 de octubre, Colón llegó a la isla de Cuba, a la que, en honor a la hija de Isabel I de Castilla, bautizó como «Juana», y el 6 de diciembre desembarcó en la isla de Santo Domingo, a la que llamó «La Española». En la noche del 25 de diciembre, una tormenta arrojó a la Santa María sobre un banco de arena y quedó totalmente destruida, aunque los restos del barco se usaron para construir el fuerte Navidad. En los primeros días de 1493, tras dejar una pequeña guarnición en el fuerte, el Almirante, a bordo de la Niña, emprendió el regreso a España. El 15 de marzo arribó al puerto de Palos, donde fue recibido con entusiasmo. Los Reyes Católicos encargaron a Colón que preparara una nueva expedición y, de inmediato, este se puso manos a la obra. Seis meses después, el 25 de septiembre de 1493, el Almirante zarpó del puerto de Cádiz al frente de dieciséis navíos y más de mil quinientos hombres. Llevaba consigo familias de obreros y artesanos, y doce religiosos presididos por el vicario fray Bernardo Buil, así como semillas, herramientas y los primeros vacunos y caballos que llegaron a América. El 28 de noviembre llegó a La Española, donde comprobó que el fuerte Navidad había sido completamente destruido y que los indios habían dado muerte a toda la guarnición. A finales de ese mismo año, Colón fundó Isabela, la primera población española establecida en América, donde ordenó levantar la primera iglesia que se erigió en el Nuevo Mundo. Fue así como España comenzó la construcción del imperio católico.

Fue también en este segundo viaje cuando «comenzó a desvelarse el misterio oscuro del mal en las Indias». El martes 6 de noviembre de 1493, Colón y sus hombres «tuvieron el primer conocimiento de los indios caribes», y al fondear en la isla de Santa María de Guadalupe, «seis mujeres insisten en ser acogidas en la nave, alegando que aquellos indios [los caribes] eran muy crueles, que se habían comido a sus hijos y a sus maridos [y que] a las mujeres no las matan ni las comen, sino que las tienen como esclavas»[36]. No tardaron mucho Colón y los suyos en entender que los indios caribes no mataban a las mujeres que capturaban, sino que primero las obligaban a tener hijos para posteriormente comérselas. También se dieron cuenta de que los caribes castraban a los hijos que tenían con las esclavas y que los mantenían con vida para engordarlos y posteriormente devorarlos.

Uno de los marineros de Colón relataba así los hechos: «Los castran para que engorden, lo mismo que nosotros acostumbramos a engordar los capones, para que sean más gustosos al paladar»[37]. Los historiadores negrolegendarios ocultan sistemáticamente el asunto del canibalismo de los indios caribes y cuando, ocasionalmente, tratan el tema de la antropofagia practicada por mexicas, caribes o guaraníes, lo hacen de forma superficial, poniéndose siempre del lado del victimario y nunca del de la víctima. En este sentido, y refiriéndose a la *Historia de Latinoamérica* de la Universidad de Cambridge, la antropóloga francesa Chantal Caillavet afirmaba que «en el marco de la discusión esencial de una práctica tan difundida como la captura y utilización de los presos de guerra, no se menciona ni una sola vez la antropofagia, ni siquiera a nivel de hipótesis»[38].

Pero sigamos con nuestro relato. En otras dos oportunidades —1498 y 1502— Colón viajó al otro lado del Atlántico y, antes de su muerte, sucedida el 20 de mayo de 1506, pudo recorrer las costas de Colombia y Venezuela. Lo cierto es que sobre el marino genovés se han vertido todo tipo de juicios: para unos no fue más que un aventurero sin escrúpulos; para otros, un valiente cruzado. El historiador británico John Lynch afirmaba lo siguiente sobre él:

> En el primer viaje de Colón no participaron clérigos, pero la evangelización era uno de los propósitos que animaba la empresa, y Colón mismo estaba convencido de su misión providencial: era el siervo escogido por Dios para llevar la fe a nuevos pueblos. Bartolomé de las Casas recoge que en materia de religión era un católico devoto y que todo lo que decía y hacía iba precedido de las palabras «en nombre de la Santísima Trinidad». En su segundo viaje sí hubo misioneros[39].

Por su parte, el periodista, historiador y activista a favor de los indios Charles F. Lummis insistía en la energía y el carácter testarudo, aunque voluble, de Colón:

> No era Colón ni un hombre perfecto ni un tunante; aun cuando se ha presentado bajo ambos aspectos. Era un hombre notable, y, teniendo en cuenta su época y su profesión, era un hombre bueno. A la fe del genio, reunía una maravillosa energía y tenacidad, y gracias a su testarudez pudo llevar a cabo una idea que ahora nos parece naturalísima, pero entonces todo el mundo consideraba absurda. Mientras se dedicó a la profesión a la que se había dedicado y en la que probablemente no tenía quién le igualase, sus hechos fueron portentosos. Pero cuando, después de medio siglo de navegante, se convirtió en virrey, vino a ser como el proverbial «marino en tierra»: se perdió por completo. En el desempeño de su nuevo cargo, fue poco práctico, tozudo y hasta perjudicial para la colonización del Nuevo Mundo [...]. No era un

buen administrador [...]. Sus fracasos no eran debidos a bellaquería, sino a ciertas debilidades y a su ineptitud en general para el desempeño de su nuevo cargo, al cual, a sus años, le era difícil adaptarse[40].

En defensa del marino genovés, el historiador y sociólogo argentino Enrique de Gandía sostenía que, desde el primer momento, la reina Isabel vio en él a un cruzado:

> Cristóbal Colón unió su destino para siempre al de la reina Isabel e hizo de su viaje inmortal una prolongación de la lucha de cruzados que España sostenía desde ocho siglos atrás contra el islam [...]. El ropaje de cruzado con que vestimos a Colón no es una tesis hecha de deducciones, sino de hechos evidentes [...]. Colón fue el más puro producto de su tiempo, de ese tiempo que todos los historiadores —sistemáticamente— han querido olvidar: el tiempo de las cruzadas, de la lucha intensa y feroz de moros y cristianos [...]. En las miras de Colón, en sus escritos y en sus palabras se ha querido ver a un usurero, a un codicioso que solo anhelaba ríos de oro. Hay en esto un engaño de visión [...]. Él vivió siempre en la miseria más grande, durmiendo sobre una tabla y yendo por las calles con hábito de penitente. Si alguna vez deseó oro, mucho oro, no fue para endulzar su vida. Todos saben muy bien para qué fue, lo dijo él mismo en una carta a la reina Isabel: para rescatar el sepulcro de Cristo[41].

Importa destacar el análisis que en 1893 realizó el mismo Charles F. Lummis en su libro *The Spanish Pioneers (Exploradores españoles),* donde ya avisaba de la absurda crítica a la que el personaje de Colón se vería sometido siglos después:

La tendencia de las generaciones pasadas era convertirlo en un semidiós, en una figura heroica sin tacha, en un ser perfecto, toda nobleza. Esto es absurdo; porque Colón no era más que un hombre, y todos los hombres, por grandes que sean, no llegan nunca a la perfección. La generación actual tiende a lo contrario, esto es, a quitarle toda cualidad heroica y hacer de él un pirata impune y un despreciable instrumento de la suerte; a tal extremo que muy pronto no va a quedar nada de Colón. Esto es igualmente injusto y poco científico[42].

Pues bien, la profética observación de Lummis se ha cumplido.

El nacimiento de la América española

Falai de castelhanos e de portugueses,
porque espanhóis somos todos...

Luís de Camões, *Os Lusíadas*

El 12 de octubre de 1492, España descubrió América, pero no porque ese puñado de españoles comandados por el almirante genovés fuesen los primeros europeos en llegar al nuevo continente, ya que, previamente, muchos otros lo habrían visitado, si bien decidieron guardarse para sí el secreto. Son verosímiles las hipótesis que afirman que fenicios y chinos llegaron a América antes que Colón[43], y es muy probable que, como afirma Jacques de Mahieu, los intrépidos vikingos —posiblemente ya convertidos al cristianismo— llegaran a las playas de Panuco, en México, en el verano del año 967. Aun así, la diferencia fundamental se encuentra en que los vikingos «hallaron América, mientras que Colón descubrió América». La diferencia es sustancial, puesto que «el simple hallar se cierra sobre sí mismo, es toparse con algo sin hacerse cargo de lo que es. Descubrir es desvelar lo que tal cosa es. Es un acto esencialmente histórico en tanto que el mero hallar es ahistórico. Y el descubrimiento de América fue hecho de una vez y para siempre por la conciencia española»[44].

España hizo público el conocimiento impreciso de la existencia de tierras allende el gran mar —un conocimiento que los vikingos tenían, pero que no quisieron divulgar—, y es por eso por lo que se puede afirmar con toda propiedad que aquella mañana del 12 de octubre de 1492 España descubrió América. Y aquella mañana también comenzó el declive del imperialismo musulmán, tal y como señala el gran historiador musulmán Essad Bey en su libro *Mahoma. La historia de los árabes:*

> El islam era dueño y señor de todos los puntos de unión del tráfico del mundo antiguo, y de todos los caminos que comunicaban a Oriente con Occidente, entre la India y Europa, hasta el punto de que en la Edad Media era materialmente imposible realizar un comercio importante sin pasar por un puesto aduanero islámico. [Tras la invasión de los mongoles], el islam debía recibir aún otro golpe, más violento quizá, cuya rudeza no se manifestó al principio; pero no por eso dejó de contribuir en gran parte a la ruina del califato. El autor de aquella ruina no pensó, por un instante, que asestaba un golpe mortal al califato y ni siquiera presumió que su hazaña pudiese destruirlo. Será coincidencia; pero nadie sospechaba en el mundo que, el día en que Cristóbal Colón descubrió América, se ponía el punto final a la historia de los califas. Todas las miradas se dirigieron desde aquel

> momento hacia el nuevo continente. El comercio del mundo entero tomó nuevos rumbos, nuevas direcciones, y el imperio del califa, las grandes ciudades de Oriente, padecieron lo que desde hace algún tiempo hemos dado en llamar depresión o crisis económica. Bajaron los precios; las caravanas, que producían la riqueza del país, cesaron de llegar; las aduanas ya no recaudaban nada; las grandes carreteras comerciales, en lo sucesivo inútiles, no prestaron servicio alguno. La población, que ignoraba el origen y la causa de la crisis, se hallaba en la inquietud. La gente se sentía acosada por la miseria, y las tierras, por falta de cultivo, comenzaron a debilitarse.
>
> Simultáneamente se percibía una notable disminución en todas las manifestaciones de la actividad espiritual. El ejemplo más patente de ello fue lo que se ha llamado la clausura de Bab-ul-iyitihad, o «clausura de la puerta de la ciencia», pues, a los sabios musulmanes que mediante sus estudios habían intentado transponer los límites de lo conocido, les pareció vano proseguir con sus investigaciones. Entonces sobrevino el derrumbe de la ciencia y del poderío de los árabes[45].

Importa destacar que es precisamente el conocimiento de la historia de Roma lo que nos permite poder distinguir el concepto de «imperio» del de «imperialismo», es decir, diferenciar entre las acciones políticas de carácter imperial y las acciones políticas de carácter imperialista.

Es indiscutible que lo que tienen en común esos dos tipos de acciones —la imperial y la imperialista—, sobre todo desde la perspectiva del sujeto de la conquista, es que ambas son, por lo general y al menos en principio, violentas. La cualidad que, desde un punto de vista práctico, diferencia a la primera de la segunda es que, en el caso del imperio, después de efectuada la conquista, el territorio y el pueblo conquistados no van a ser considerados permanentemente como un botín. Por el contrario, en el caso de la acción imperialista, después de efectuada la conquista, el territorio y el pueblo conquistados —salvo que el espacio conquistado sea limpiado étnicamente— serán vistos siempre como un objeto de saqueo. Siguiendo este hilo de pensamiento llegamos a la conclusión de que la acción imperial produce mestizaje de sangre y de cultura, mientras que la acción imperialista da lugar a la segregación y/o al exterminio. La acción imperialista busca siempre la «limpieza» étnica del territorio ocupado y, cuando esta resulta imposible, construye una sociedad y un Estado basados en la segregación racial más absoluta.

Así, pues, España, heredera de Roma, fue un *imperio,* mientras que Inglaterra, heredera de la Reforma, fue un *imperialismo,* como demostró su política aplicada a los indígenas de América del Norte: para los conquistadores británicos y sus colonos, «el mejor indio era el indio muerto». Lo mismo que ocurrió en Sudáfrica, donde, al no poder exterminar a la población nativa (demasiado numerosa), los británicos decidieron imponer un rigurosísimo régimen de segregación racial.

Pero no solo España descubrió América y, como consecuencia, se inició el declive del imperialismo árabe, sino que aquella mañana de octubre de 1492 marcaría el comienzo de la América española. Porque, en efecto, España descubrió un *Nuevo Mundo* y engendró un *Pueblo Nuevo.*

Reflexionando sobre el descubrimiento y la conquista de América, Jorge Abelardo Ramos insistía en esa idea y afirmaba que, cuando «el 12 de octubre de 1492 el ligur Cristóbal Colón descubre a Europa la existencia de un *Orbis Novo,* no solo fue el eclipse de la tradición toloménica y el fin de la geografía medieval. Hubo algo más. Ese día nació América Latina, y con ella se gestaría un gran pueblo nuevo, fundado en la fusión de las culturas antiguas». Por tanto, el 12 de octubre es el día del nacimiento de América Latina y, en su opinión, esto es un hecho indiscutible, más allá de que se llame «descubrimiento de América, doble descubrimiento, encuentro de dos mundos o genocidio, según los gustos y, sobre todo, según los intereses, no siempre claros»[46].

En este punto se impone corregir al maestro Abelardo Ramos. Su razonamiento es brillante y su expresión escrita sería perfecta si en lugar de escribir «América Latina» hubiese escrito «Hispanoamérica». Debo confesar que yo mismo caí en la trampa ideada por el imperialismo cultural francés y ejecutada por el colombiano José María Torres Caicedo, y, de hecho, hasta hace pocos años también a mí me costaba usar el término «Hispanomaérica»[47].

Isabel, el motor del imperio español

Isabel nació el 22 de abril de 1451 en Madrigal de las Altas Torres, un pequeño pueblo de Castilla que destacaba por poseer más de un centenar de torreones que lo protegían de los ataques del invasor musulmán[48]. Recordemos que apenas dos años después del nacimiento de Isabel, el 29 de mayo de 1453, cayó Constantinopla, la capital del Imperio romano de Oriente, tras lo cual los otomanos se lanzaron a la conquista de Europa. Como un castillo de naipes, numerosas regiones y ciudades de la Cristiandad fueron cayendo:

En 1461, Trebisonda, y seguidamente Negroponte y Cefalonia; en 1480, Otranto, en Italia, donde se exterminó a toda la población que no se doblegó a la conversión; en 1481 se perpetró la devastación de Zahara de la Sierra, en la frontera del reino de Granada, donde todos los habitantes fueron reducidos a la esclavitud. El peligro de una invasión generalizada que envolviese el Occidente cristiano como una tenaza desde el oeste al este fue un concreto evidente[49].

El contexto geopolítico que le tocó vivir a Isabel desde su nacimiento hasta su muerte estuvo marcado por el avance constante del islam sobre Europa. La posibilidad de que los turcos invadieran la península Ibérica utilizando como cabeza de playa las costas de Andalucía fue la principal amenaza a la que tuvo que hacer frente desde que, en 1474, fue coronada como reina de Castilla. Desde muy joven, Isabel comprendió bien dicha amenaza y se preparó para la difícil tarea de frenar el avance musulmán.

Las posibilidades de que ella fuese la reina de Castilla eran casi nulas, como también lo eran las de que su esposo, el príncipe Fernando de Aragón, se convirtiera en rey[50]. De hecho, son tantos los hechos insólitos que hubieron de ocurrir para que Isabel reinara en Castilla y Fernando en Aragón que parecen producidos por una fuerza trascendente, un poder que los griegos atribuirían a los dioses del Olimpo y los cristianos a la Divina Providencia. Así lo afirmaba el historiador argentino Vicente Sierra:

> Isabel y Fernando llegaron a reinar por un juego tal de acontecimientos imprevisibles que el historiador se siente como ante títeres, movidos por las manos ocultas de misteriosos tramoyistas [...]. Para que la Corona de Aragón pasara,

> a la testa de Fernando fue menester que la primera esposa de Juan II, la reina Blanca de Navarra, muriera sin descendencia y el rey contrajera segundas nupcias con doña Juana Enríquez, de cuyo matrimonio nació don Fernando. Fue preciso, además, que el príncipe de Viana, heredero de Aragón y Navarra, muriese sin haber contraído enlace y sin sucesión. Para que Isabel fuera reina de Castilla fue necesario que Enrique IV no tuviera descendencia, reconociera la deshonra suya y de la reina, y admitiera que había tratado de desheredar a su hermana, y, finalmente, que el infante don Alfonso, hermano de Isabel, muriera sin herederos [...]. Los caminos de la historia son oscuros. Sin esta sucesión de acontecimientos extraños a la voluntad de los hombres, es probable que el siglo XV hubiera sido distinto de lo que fue[51].

No hay ninguna duda de que sin la sucesión de acontecimientos enumerados todo hubiese sido diferente. Lo más probable es que, sin Isabel, España hubiese ejecutado —fuera de sus fronteras— acciones imperialistas y no imperiales. Lo más seguro es que se hubiese construido un imperio *depredador* y no un imperio *generador,* y eso que ni mucho menos el pueblo español era un pueblo materialista y, por tanto, poco proclive al imperialismo.

Como ya vimos, la acción imperial produce mestizaje de sangre y de cultura, mientras que la acción imperialista genera segregación y/o exterminio. La acción imperialista busca siempre la «limpieza» étnica en el territorio que ocupa, y cuando resulta imposible, construye una sociedad y un Estado basados en la segregación racial.

Pero no basta con decir que España se comportó como un imperio y no como un imperialismo porque era una nación católica. Portugal y Francia también lo eran y en el

Nuevo Mundo actuaron como imperialismos depredadores. El caso es que fue gracias a Isabel que España no llegó a América únicamente ávida de ganancias y dispuesta a volver la espalda y a marcharse una vez exprimido y saboreado el botín. Fue gracias a Isabel que la empresa del Nuevo Mundo tuvo el sino de una auténtica misión: convertir a los naturales de América al cristianismo. Así lo afirmaba el escritor y diplomático venezolano Rufino Blanco Fombona:

> Como la España arábiga debía reconquistarse para la fe de Cristo, a las Indias gentiles debía sometérselas para catequizarlas y difundir por aquellas bárbaras tierras la palabra de Dios. El motivo para realizar la conquista es el de convertir a los indios a la santa fe católica. En ese sentido, que es exacto, a España la movió el más puro y generoso idealismo; y su obra colonizadora es más noble que la de Holanda e Inglaterra, movidas en sus empresas por un afán de orden económico [...]. La conquista de América por España tiene algo de cruzada; fue la última cruzada[52].

En efecto, fue gracias a la reina de Castilla que la conquista de América se convirtió en uno de los mayores intentos que el mundo haya visto de hacer prevalecer la justicia y los valores cristianos en una época brutal y sanguinaria.

La decisión de construir un imperio generador y no depredador fue tomada por Isabel I de Castilla cuando estableció que «los españoles deben procurar casarse con indias, y los indios con españolas», decisión luego confirmada por su esposo, Fernando II de Aragón, y reconfirmada por su nieto, Carlos V, y por su bisnieto, Felipe II. Por último, precisemos que esa «voluntad de hacer», es decir, de cristianizar, fue llevada a la práctica por personajes tan importantes como

Hernán Cortés, Vasco Núñez de Balboa, Francisco Pizarro, Pedro de Valdivia, Juan de Ayolas, Domingo Martínez de Irala... Como es natural, todos cometieron aciertos y errores, pero lo cierto es que la labor de todos ellos permitió que Carlos V y Felipe II construyeran un imperio que se sentía legatario del romano y del carolingio, pero *católico,* es decir, universal. E incluso se llegó a soñar —y a preparar— con lo imposible: la conquista de China.

3

La conquista del territorio que hará realidad la Hispanidad

> Ahora me doy cuenta de que somos mucho más españoles de lo que creemos, pero mucho más. Y esto, que afligía a las antiguas generaciones económicamente anglófilas y culturalmente francesas, es ya motivo de nuestro orgullo contemporáneo.
>
> Arturo Jauretche[1]

La voluntad de ser —sostenida en el tiempo desde la batalla de Covadonga a la conquista de Granada— creó España, y la voluntad de hacer —mantenida desde los días de Isabel hasta los de Felipe II— creó Hispanoamérica o, lo que es lo mismo, España fuera de Europa.

En realidad, durante siglos hubo una «pequeña España», que se extendía desde los Pirineos hasta el océano Atlántico, y una «Gran España», que llegaba hasta las islas Filipinas y desde California hasta Tierra del Fuego. Juntas formaron la Hispanidad, cuyos padres fundadores, como hemos visto, fueron los Reyes Católicos. Ellos tomaron la decisión de reconquistar Granada para terminar de una vez y para siempre la reconquista del solar nacional, y ellos fueron los que decidieron y permitieron que Cristóbal Colón descubriese América.

La hija y heredera de Fernando e Isabel, la princesa Juana, casada desde muy joven con el príncipe Felipe de Habsburgo, hijo del emperador de Alemania, Maximiliano de Austria, y de María de Borgoña, tuvo dos hijos, Carlos y Fernando, en quienes se cifraron las esperanzas de España, pues Felipe de Habsburgo falleció prematuramente y Juana permaneció alejada del poder por problemas mentales.

A la muerte de la reina Isabel de Castilla, en 1504, y de Fernando de Aragón, doce años después, en 1516, Juana heredó ambas Coronas, pero fue su primogénito, Carlos, quien tomó posesión de las mismas en 1517. Con él se iniciaba la dinastía de los Habsburgo, más conocida en España e Hispanoamérica como dinastía de los Austrias.

Debido a su juventud, su llegada a España no fue acogedora: tanto la nobleza castellana como la población rechazaban a un joven que desconocía su lengua y sus costumbres, y que, además, pretendía imponer una forma de gobierno ajena a las leyes que imperaban en los territorios españoles. Así, Carlos debió hacer frente a las revueltas de los comuneros de Castilla, de los agermanados de Valencia y, por su condición de emperador del Sacro Imperio Romano Germánico desde 1520, a los conflictos de carácter religioso que estallaron en Europa tras la reforma luterana, y a la lucha contra el turco.

También durante el reinado de Carlos I de España y V de Alemania (más conocido por este último título) fue cuando se produjo la conquista de América propiamente dicha, hecho que le causó al emperador un gran problema de conciencia, llegando incluso a plantearse la posibilidad de detener la conquista del Nuevo Mundo. Quizá fue la formación que le impartió Adriano de Utrecht, o las delirantes y falsas acusaciones que Bartolomé de las Casas lanzaba a mansalva contra los conquistadores españoles, o ambas cosas a la vez, lo que llevó a Carlos V a tomar una decisión rayana en lo sublime o lo ridículo: suspender la conquista de América.

Formado como un caballero cristiano, Carlos, movido por razones de conciencia, decidió hacer algo inusual: convocó una reunión de los grandes personajes del reino para que emitiesen un dictamen sobre la licitud de la conquista española de América. Nunca antes un soberano, voluntaria y públicamente, había organizado un acto de estas características, con el que se ponía en duda hasta la propia legitimidad de su conducta. Conviene recordar que fue la primera y única vez en la historia que un reino, un pueblo o una nación se cuestionaba si tenía o no derecho a conquistar un territorio. Ni Alejandro Magno, ni Julio César, ni Carlomagno, ni el califa Omar o el sultán Mehmet II lo habían hecho. Tampoco lo harían después Napoleón Bonaparte, la reina Victoria o el presidente norteamericano James Knox Polk.

Finalmente, las continuas expediciones se sucedieron y ello hizo posible que en los años sucesivos se reconocieran y se tomara posesión de los territorios americanos a los que fueron llegando los españoles.

Exploraciones y conquistas durante el reinado de Carlos V

Como sostiene Claudio Sánchez-Albornoz, «si parangonamos la conquista romana de España con la de América por los españoles, debemos señalar que Roma tardó doscientos años en dominar España, de mínima extensión frente a las tierras americanas, y que el mundo antiguo era ya romano y aún seguían insumisos astures y cántabros»[2]. Y es que, al contrario de la conquista romana de Hispania, la conquista española de América fue una acción llevada a cabo en apenas cincuenta años, producto fundamentalmente de la alianza de los conquistadores —un pequeño puñado de hombres— con los pueblos indígenas, brutalmente sometidos por imperialismos nativos —en el proceso de construcción de sus respectivos «imperios depredadores»— tales como los aztecas o los incas, o por tribus precolombinas dominantes, como, por ejemplo, caribes y pijaos.

El caso es que aquel insignificante puñado de hombres valientes y desbordantes de fe se enfrentaron a lo desconocido en un mundo plagado de peligros. Pero nada los detuvo —ni la sed, ni el hambre, ni las epidemias, ni los desiertos, ni las montañas, ni las selvas— y a todas las desgracias lograron sobreponerse. En este sentido, el norteamericano Charles F. Lummis afirma con franqueza, aunque con cierta ingenuidad, que la razón de que no se haya hecho justicia a los exploradores españoles es porque «hemos sido mal informados. Su historia no tiene paralelo [...]. La exploración de las Américas por los españoles fue la más grande, la más larga y la más maravillosa serie de valientes proezas que registra la historia»[3], aunque lo cierto es que, como sostenía Juan Domingo Perón, la conquista de América a manos de España «fue desprestigiada por sus enemigos, y su epopeya objeto de escarnio, pasto de intriga y blanco de calumnia, juzgándose con criterios de mercaderes lo que había sido una empresa de héroes. Todas las armas fueron probadas; se recurrió a la mentira, se tergiversó cuanto se había hecho, se tejió en torno suyo una leyenda plagada de infundios y se la propaló a los cuatro vientos»[4]. Y, como ya sabemos, esa leyenda es la leyenda negra de la conquista española de América, la obra más genial del *marketing* político británico.

El navegante Juan Díaz de Solís (1470-1516), en busca de un paso que uniera el océano Atlántico con el Pacífico, el 20 de enero de 1516 se adentró en el Río de la Plata, una enorme extensión de agua dulce que configura el estuario de los ríos Paraná y Uruguay, y al que Solís bautizó como «mar dulce», dado que, siendo el río más ancho del mundo —unos doscientos kilómetros de ribera a ribera en su desembocadura—, le pareció un verdadero mar que tenía la insólita particularidad de poseer aguas dulces. El 3 de febrero de 1536, Pedro de Mendoza (1499-1537) tomó el relevo en este amplio territorio y fundó un fuerte en la margen izquierda del Río de la Plata, en el mismo lugar en el que hoy se yergue la ciudad de Buenos Aires, que debió ser abandonado por la belicosidad de los indios que habitaban la zona. Apenas un año después, Juan de Salazar y Espinoza (1508-1560) remontó el Río de la Plata y penetró, hacia el norte, en el enorme río Paraná —que en idioma guaraní significa «río hermano del mar»—. Después de navegar más de mil quinientos kilómetros, el 15 de agosto de 1537 fundó el fuerte que se convertiría en la ciudad de Asunción del Paraguay.

En el actual México, la conquista realizada por Hernán Cortés (1485-1547) del imperio azteca, en 1521, dio lugar al nacimiento de la Nueva España; Francisco de Montejo (1479-1553) inició en 1528 el largo proceso de conquista de los mayas de la península de Yucatán, y la conquista del imperio tarasco comenzada por Nuño Beltrán de Guzmán (1490-1558) en 1531 daría lugar al nacimiento de la Nueva Galicia, que ocupaba los actuales estados mexicanos de Jalisco, Nayarit, Aguascalientes y Zacatecas.

Juan Sebastián Elcano (1476-1526) realizó la proeza más grande de la historia de la humanidad hasta el momento al completar, en 1522, la primera vuelta al mundo, culminando el viaje comenzado por Fernando de Magallanes (1480-1521) y sentando así las primeras bases de la soberanía española en los archipiélagos de las islas Filipinas y Marianas.

En 1523, Pedro de Alvarado (1485-1541) inició la conquista de los territorios centroamericanos, que dio lugar al nacimiento del reino de Guatemala.

Desde 1531, Francisco Pizarro (1478-1541) llevó a cabo la conquista del imperio de los incas, que supuso el nacimiento de Nueva Castilla, el actual Perú.

Un año después, Pedro Fernández de Lugo (1476-1536) y Gonzalo Jiménez de Quesada (1509-1579) iniciaron la conquista de la tribu de los muiscas, que dio lugar al nacimiento de Nueva Granada, la actual Colombia.

Los capitanes españoles Sebastián de Benalcázar (1480-1551) y Francisco de Orellana (1511-1546) partieron del reino de Quito en busca del mítico Eldorado. En 1534, Benalcázar fundó la ciudad de San Francisco de Quito, mientras que Orellana, tras fundar la ciudad del Guayaquil en las costas del Pacífico ecuatorial, se internó en la impenetrable selva y, en 1542, descubrió el majestuoso río Amazonas.

Y, por último, mencionemos a Pedro de Valdivia (1497-1553), que había formado parte de las huestes de Francisco Pizarro en Perú. Desde allí partió hacia el actual Chile, donde, en febrero de 1541, fundó la ciudad de Santiago de Chile.

Dada la extensión que requeriría detallar pormenorizadamente cada una de estas expediciones y conquistas, dedicaremos los siguientes apartados a tratar las tres más importantes: México, América Central y Perú.

La conquista de México

Justo cuando Carlos se convertía en rey de España (1517), el cordobés Francisco Hernández de Córdoba (1475-1517) desembarcaba en la península de Yucatán y, tras librar durísimos combates con los naturales y estando ya gravemente herido, regresó a Cuba, donde falleció al poco tiempo. Entonces, el gobernador de la isla, Diego Velázquez de Cuéllar (1465-1524), organizó una nueva expedición al continente, y puso al mando a su sobrino, Juan de Grijalva (1489-1527), que partió de Cuba el 1 de mayo de 1518. El día 3, Grijalva descubrió en el Caribe mexicano una paradisiaca isla que los indios llamaban Cozumel —que en lengua maya quiere decir «isla de las golondrinas»— y que Grijalva llamó «de la Santa Cruz», por ser la festividad cristiana de ese día.

Poco más de un mes después, el 8 de junio de 1518, la expedición arribó a la desembocadura del río Tabasco y navegó su curso hasta la población maya de Potonchán, donde Grijalva se entrevistó con el cacique Tabscoob, por cuyo nombre los españoles bautizaron la provincia con el nombre de Tabasco. Posteriormente, Grijalva y sus hombres llegaron a la que denominaron «Isla de los Sacrificios», porque, como relató Bernal Díaz del Castillo en su *Historia verdadera de la conquista de la Nueva España,*

> [...] yendo más adelante vimos otra isla algo mayor que las demás, y estaría de tierra obra de legua y media, y allí enfrente de ella había buen surgidero. Y mandó el general que surgiésemos. Y echados los botes en el agua, fue Juan de Grijalva, con muchos de nosotros los soldados, a ver la isleta, porque había humos en ella, y hallamos dos casas hechas de cal y canto, bien labradas, y en cada casa unas gradas, por donde subían a unos como altares, y en aquellos altares tenían unos ídolos de malas figuras, que eran sus dioses. Y allí hallamos sacrificados de aquella noche cinco indios, y estaban abiertos por los pechos y cortados los brazos y los muslos, y las paredes de las casas llenas de sangre. De todo lo cual nos admiramos en gran manera, y pusimos nombre a esta isleta de Sacrificios, y así está en las cartas de marear[5].

Aquel terrorífico espectáculo tan solo era un anuncio de lo que esperaba en la meseta mexicana a los exploradores españoles. Los aztecas habían construido un imperio antropófago y genocida, una verdad que los historiadores negrolegendarios han intentado ocultar por todos los medios. El historiador William Prescott llegó a hablar de unos veinte mil hombres, mujeres y niños —«incluso hay quien sube a los ciento cincuenta mil»[6]— inmolados por año para que la nobleza y la casta sacerdotal azteca dispusieran de carne fresca para consumir cuando les viniera en gana. Teniendo en cuenta que, en 1521, México poseía 4,5 millones de habitantes, veinte mil personas masacradas por año equivalen al 0,444% de la población. Para hacernos una idea de las dimensiones del holocausto perpetrado por los aztecas, traslademos ese porcentaje a la actual cantidad de habitantes que posee México —unos ciento veintinueve millones— y veremos que sería como asesinar a 572.760 personas por año[7]. ¿Y qué destino tenían los cuerpos que diariamente eran sacrificados? Para el historiador Michael Hamer no hay ninguna duda: «Todos los relatos de los testigos oculares coinciden en líneas generales: las víctimas eran comidas»[8].

Sobre este asunto ya me explayé en mis libros anteriores, *Madre Patria* y *Nada por lo que pedir perdón,* y sería una falta de respeto hacia quienes los hayan leído repetir aquí lo ya escrito. A quienes no los hayan leído les invito a que lo hagan, porque allí encontrarán las pruebas de lo que acabo de afirmar.

Es cierto que, desde el punto de vista material, los aztecas habían construido una civilización que asombró a los españoles, pero no podemos olvidar que una civilización no consiste solo en sus obras de arte o arquitectónicas, sino, como acertadamente sostiene el sociólogo y filósofo argentino Juan José Sebreli,

> [...] en su organización política y social, su Derecho y su ética, y en este aspecto poco tenían de ejemplares las grandes civilizaciones precolombinas. Eran teocracias sanguinarias sin ninguna autoridad moral para condenar la crueldad de los españoles [...]. Los indigenistas repudian como un acto de barbarie la destrucción de la cultura azteca por los conquistadores, pero olvidan que cien años antes los aztecas, durante el reinado de Izcoatl, habían destruido los libros antiguos y destrozado los monumentos de los toltecas para imponer su propia cultura. El que mata a un asesino no deja de ser un asesino, pero el asesino que es asesinado no por ello recupera la inocencia[9].

Pero regresemos al relato de la conquista de México. El 10 de febrero de 1519, Hernán Cortés, al mando de una expedición compuesta por once naves, ciento diez marinos, quinientos cincuenta soldados, catorce cañones y dieciséis caballos, partió rumbo a la conquista del imperio azteca. Siguiendo la ruta realizada por Grijalva, llegó a la isla de Cozumel y, posteriormente, al río Tabasco. En Yucatán rescató al clérigo Jerónimo de Aguilar, que llevaba ocho años prisionero y esclavizado por los indios, tiempo durante el cual había aprendido a manejar a la perfección la lengua de los mayas. Como regalo de bienvenida a Cortés y a sus hombres, los mayas les entregaron veinte esclavas sexuales, una de las cuales, de gran belleza y ascendencia noble, había sido previamente ultrajada por los aztecas. Cuando la joven escuchó decir a los españoles que todos los hombres habían nacido libres porque eran hijos del mismo Padre, y que todos los hombres eran iguales porque eran hermanos en Cristo Jesús, pidió al padre Jerónimo que la bautizara con el nombre de Marina. En señal de respeto, los soldados de Cortés siempre la llamaron «doña Marina».

Hernán Cortés continuó su avance. El 10 de julio de 1519 fundó Villa Rica de la Vera Cruz y poco después comenzó a tejer su sistema de alianzas. Llegó a Cempoalla, tierra de los totonecas —uno de los tantos pueblos oprimidos por los aztecas—, y les ofreció que se aliaran con él para terminar con la tiranía de sus opresores. Los totonecas aceptaron entusiasmados, lo mismo que otros muchos pueblos de los alrededores.

En agosto de 1519, el conquistador extremeño inició su gran marcha a Tenochtitlan, la capital de los aztecas. En la meseta de Anáhuac se encontró con los tlascaltecas, uno de los pocos pueblos que los aztecas no habían logrado dominar. Los tlascaltecas, tras varios enfrentamientos con los españoles, también decidieron aliarse con Cortés, quien, más confiado que nunca en la Providencia Divina, prosiguió su marcha hasta la población de Cholula. Allí, doña Marina descubrió una conspiración contra los españoles, que, gracias a ella, salvaron sus vidas.

El 8 de noviembre, Cortés y sus hombres llegaron a las puertas de Tenochtitlan, donde el emperador de los aztecas, Moctezuma, salió a recibirlos, tras lo cual les ofreció alojamiento en un gran edificio público que permitía a los guerreros aztecas —más de trescientos mil— vigilar todos y cada uno de sus movimientos. Sin embargo, la jugada no le salió bien a Moctezuma: Cortés, lejos de amedrentarse, decidió apresar al líder azteca y utilizarlo como rehén para garantizar la vida de sus hombres y la suya propia.

Las cosas comenzaron a volverse en contra del extremeño cuando el gobernador de Cuba, Diego de Velázquez, envió a Yucatán una expedición, al mando de Pánfilo de Narváez, con la orden de apresarlo, lo que obligó a Cortés a desplazarse hasta Yucatán para entrevistarse con los recién llegados y negociar un acuerdo. El caso es que, a su regreso a Tenochtitlan, el 24 de junio de 1520, la situación había dado un vuelco de enorme importancia. En efecto, un consejo tribal había ordenado la destitución de Moctezuma y había nombrado en su lugar a su hermano Cuitláhuac, que tomó la decisión de luchar contra los españoles. Moctezuma, que ignoraba que había sido destituido, se ofreció para calmar la rebelión y, vestido con sus mejores ropajes, exhortó a los nobles y a los guerreros a que depusieran las armas. No consiguió su propósito y, tras ser golpeado y apedreado por sus propios hermanos, falleció tres días después.

En la noche del 30 de junio de 1520 —que pasó a la historia como «la Noche Triste»—, Cortés decidió evacuar la ciudad y llevar a sus hombres al paraje de Otumba, donde les esperaba el numerosísimo ejército azteca. Cortés dio la orden de vencer o morir, y él mismo encabezó el ataque. Con un arrojo que causó asombro en las filas del ejército enemigo, el extremeño logró apoderarse del estandarte real de los aztecas, quienes, creyendo que eso significaba la derrota, huyeron del campo de batalla.

El coraje de los españoles causó tanta admiración entre los tlascaltecas que decidieron unir su suerte a la de Cortés y sus hombres. Gracias a la ayuda de estos aliados, el extremeño puso sitio a Tenochtitlan, un asedio que duró setenta y tres días, durante los cuales las luchas no cesaron: «Los indios se defendieron con denuedo, pero al fin el genio de Cortés triunfó»[10]. El 13 de agosto de 1521, Hernán Cortés, acompañado por el pequeño grupo de valientes soldados españoles que sobrevivieron a tan dura campaña y por unos doscientos mil guerreros indios, conquistó Tenochtitlan.

En este sentido, es preciso subrayar un dato irrefutable: el ejército de combatientes que provocó la caída de Tenochtitlan

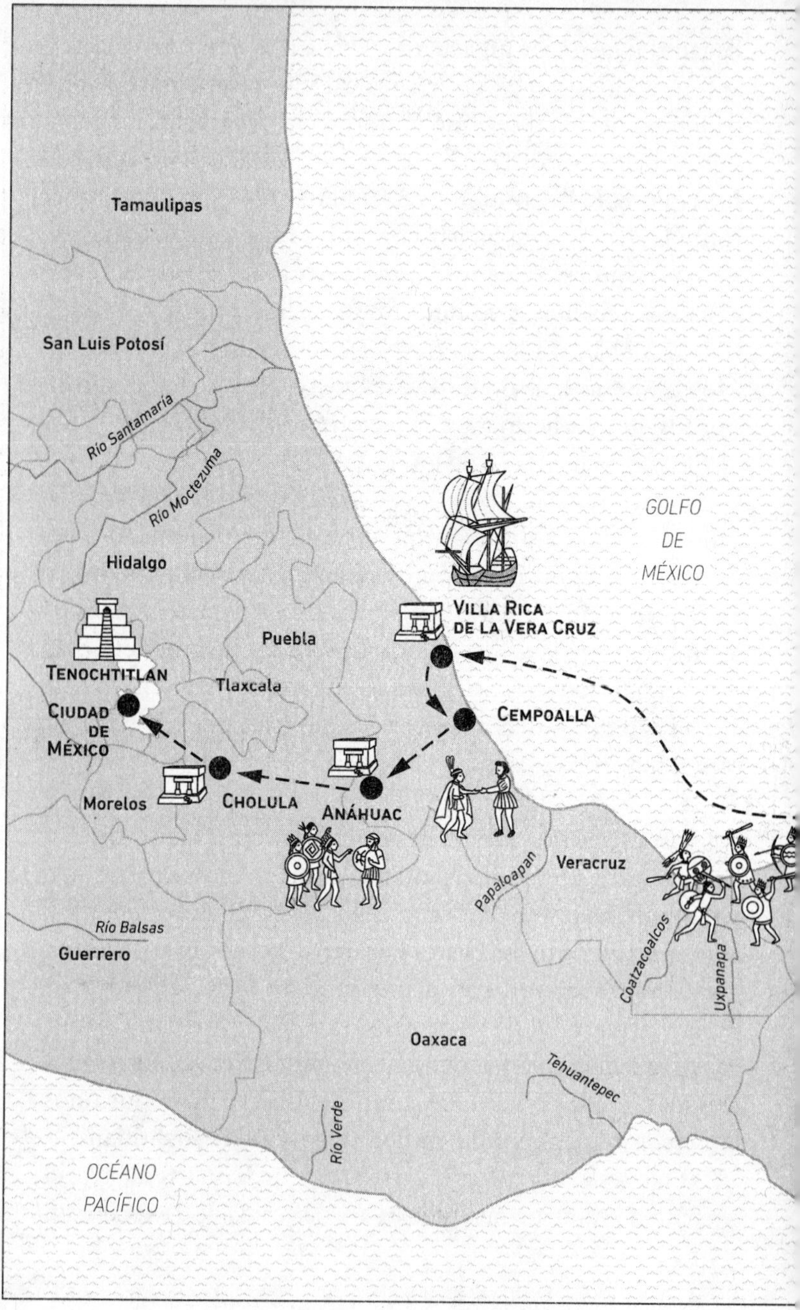

Tamaulipas
San Luis Potosí
Río Santamaría
Río Moctezuma
GOLFO
DE
MÉXICO
Hidalgo
VILLA RICA
DE LA VERA CRUZ
Puebla
TENOCHTITLAN
Tlaxcala
CIUDAD
DE
MÉXICO
CEMPOALLA
Morelos
CHOLULA
ANÁHUAC
Veracruz
Papaloapan
Coatzacoalcos
Uxpanapa
Río Balsas
Guerrero
Oaxaca
Tehuantepec
Río Verde
OCÉANO
PACÍFICO

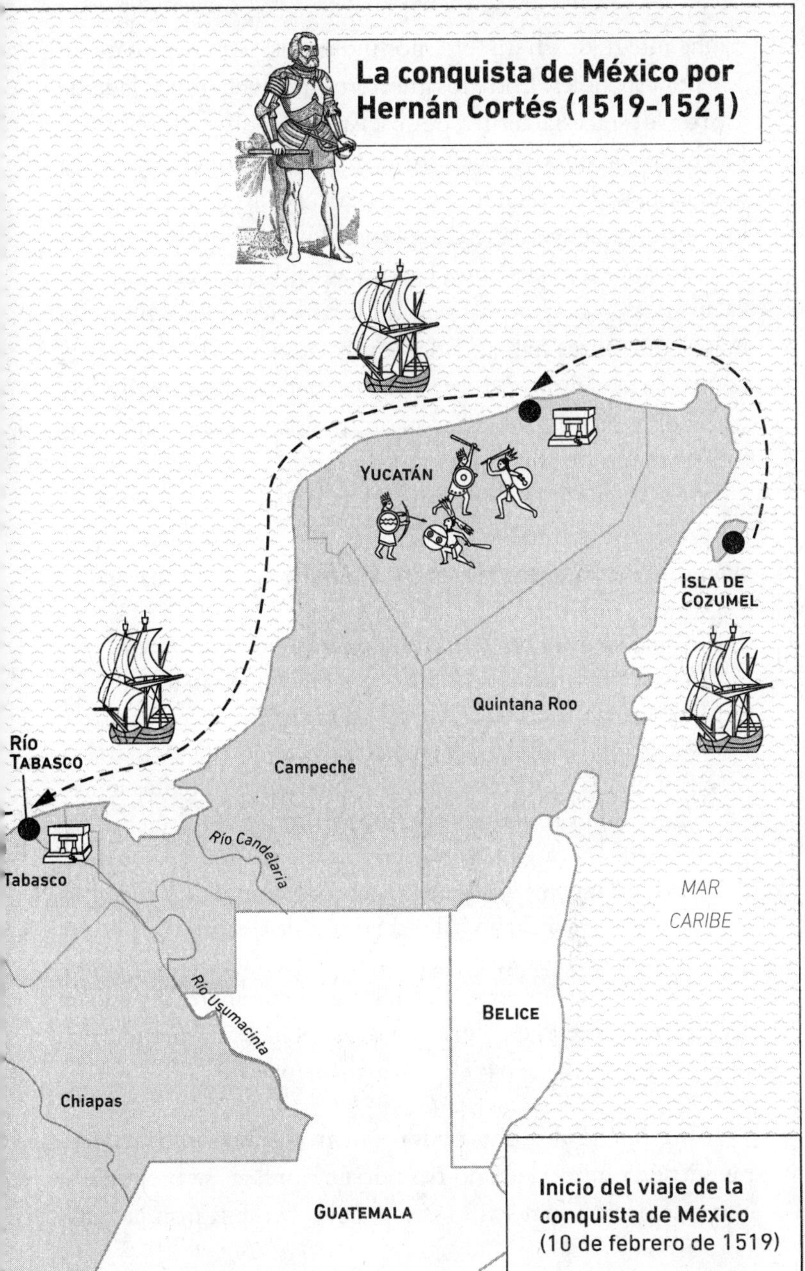
La conquista de México por Hernán Cortés (1519-1521)
YUCATÁN
ISLA DE COZUMEL
Quintana Roo
Río TABASCO
Campeche
Río Candelaria
Tabasco
MAR CARIBE
Río Usumacinta
BELICE
Chiapas
GUATEMALA
Inicio del viaje de la conquista de México (10 de febrero de 1519)

estaba integrado en un 99 % por indígenas, y en menos de un 1 % por españoles. Entre los guerreros que lucharon al lado de Cortés destaca la figura del carismático líder chichimeca Hernando Ixtlilxóchitl, que desempeñó un papel clave en la conquista de la capital mexica, hasta el punto de que muchos lo consideran el verdadero conquistador de Tenochtitlan[11].

Durante los siguientes treinta años, los tlaxcalas fueron esenciales en la conquista de los territorios —hoy mexicanos— que antes habían sido controlados por los aztecas y, como narra el famoso *Lienzo de Tlaxcala* (códice pintado entre 1545 y 1550), participaron en más de sesenta conquistas diferentes en otras regiones.

Pese a que la leyenda negra ha convertido a Cortés en un personaje detestable, lo cierto es que no se le puede considerar un «conquistador cruel». En palabras de Lummis,

> [...] no solo era un gran genio militar, sino que trababa con mucha clemencia a los indios, y era muy querido de ellos. La llamada carnicería de Cholula no fue una mancha en su carrera, como algunos han pretendido. La verdad, reivindicada al fin por la historia exacta, es como sigue: los indios lo habían atraído traidoramente a una trampa, so pretexto de amistad. Era ya demasiado tarde para una retirada cuando averiguó que los indígenas trataban de atacarlo. Y al ver el peligro que corría, no halló más que una escapatoria, esto es, sorprender a los que intentaban sorprenderles; caer sobre ellos antes de que estuviesen listos para caer sobre él; y esto es precisamente lo que hizo. Lo de Cholula es simplemente el caso del que fue a por lana y salió trasquilado[12].

Son muchos los historiadores negrolegendarios que, poniéndose siempre del lado del pueblo opresor, se preguntan con qué derecho en 1519 los españoles comenzaron la conquista del imperio azteca. Interesante pregunta, pero si nos situamos del lado de los pueblos oprimidos por los aztecas, y sabiendo que los vikingos ya habían visitado México alrededor del año 900, la pregunta que deberíamos formularnos es la siguiente: ¿por qué tardaron tanto en llegar los españoles? Recordemos la escalofriante cifra de veinte mil hombres, mujeres y niños sacrificados anualmente para luego ser devorados por las élites aztecas, esto es, la nobleza y la casta sacerdotal.

Los militantes negrolegendarios —disfrazados de investigadores— ocultan que la conquista de México la hicieron los indios explotados, oprimidos y vejados por los aztecas, conducidos por Hernán Cortés y por una extraordinaria mujer india, doña Marina, quien, como hemos visto, tenía sus propias cuentas que arreglar con los aztecas.

La conquista de América Central

Cuando el extremeño Vasco Núñez de Balboa (1475-1519) nació en 1475 en la población de Jerez de los Caballeros, cerca de Badajoz, sus padres no podían imaginar que su pequeño entraría en el selecto grupo formado por los grandes hombres de la historia de la humanidad. A los veinticinco años, y como tantos otros jóvenes extremeños, ya soñaba con embarcarse hacia el Nuevo Mundo y convertirse en un caballero cristiano en América, de modo que decidió enrolarse en la expedición de Rodrigo de Bastidas (1475-1527), quien había participado en el segundo viaje de Colón a las Indias.

En septiembre u octubre de 1501, Bastidas, junto con el piloto y cartógrafo Juan de la Cosa (1450-1510), que había desempeñado un papel destacado en el primer y segundo viaje de Colón, zarpó del puerto de Cádiz en las carabelas San Antón y Santa María de Gracia. Con ellos iba el joven Vasco Núñez de Balboa, que, una vez en tierras americanas, se ocupó durante un tiempo de la cría de cerdos… Sin embargo, como veremos, no era para eso para lo que había cruzado el océano Atlántico.

Deseoso de aventuras, Núñez de Balboa se embarcó como polizón —escondido en el interior de un barril— en la expedición comandada por el bachiller y alcalde mayor de Nueva Andalucía don Martín Fernández de Enciso. Como era de esperar, fue descubierto, y habría sido condenado a morir si los demás hombres de la tripulación no hubieran abogado por él.

Pero, más allá de sus incontables peripecias, lo que convierte a Núñez de Balboa en un personaje clave de la historia es lo que sucedió el 29 de septiembre de 1513, día de san Miguel Arcángel, cuando el extremeño, junto con los veintiséis hombres que lo acompañaban, llegó a una playa desierta y contempló el vasto mar que allí comenzaba. Acababa de descubrir el océano Pacífico. Según cuentan las crónicas, un emocionado Núñez de Balboa dirigió su mirada al cielo, como queriendo dialogar con Dios, y levantó sus manos, en las que portaba una espada y un estandarte con la imagen de la Virgen María. Entró luego en el mar hasta las rodillas y, dando gracias a Dios, tomó posesión del océano —que llamó Mar del Sur— en nombre de los soberanos de Castilla, Juana y Fernando.

Diez años después, en 1523, Francisco Hernández de Córdoba (1475-1526), a quien justamente se le puede considerar el «padre de Nicaragua», erigió la ciudad de Granada, en la ribera suroriental del Gran Lago de Nicaragua, a los pies del volcán Mombacho, y poco después fundó la ciudad de León, en la costa occidental del lago de Managua, a los pies del volcán Momotombo.

Ese mismo año, y por orden de Hernán Cortés, Cristóbal de Olid (1489-1527) conquistó Honduras y fundó, el 3 de mayo, en la costa del Caribe, la cuidad de Triunfo de la Cruz, hoy conocida como Tela.

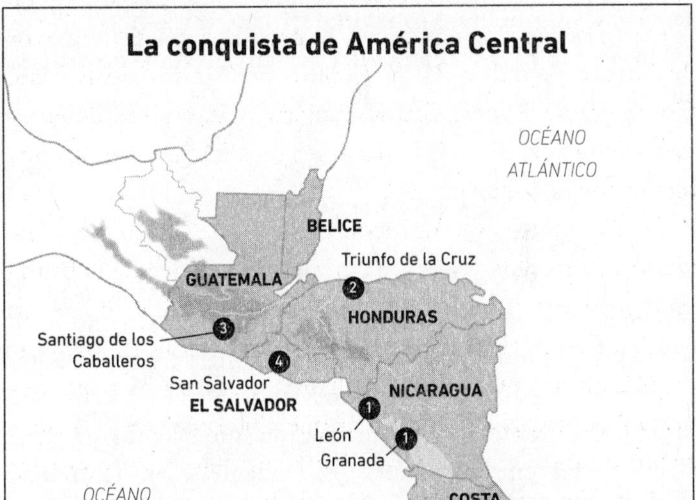

También en 1523, Pedro de Alvarado y Contreras (1485-1541), al mando de un minúsculo grupo de soldados españoles acompañados de guerreros tlascaltecas, fueron enviados —por orden de Cortés— a las tierras de la actual Guatemala. Una vez allí, y después de vencer a los pueblos quiches[13], tzutujiles[14] y kaqchiqueles[15], el 25 de julio de 1524 —día de Santiago Apóstol Matamoros—, Alvarado fundó la ciudad de Santiago de los Caballeros de Guatemala. Al año siguiente, Gonzalo de Alvarado —hermano de Pedro— fundó la primera villa de San Salvador, hoy capital de la República de El Salvador.

La conquista de Perú

En 1522, Pascual de Andagoya (1495-1548) partió desde Panamá para explorar el litoral americano del océano Pacífico, que, como mencionamos un poco más arriba, en aquel momento los españoles llamaban Mar del Sur. En las costas de la actual Colombia —en una región que hoy forma parte del departamento de Choco—, Andagoya tomó contacto con los indios chochama, que le contaron que en las noches de luna llena no salían a pescar por temor a unos indios belicosos que venían del sur, en concreto de una tierra llamada Birú (de donde se deriva Perú). Andagoya les ofreció su protección y, junto a los chochamas, decidió marchar hacia el sur para acabar con la amenaza. Fue así como el explorador español y sus hombres se enteraron de la existencia del imperio inca.

Debido a la mala salud del líder de la expedición, los españoles tuvieron que regresar a Panamá, donde informaron de la existencia de un poderoso y rico imperio al sur de los actuales Colombia y Ecuador. Entre quienes escuchaban aquel relato se encontraban el sacerdote Hernando de Luque y los exploradores Diego de Almagro y Francisco Pizarro. Unos meses después, en noviembre de 1524, los tres hombres se apresuraron a organizar una expedición que resultó un completo fracaso, ya que tan solo pudieron llegar hasta el río San Juan, en el mencionado departamento colombiano de Choco.

Volvieron a intentarlo dos años después, pero solo llegaron hasta la actual ciudad peruana de Tumbes, situada a unos treinta kilómetros de la actual frontera de Perú con Ecuador. Pizarro regresó a Panamá con las manos vacías, aunque le acompañaban dos indígenas que, tras ser bautizados con los nombres cristianos de Martín y Felipe —más conocido como Felipillo—, se convertirían en valiosos intérpretes.

Para el siguiente intento decidieron pedir ayuda a la Corona —tras los dos fracasos anteriores, el gobernador de Panamá les negó su apoyo—, para lo cual Pizarro viajó a España y se entrevistó con el rey de España. De pie frente a Carlos V, «el analfabeto soldado contó su historia con tanta modestia, de un modo tan varonil y con tal claridad, que el emperador derramó lágrimas al oír el relato de tan horribles sufrimientos y se entusiasmó ante tan heroica entereza»[16]. El emperador decidió entonces que el Consejo de Indias se comprometiera con la expedición que Pizarro deseaba poner en marcha, pero la lentitud burocrática resultó desesperante para el explorador. De hecho, la intervención de otra mujer excepcional resultó clave para que las cosas avanzaran. El 26 de julio de 1525, la reina Isabel de Portugal (esposa de Carlos V) firmó las capitulaciones por las cuales se le otorgaba a Francisco Pizarro —por derecho— el descubrimiento y la conquista de Perú, que en España bautizaron como Nueva Castilla. Además, la reina hizo a Pizarro caballero de la Orden de Santiago, a cambio de lo cual se le exigía «la promesa de observar las generosas leyes españolas para el gobierno, protección y educación de los indios, y que llevara con él sacerdotes expresamente para convertir los naturales al cristianismo»[17]. Y, por mucho que les pese a los historiadores negrolegendarios, Pizarro cumplió su promesa.

Antes de volver a América, Pizarro se entrevistó, en Sevilla, con Hernán Cortés, de quien recibió sabios consejos. Juntos se dirigieron al monasterio de La Rábida, donde rezaron ante la imagen de la Virgen para pedirle su protección. Poco después, Pizarro emprendió el regreso a Panamá.

En enero de 1531, por tercera vez, el extremeño partió hacia Perú, acompañado de 180 hombres y 27 caballos, una cifra ridícula si se tiene en cuenta que el objetivo era conquistar un imperio. Pero Pizarro llevaba consigo el gran consejo que le había dado Hernán Cortés: un gran imperio opresor solo puede ser vencido si se cuenta con el apoyo de los pueblos oprimidos por dicho imperio.

Es cierto que Perú no era México, y que los incas no ejercían un imperialismo antropófago como el de los aztecas —incluso habían prohibido el canibalismo—; sin embargo, habían sido extremadamente crueles con los pueblos a los que habían sometido, quemando sus casas, destruyendo sus templos y violando a las mujeres y llevándolas hasta Cuzco para ofrecerlas en sacrificio. El argentino Juan José Sebreli lo relata con detalle:

> Los soldados incas volvían de la guerra blandiendo la cabeza de los vencidos en la punta de las picas. Algunos prisioneros eran despellejados y transformados en tambores que

conservaban la forma humana, por lo que el cadáver parecía golpear su propio vientre con varitas que colgaban en las manos. Las cabezas reducidas como trofeos de guerra, los collares hechos de dientes, los cueros deshollados de las víctimas convertidos en vestidos y los cráneos transformados en copas donde beber chicha, constituyen un lejano y horrible antecedente de los libros encuadernados por los nazis con piel de judíos[18].

Por ello no sorprende que, los chancas, los chachapoyas, los huaylas y los cañaris —todos ellos oprimidos por los quechuas— decidieran aliarse con Pizarro para terminar con el imperialismo que desde hacía décadas los oprimía.

Pizarro contaba con otra ventaja, y es que, desde 1528, el imperio inca se hallaba en un estado de guerra civil permanente entre los seguidores del emperador Huáscar y los de su medio hermano Atahualpa, gobernador de Quito, que se negaba a reconocer a Huáscar como Inca (emperador)[19]. Tras una larga campaña, en 1532, el ejército leal a Atahualpa logró vencer a las tropas de Huáscar cerca de la ciudad de Cuzco. Pero, no contento con el triunfo, Atahualpa quiso humillar a su hermano y ordenó que fuese conducido semidesnudo y con una correa en el cuello hasta su presencia. Sin embargo, la soberbia le jugó una mala pasada a Atahualpa. Enterado del desembarco de Pizarro, no hizo nada para detener su avance, pues consideraba que sus más de treinta mil hombres aplastarían con facilidad a los recién llegados. Y no le faltaba razón. Lummis describió con exactitud el desequilibrio de fuerzas en aquella contienda:

> Positivamente, ningún ejército salió jamás a luchar con tan desproporcionadas desventajas. Contra innumerables miles de quechuas, tenía Pizarro ciento setenta y siete hombres. De estos, solo sesenta y siete iban montados. En toda la

fuerza no había más que tres cañones, y solo veinte hombres tenían siquiera ballestas: todos los demás iban armados de espadas, dagas y lanzas. ¡Linda hueste, en verdad, para conquistar lo que era un imperio en vastedad, ya que no en organización![20]

Atahualpa no contaba con el temerario coraje de los españoles, quizá porque, como también sucede con los cobardes, el ladrón piensa que todos son de su condición... Henchido de poder, el Inca invitó a Pizarro a la ciudad de Cajamarca, donde habitualmente residía, y el 15 de noviembre de 1532 el español entró en ella. El explorador encontró las calles extrañamente vacías, y tanto él como sus hombres pasaron la noche en vela, presos de la ansiedad. Como bien señala Lummis, «los acontecimientos del día siguiente [16 de noviembre] merecen especial mención, puesto que ello y sus consecuencias directas han dado pie a la injusta imputación que se ha hecho de Pizarro de ser un hombre cruel. Los verdaderos hechos lo justifican plenamente»[21]. Al despuntar el alba, los españoles cayeron en la cuenta de que habían caído en una trampa y que estaban rodeados por el numerosísimo ejército inca, que aguardaba en un cerro cercano.

Su espía indio había sido veraz en sus avisos. Allí estaban, acorralados en la ciudad ciento setenta y ocho hombres, y a poca distancia había innumerables millares de indios. Pero, y esto era peor todavía, vieron que les habían cortado la retirada, porque durante la noche Atahualpa había situado una gran fuerza entre ellos y el paso por donde habían entrado. Estaban, pues, en una situación enteramente desesperada: no podían salvarse más que por un milagro[22].

Treinta mil hombres contra un puñado de españoles… Pero estos no se amedrentaron. Pizarro, que había decidido tomar como rehén a Atahualpa, y sus ciento ochenta hombres se atrincheraron en la plaza principal de la ciudad, donde el extremeño arengó así a sus tropas:

> Tened todos ánimo y valor para hacer lo que espero de vosotros y lo que deben hacer todos los buenos españoles, y no os alarméis por la multitud que dicen tiene el enemigo ni por el número reducido en que estamos los cristianos. Que, aunque fuésemos menos y el ejército contrario fuese más numeroso, la ayuda de Dios es mayor todavía; y en la hora de la necesidad Él ayuda y favorece a los suyos, para desconcertar y humillar el orgullo de los infieles, y atraerles al conocimiento de nuestra fe[23].

Se dará cuenta el lector de cuánta razón tenía José Carlos Mariátegui, el padre del marxismo peruano, cuando afirmaba que

> […] la conquista fue la última cruzada y con los conquistadores tramontó la grandeza española. Su carácter de cruzada define a la conquista como empresa esencialmente militar y religiosa. La realizaron en comandita soldados y misioneros […]. El poder espiritual inspiraba y manejaba al poder temporal. El cruzado, el caballero, personificaba una época que concluía, el Medioevo católico[24].

El caso es que Atahualpa entró en la ciudad sentado en una silla de oro, que llevaban en hombros sus súbditos, y protegido por varios miles de atléticos guerreros que ocultaban arcos, machetes y mazas[25]. El Inca quería ver cómo eran esos «extraños» antes de acabar con ellos, por lo que se presentó «sumamente confiado, como pudiera estarlo un niño cruel con una mosca. Observaría por un rato sus aleteos y zumbidos, y cuando se cansase de ellos no tenía más que extender el pulgar y aplastar la mosca sobre el vidrio de la ventana»[26]. Con lo que no contaba el cacique quechua era con que aquellos «hombres extraños» eran españoles, lo que en la época equivalía a decir que no le tenían miedo a la muerte. El primero que se entrevistó con Atahualpa fue el sacerdote Vicente Valverde, que sopesó la posibilidad de una conciliación que permitiera a los españoles salir con vida de esa ratonera. La conversación no llegó a buen puerto y Pizarro supo que había llegado la hora de la verdad: su única salvación estaba en adelantarse al Inca y apresarlo por sorpresa[27]. Y así fue. El propio Pizarro agarró a Atahualpa, que se entregó sin ofrecer resistencia. Y al momento el ejército quechua huyó en desbandada.

Estando cautivo, Atahualpa ordenó a sus hombres que asesinaran a su hermano Huáscar y que su cuerpo fuese arrojado desde un precipicio al río Yanamayo, cerca de Ayacucho, un hecho que, como bien señala Juan José Sebreli, los militantes negrolegendarios suelen olvidar:

> Los indigenistas hablan con horror del asesinato del Inca Atahualpa, por Pizarro, pero se olvidan de que aquel había hecho matar a Huáscar y que para festejar su victoria había bebido chicha en el cráneo de su hermano que se había hecho traer ex profeso hasta Cajamarca, donde se encontraba prisionero[28].

Por otra parte, Atahualpa les ofreció como cebo a los españoles un imponente rescate, lo que le permitió ganar

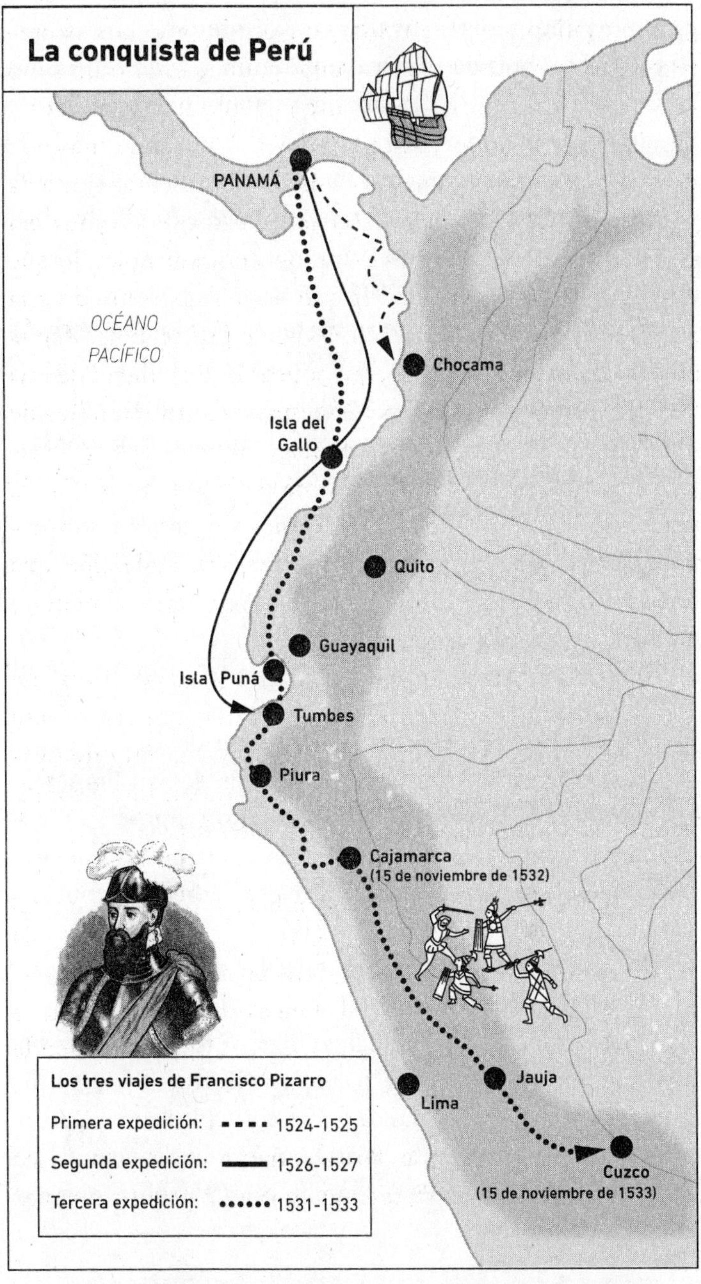
La conquista de Perú
PANAMÁ
OCÉANO
PACÍFICO
Chocama
Isla del
Gallo
Quito
Guayaquil
Isla Puná
Tumbes
Piura
Cajamarca
(15 de noviembre de 1532)
Jauja
Lima
Cuzco
(15 de noviembre de 1533)
Los tres viajes de Francisco Pizarro
Primera expedición: 1524-1525
Segunda expedición: 1526-1527
Tercera expedición: 1531-1533

tiempo y reorganizar sus fuerzas[29]. Ante estas circunstancias, los hombres de Pizarro le pidieron que no se limitase a imponerle un castigo, sino que fuera un poco más lejos y le impidiese definitivamente seguir conspirando[30]. A Pizarro, que era hombre de palabra, «le repugnaba la idea de faltar a su promesa de poner en libertad a Atahualpa [...]. Pizarro se resistía, pero su tropa insistió, y no tuvo más remedio que ceder»[31].

Fue por el asesinato de su hermano por lo que Atahualpa fue juzgado y sentenciado a muerte por los españoles. Fue ejecutado en el centro de la plaza de Cajamarca el 26 de julio de 1533. Su cuerpo quedó en la plaza durante toda la noche. Ningún quechua se atrevió a retirarlo; unos por miedo a los españoles, otros como muestra de desprecio al Inca fratricida. Tengamos en cuenta que los emperadores incas eran temidos por su propio pueblo: ningún hombre, mujer, anciano o niño podía mirarlos a los ojos y todos eran tratados como seres a su servicio, sin más valor que el de un mero insecto.

En palabras de Lummis, al amanecer del día siguiente, Atahualpa «recibió sepultura en la iglesia de San Francisco, tributándole las honras debidas a su alto rango»[32]. Obviamente, el templo al que se hace referencia no pudo existir hasta que el sacerdote Vicente Valverde consagró como tal alguna casa de Cajamarca. Con el paso del tiempo se levantó allí un templo católico con todas las formalidades edilicias y de culto necesarias.

Tras la muerte de Atahualpa, Pizarro forjó una estrecha alianza con la nobleza inca, partidaria de Huáscar, y junto a cañaris, chachapoyas, huancas y otros pueblos anteriormente sometidos por los incas, marchó hacia Cuzco (capital del imperio), defendida enérgicamente por Quizquiz, el general de los ejércitos de Atahualpa, que no pudo evitar que el 15 de noviembre de 1533 la coalición organizada y conducida por Pizarro tomara la ciudad.

Durante mucho tiempo, los historiadores negrolegendarios han explicado la conquista de Perú como una guerra llevada a cabo por los españoles contra los indios. Sin embargo, los estudios arqueológicos realizados en los últimos veinte años han dado sacado a la luz una verdad que ha sido cuidadosamente ocultada. Como sostiene el historiador peruano Efraín Trelles, actualmente disponemos de pruebas contundentes, científicamente irrefutables, de que la conquista de Perú fue un asunto de indios luchando contra indios, de indios atacando Cuzco, de indios defendiendo Cuzco, de indios atacando Lima y de indios defendiendo Lima[33].

4
El legado cultural de España en América

Así como Roma hizo a España,
España hizo a Hispanoamérica.

Después de la conquista

El pensamiento grecorromano, también llamado «clásico», tras ser purificado por el cristianismo, supuso el punto de partida desde el cual, dejando de lado todo mito o superstición, y a partir del procedimiento lógico de la razón, fue posible el comienzo de un conocimiento verdaderamente científico.

Este pensamiento clásico-cristiano —y no otro, como suele suponerse— abrió el camino a la ciencia desde tiempos muy pretéritos. Sus principales características pueden sintetizarse en los siguientes tres postulados:

1. La organización de la convivencia entre los hombres a partir del Derecho, para que no reine la ley del más fuerte, estableciendo normas escritas y válidas para todos por igual.
2. La concepción de que todos los hombres, hijos de un mismo Padre, nacen libres y son, en esencia, iguales.
3. La certeza de la inmortalidad del alma. Esta certeza provoca el fin de la angustia existencial y la alegría de vivir.

Estos postulados llegarán posteriormente a América de la mano de España. Dicho de otro modo: con España llega a América lo mejor de Atenas, de Roma y de Jerusalén, los tres pilares de la civilización occidental. Es este sentido, resulta incuestionable que la historia, la religión y el idioma ubican a Hispanoamérica en las coordenadas del mapa cultural occidental, una civilización que España llevó y cultivó en América.

En el Nuevo Mundo se produjo un extraordinario proceso de mestizaje que, teniendo como elementos coagulantes al catolicismo como «Fe fundante» y al español como lengua madre, dieron origen a un «pueblo continente»[1] de corazón hispano, aunque parezca haberlo olvidado... Se trata de un pueblo que, actualmente, sin conciencia de su unidad sustancial y de su destino histórico, vejeta inerme desde las áridas tierras de California y Texas —que, aunque tampoco lo sepa, también son suyas— hasta las frías playas de Tierra del Fuego.

Hoy en día, el imperialismo internacional del dinero, que siempre busca dividir para reinar, financia a los grupos indigenistas y fomenta la llamada «teoría poscolonial» para atacar, precisamente, a todos los elementos que le dan unidad a Hispanoamérica. Sin embargo, la identidad de un pueblo no viene dada por su sangre o por el color de la piel, como creían ayer los nazis y hoy los indigenistas, sino por la lengua y los valores. Lo que unifica a los pueblos que se jalonan desde California hasta Tierra del Fuego y los convierte en un solo pueblo-continente es la lengua de Castilla y los valores predicados por aquel Nazareno crucificado en las afueras de Jerusalén. Por eso, la llamada «teoría poscolonial», que rechaza los valores de la cultura occidental, pero jamás ataca al imperialismo anglo-calvinista, es el disfraz del neocolonialismo de la oligarquía financiera internacional, del mismo modo que el indigenismo, que quiere hacer desaparecer el uso del español e instaurar el aprendizaje obligatorio de más de setecientos dialectos y lenguas indígenas —muchas de ellas muertas—, es la etapa superior del imperialismo.

Como acertadamente sostiene el historiador argentino Jorge Abelardo Ramos[2]:

> El indigenismo resulta ser paradójicamente no solo la sincera reivindicación de los derechos pisoteados del indígena [...], sino, en realidad, una corriente que estimula el imperialismo con el objeto de levantar nuevos factores de división y de disociación en nuestro continente, ya suficientemente dividido. El interés con que antropólogos y etnólogos extranjeros se ocupan de investigar y clasificar todos aquellos documentos y testimonios de comunidades, razas, lenguas, dialectos o culturas precolombinas, está dirigido a ocultar el hecho de que América Latina está unida por un idioma románico, ligado a la cultura occidental y que constituye el principal elemento coagulante de nuestro vasto país inconcluso[3].

Respecto al ataque que ese imperialismo —disfrazado de indigenismo— realiza contra España, Abelardo Ramos sostiene:

> Resulta que ahora recorre la América Latina, unida en territorio, religión, lengua, costumbres, tradiciones históricas y mestización profunda, una campaña contra España realizada en la lengua de España [...], aunque traducida de otras lenguas y de otros intereses. Muy noble resulta la tesis de la defensa de los indios. Pero muy sospechoso el origen, pues

separar a las masas indígenas o negras de las criollas o blancas de la actual nación latinoamericana es acentuar las condiciones de esclavización general y de la balcanización hasta hoy lograda. Se trata —y he aquí el servicio que rinde una vez más la izquierda y los progresistas al imperialismo— de separar a las etnias; después de haber separado a las clases y a los estados [...], es una campaña contra la nación latinoamericana[4].

Más claro canta un gallo. Sin embargo, con profundo pesar volvemos a señalar que la frase de mi admirado Abelardo Ramos sería perfecta si, en lugar de haber escrito «América Latina», hubiese escrito «Hispanoamérica». ¡Ah, nuestro querido Abelardo Ramos, uno de los principales pensadores de Hispanoamérica que se enfrentó a la colonización cultural, y cae también él en la trampa montada por el imperialismo cultural francés hace ya más de ciento cincuenta años![5]

Mestizaje y no exterminio

Tuvo que ser un anglosajón de pura cepa, Charles F. Lummis, quien, con gran gallardía, le rindiera a los conquistadores españoles de América el justo tributo que merecían y que en la propia España se les negaba (y se les sigue negando). Creemos que vale la pena transcribir aquí sus palabras:

> Pizarro, Cortés, Valdivia y Quesada tienen derecho a ser llamados los Césares del Nuevo Mundo, y ninguna de las conquistas, en la historia de América, puede compararse con la que ellos llevaron a cabo [...]. La opinión popular hizo durante mucho tiempo una gran injusticia [...] a los conquistadores españoles, empequeñeciendo sus hechos militares por causa de la gran superioridad de sus armas sobre los indí-

genas, y acusándoles de crueles y despiadados en la exterminación de los aborígenes. La luz clara y fría de la verdad histórica no los presenta de un modo muy distinto. En primer lugar, la ventaja de las armas apenas era otra cosa que una superioridad moral en inspirar el terror al principio entre los naturales, puesto que las tristemente toscas e ineficaces armas de fuego de aquella época apenas eran más peligrosas que los arcos y las flechas que se les oponían. Su eficacia no tenía mucho mayor alcance que las flechas, y eran diez veces más lentas en sus disparos.

En cuanto a las pesadas y generalmente dilapidadas armaduras de los españoles y de sus caballos, no protegían del todo a unos ni a los otros contra las flechas de cabeza de ágata de los indígenas, y colocaban al hombre y al bruto en desventaja para luchar con sus ágiles enemigos en un lance extremo, además de ser una carga pesada con el calor de los trópicos. La «artillería» de aquellos tiempos era casi tan inútil como los ridículos arcabuces. En cuanto a su comportamiento con los indígenas, hay que reconocer que los que se resistieron a los españoles fueron tratados con muchísima menos crueldad que los que se hallaron en el camino de otros colonizadores europeos. Los españoles no exterminaron ninguna nación aborigen —como exterminaron docenas de ellas nuestros antepasados— y, además, cada primera y necesaria lección sangrienta iba seguida de una educación y de cuidados humanitarios. Lo cierto es que la población india de las que fueron posesiones españolas en América es hoy mayor de lo que era en tiempo de la conquista, y este asombroso contraste de condiciones y lección encierra respecto al contraste de los métodos, es la mejor contestación a los que han pervertido la historia[6].

Respecto al «asombroso contraste» al que Lummis hace referencia, conviene recordar el riguroso razonamiento que elabora el escritor y periodista italiano Vittorio Messori:

> El término «exterminio» no es exagerado y respeta la realidad concreta [...]. La práctica de arrancar el cuero cabelludo se difundió en el territorio de lo que hoy es Estados Unidos a partir del siglo XVII, cuando los colonos blancos comenzaron a ofrecer fuertes recompensas a quien presentara el cuero cabelludo de un indio, fuera hombre, mujer o niño. En 1703, el gobierno de Massachusetts pagaba doce libras esterlinas por cuero cabelludo, cantidad tan atrayente que la caza de indios, organizada con caballos y jaurías de perros, no tardó en convertirse en una especie de deporte nacional muy rentable.
>
> El dicho «el mejor indio es el indio muerto», puesto en práctica por Estados Unidos, nace no solo del hecho de que todo indio eliminado constituía una molestia menos para los nuevos propietarios, sino también del hecho de que las autoridades pagaban bien por su cuero cabelludo. Se trataba de una práctica que en la América española no solo era desconocida, sino que, de haber tratado alguien de introducirla de forma abusiva, habría provocado no solo la indignación de los religiosos, siempre presentes al lado de los colonizadores, sino las severas penas establecidas por los reyes para tutelar el derecho a la vida de los indios[7].

Por desgracia, estos «pequeños detalles» no son tenidos en cuenta por los profesores negrolegendarios que tanto abundan en España y en Hispanoamérica, para quienes la única conquista mala es la conquista española de América. Así, cada 13 de agosto derraman lágrimas de cocodrilo por la caída de Tenochtitlan, pero nada dicen sobre la sangrienta conquista de Alejandría, ciudad que, cuando fue tomada por los árabes invasores salidos de las arenas del desierto, era la capital cultural del mundo.

La organización territorial y la fundación de ciudades

«Inmediatamente después de la conquista, España levantó templos, edificó universidades, difundió la cultura, formó hombres, e hizo mucho más: fundió y confundió su sangre con América y signó a sus hijas con un sello que las hace, si bien distinta a la madre en su forma y apariencia, iguales a ella en su esencia y naturaleza»[8]. Estas palabras de Juan Domingo Perón inciden en la idea clave que nos permite entender la Hispanidad. Porque, en efecto, España fundió su sangre en el Nuevo Mundo, permitiendo que la historia, la religión y el idioma sitúen a los pueblos situados desde el río Grande hasta Tierra del Fuego en el mapa de la cultura occidental y latina.

Tras la conquista del territorio, España procedió a trasladar las organizaciones territoriales, urbanísticas y culturales básicas para poder desarrollar la vida en América a semejanza de la de España. Se crearon cuatro grandes unidades territoriales, los virreinatos, al frente de los cuales se nombró a un virrey, representante máximo de la Corona en aquel territorio:

- Virreinato de Nueva España (1535-1821), que comprendía América Central y América del Norte. Su capital era México.
- Virreinato de Perú (1542-1824), que comprendía, hasta la creación del virreinato de Nueva Granada y del virreinato de Río de la Plata, toda Sudamérica menos Venezuela y Panamá. Su capital era Lima.
- Virreinato de Nueva Granada (1717-1819), que integraba a las actuales Panamá, Colombia, Ecuador y Venezuela. Su capital era Santa Fe de Bogotá.

- Virreinato de Río de la Plata (1776-1810), al que pertenecían los territorios actuales de Argentina, Uruguay, Bolivia, Paraguay, parte del sur de Brasil y parte del norte y del sur de Chile. Su capital era Buenos Aires

España levantó en América cientos de ciudades perfectamente urbanizadas. Así, en 1521, Hernán Cortés mandó reconstruir la ciudad de Tenochtitlan, erigiendo «Nueva México». En 1531 fundó la ciudad de Querétaro; en 1533, Guadalajara, y en 1542, Mérida. En 1533, Francisco Pizarro fundó la ciudad de Lima. Un año después, Jiménez de Quesada hizo lo propio en la ciudad de Santa Fe de Bogotá. En 1537, Juan de Salazar estableció el fuerte de La Asunción y, poco después, Domingo Martínez de Irala lo convirtió en ciudad. En 1540, Pedro de Anzures fundó la ciudad de Chuquisaca, actual Sucre, y un año después Pedro de Valdivia erigió la actual Santiago de Chile, bajo el nombre de Santiago del Nuevo Extremo. En 1545, el capitán Juan de Villarroel fundó la ciudad de Potosí, y tres años después, en 1548, Alonso de Mendoza hizo lo propio con la ciudad de Nuestra Señora de la Paz.

En 1553 se fundó la ciudad de Santiago del Estero, «madre de ciudades». En 1561, Mendoza; en 1562, San Juan, y en 1565, San Miguel de Tucumán. En 1571, Gerónimo de Osorio, en cumplimiento de la Provisión Real enviada por el virrey de Toledo, fundó la ciudad de Cochabamba. En 1573 se estableció la ciudad de Santa Fe de la Vera Cruz, a las orillas del río Paraná, y ese mismo año Jerónimo Luis de Cabrera fundó la ciudad de Córdoba del Tucumán, en la actual Argentina. En 1580, Juan de Garay realizó la segunda y definitiva fundación de la ciudad de

División administrativa

Buenos Aires. En 1582 se estableció la ciudad de Salta; en 1588, Corrientes; en 1591, La Rioja; en 1593, San Salvador de Jujuy; en 1596, San Luis; en 1683, San Fernando del Valle de Catamarca, y el 24 de diciembre de 1726, el capitán español Bruno Mauricio de Zabala, apodado «Brazo de Hierro», comisionado por las autoridades establecidas en Buenos Aires, fundó la ciudad de Montevideo, que recibió inicialmente el nombre de Fuerte San José.

La importancia de las infraestructuras

Asimismo, se construyeron cientos de hospitales y escuelas, una treintena de universidades, numerosísimas vías de comunicación... España también pobló América de industrias y edificó un orden jurídico que le permitió instaurar una sociedad más justa que la establecida por los pueblos precolombinos. Una sociedad en la que todo ser humano era objeto de derechos por el mero hecho de existir.

Fue así como España construyó un imperio generador —como hemos visto, lo contrario de un imperio depredador, que fue el que construyeron las potencias rivales—, asunto este que desarrollé extensamente en mi obra *Madre Patria* y que resumiré brevemente para contextualizar lo dicho hasta ahora.

Si hay un hecho que demuestra que América nunca fue considerada por España como un botín, ese fue la decisión de sembrar Hispanoamérica de hospitales y de establecer, terminada la conquista, una política de protección social que abarcara todas las razas y condiciones sociales. Que se trató de una política de Estado lo demuestran las Leyes de Indias.

La sola enumeración de los hospitales fundados impresiona a cualquier hombre de buena fe que no esté bajo los efectos narcóticos de la leyenda negra. Conviene recordar también que la mayoría de esas ciudades fueron edificadas en el interior del continente. Ciudades que, rápidamente, se poblaron de mestizos y en las que en tiempo récord se levantaron iglesias, hospitales, colegios y universidades. Este es un dato clave para poder juzgar con objetividad la obra de España en América. Porque los imperios depredadores, como el inglés o el francés, tienden siempre a fundar simples «puertos» y no verdaderas ciudades con hospitales, colegios y facultades. No les interesa arraigarse en el lugar que descubren o conquistan, y, si levantan ciudades, lo hacen en las costas que descubren, desde las cuales organizarán expediciones de saqueo al interior del continente. Cuando fundan «puertos», llevan a sus mujeres, y no se les pasa por la cabeza mezclar su sangre con la de los nativos, ni siquiera en una noche de borrachera. Los imperios depredadores construyen ese tipo de ciudades-puertos porque siempre están listos para irse, para abandonar el territorio conquistado una vez exprimidas sus riquezas.

Por todo ello es por lo que afirmamos que del mismo modo que existió una «Magna Grecia», hubo una «Magna España». En efecto, el imperio español en América estaba formado por ciudades-isla, separadas unas de otras por cientos de kilómetros, grandes cordilleras, inmensos desiertos o selvas impenetrables. A semejanza de las *poleis* griegas, las ciudades fundadas por España en el Nuevo Mundo gozaron de gran autonomía, y fueron esas urbes las que albergaron los cientos de colegios y las más de treinta universidades que España fundó en América.

Precisamente, en el ámbito educativo cabe destacar que, el 6 de enero de 1536, apenas quince años después de la caída de Tenochtitlan, los franciscanos erigieron el Colegio Imperial de la Santa Cruz de Santiago de Tlatelolco, la primera institución de educación superior de América, preparatoria para la universidad, no destinada a los hijos de españoles, sino a los indígenas.

En 1574, los primeros jesuitas llegados a México fundaron el Colegio de Puebla y el Colegio Máximo de San Pedro y San Pablo. Cinco años después, en 1579, construyeron el Colegio de Oaxaca; en 1583, el Colegio de San Idelfonso; en 1596, el Colegio de Guadiana; en 1623, el Colegio de San Luis Potosí, y en 1625, el Colegio de Querétaro. Como en su día afirmó el gran historiador Clarence H. Haring, «al comienzo había más escuelas para indios que para hijos de españoles»[9].

Obviamente, para acceder a estos centros preparatorios —el equivalente a los institutos de educación secundaria— era imprescindible haber realizado los estudios primarios, para lo cual España hizo lo posible por difundir las primeras letras entre indios, mestizos criollos y españoles peninsulares afincados en el continente. Para los parámetros de la época, y sin olvidar que, en Inglaterra, Francia y en la propia España peninsular, reinaba el analfabetismo, el proceso de alfabetización encarado en Hispanoamérica fue de una profundidad nunca vista hasta entonces. La enseñanza se impartía tanto en español como en las lenguas locales, cuyas gramáticas establecieron los propios españoles.

El caso es que el continente entero se llenó de colegios «mayores» de excelencia, entre los que cabría destacar los siguientes:

- Real Colegio de San Martín, en Lima (Perú), fundado en 1582, que luego, en 1770, pasó a llamarse Convictorio de San Carlos.

- Real Colegio y Seminario de Santo Toribio, también en Lima (Perú), que comenzó a funcionar en el año de 1590. Actualmente lleva el nombre de Seminario de Santo Toribio de Mogrovejo.
- Real Colegio de San Felipe y San Marcos, en Lima (Perú), que inició el dictado de sus clases en 1592 y que luego, en 1770, fue absorbido por el Convictorio de San Carlos.
- Seminario San Luis, fundado en la actual República del Ecuador en 1594.
- Colegio Seminario de San Antonio Abad, fundado en Cuzco (Perú) en 1598.
- Colegio Mayor de San Bartolomé, que inició sus actividades en 1604 en Bogotá (Colombia), y que a día de hoy sigue en funcionamiento.
- Real Colegio de San Bernardo, fundado en Cuzco (Perú) en 1619.
- Real Colegio de Caciques San Francisco de Borja, erigido en la ciudad de Cuzco (Perú) en 1621 en cumplimiento de la orden dada por Felipe II en 1573, por la cual se establecía que en todas las provincias y obispados del virreinato se fundasen colegios y seminarios para la educación de la nobleza inca.
- Colegio Seminario de Caracas (Venezuela), inaugurado en 1673 con el nombre de Colegio Seminario de Santiago de León de Caracas, bajo la advocación de santa Rosa de Lima, primera santa de América.
- Colegio Tridentino de San Agustín, fundado en Comayagua (Honduras) en 1678.
- Real Colegio Convictorio de Nuestra Señora de Monserrat, fundado en 1687 en Córdoba del Tucumán (Argentina). Hoy se llama Colegio Nacional de

Monserrat y sigue siendo uno de los más prestigiosos colegios secundarios del país.

- Real Convictorio de San Francisco Javier, fundado en Santiago de Chile (Chile) en 1767.
- Real Colegio Convictorio de San Carlos, fundado en Lima (Perú) en 1770 y transformado en 1857 en las Facultades de Derecho, Letras y Ciencias de la Universidad de San Marcos, en 1857.
- Real Colegio de San Carlos, que inició sus actividades educativas en Buenos Aires (Argentina) en 1772.
- Convictorio Carolino, fundado en Santiago de Chile (Chile) en 1778.
- Colegio San José de los Infantes, erigido en 1781 en la Ciudad de Guatemala (Guatemala).
- Real Colegio Seminario de San Buenaventura, en Mérida de Venezuela (Venezuela), fundado en 1785.
- Real Colegio de San Francisco, fundado en Medellín (Colombia) en 1801 y luego, en 1871, transformado en la actual Universidad de Antioquía.
- Real Colegio de Medicina y Cirugía de San Fernando, en Lima (Perú), antecedente de la Facultad de Medicina de San Marcos, abrió sus puertas en 1808.

Mención aparte merece el Colegio Máximo de San Pablo, fundado por los jesuitas en la ciudad de Lima en 1568, cuya biblioteca, en el año 1750, albergaba cerca de cuarenta y tres mil libros, una cifra asombrosa para la época. Recordemos que en los estantes de la biblioteca de la Universidad de Harvard en aquel momento apenas había cuatro mil libros[10].

Fue a partir de 1538 cuando España se lanzó febrilmente a la fundación de Universidades en América:

Colegios y reales colegios fundados por España en América (1568-1808)

Colegio de Puebla (1574)

1. Colegio Máximo de San Pablo, 1568
2. Colegio de Puebla, 1574
3. Colegio Máximo de San Pedro y San Pablo, 1574
4. Colegio de Oaxaca, 1579
5. Real Colegio de San Martín, 1582
6. Colegio de San Ildelfonso, 1583
7. Real Colegio y Seminario de Santo Toribio, 1590
8. Real Colegio de San Felipe y San Marcos, 1592
9. Seminario San Luis, 1594
10. Colegio de Guadiana, 1596
11. Colegio Seminario de San Antonio Abad, 1598
12. Colegio Mayor de San Bartolomé, 1604
13. Real Colegio de San Bernardo, 1619
14. Real Colegio de Caciques San Francisco de Borja, 1621
15. Colegio de San Luis Potosí, 1623
16. Colegio de Querétaro, 1625
17. Colegio Seminario de Caracas, 1673
18. Colegio Tridentino de San Agustín, 1678
19. Real Colegio Convictorio de Nuestra Señora de Montserrat, 1687
20. Real Convictorio de San Francisco Javier, 1767
21. Real Colegio Convictorio de San Carlos, 1770
22. Real Colegio de San Carlos, 1772
23. Convictorio Carolino, 1778
24. Colegio San José de los Infantes, 1781
25. Real Colegio Seminario de San Buenaventura, 1785
26. Real Colegio de San Francisco, 1801
27. Real Colegio de Medicina y Cirugía de San Fernando, 1808

- Universidad de Santo Domingo, en Santo Domingo (República Dominicana), en 1538.
- Universidad de San Pablo, en Ciudad de México (México), en 1551.
- Universidad de San Marcos, en Lima (Perú), en 1553.
- Universidad de Santiago de la Paz, en Santo Domingo (República Dominicana), en 1558.
- Universidad de Santo Domingo, en Santa Fe de Bogotá (Colombia), en 1580.
- Universidad de San Fulgencio, en Quito (Ecuador), en 1586.
- Universidad de Santa Catalina, en Mérida de Yucatán (México), en 1622.
- Universidad Javeriana, en Bogotá (Colombia), en 1622.
- Universidad de San Ignacio, en Córdoba del Tucumán (Argentina), en 1622.
- Universidad de San Gregorio, en Quito (Ecuador), en 1622.
- Universidad de San Ignacio, en Cuzco (Perú), en 1623.
- Universidad de San Javier, en Charcas (Bolivia), en 1624.
- Universidad de San Miguel, en Santiago de Chile (Chile), en 1625.
- Universidad de San Borja, en Ciudad de Guatemala (Guatemala), en 1625.
- Universidad de San Ildefonso, en Puebla (México), en 1625.
- Universidad de Nuestra Señora del Rosario, en Bogotá (Colombia), en 1651.

- Universidad de San Carlos, en Ciudad de Guatemala (Guatemala), en 1676.
- Universidad de San Cristóbal, en Huamanga (Perú), en 1681.
- Universidad de Santo Domingo, en Quito (Ecuador), en 1688.
- Universidad de San Pedro y San Pablo, en Ciudad de México (México), en 1687.
- Universidad Jesuítica de Guadalajara, en Guadalajara (México) en 1696.
- Universidad de San Antón, en Cuzco (Perú), en 1696.
- Universidad de Santa Rosa, en Caracas (Venezuela), en 1721.
- Universidad de San Francisco Celaya, en Ciudad de México (México), en 1726.
- Universidad de San Jerónimo, en la Habana (Cuba), en 1728.
- Universidad de la Concepción, en Concepción de Chile (Chile), en 1730.
- Universidad de San Felipe, en Santiago de Chile (Chile), en 1738.
- Universidad de San José, en Popayán (Colombia), en 1745.
- Universidad de Gorjón, en Santo Domingo (República Dominicana), en 1747.
- Universidad de San Javier, en Ciudad de Panamá (Panamá), en 1749.
- Universidad de San Bartolomé, en Mérida (México), en 1806.
- Universidad de San Carlos, en Nicaragua, en 1812.

Es importante recordar que los ingleses crearon la Universidad de Harvard ochenta y tres años después de que los españoles fundaran la Universidad de San Marcos en Lima; que los portugueses, que comenzaron la conquista de Mozambique en 1505, erigieron la Universidade de Lourenço Marques el 23 de diciembre de 1968, es decir, 463 años después del comienzo de la colonización, o que los franceses, que invadieron Argelia en 1830, no fundaron la Universidad de Argel hasta 1909.

En las universidades creadas por España en América cursaron sus estudios —de bachiller, maestro o doctor— sacerdotes, funcionarios de la administración, hijos de peninsulares, criollos, mestizos e indios de estatus social alto, y se calcula que hasta la desaparición de los virreinatos, ciento cincuenta mil graduados salieron de ellas[11].

Para entender la sustancia cultural de Hispanoamérica es importante resaltar que los centros universitarios creados por los españoles sirvieron como trasvase cultural entre Europa y el Nuevo Mundo. Por ejemplo, se calcula que más de treinta mil libros entraron en México a finales del siglo XVI y que el estudio de las ciencias, las artes industriales y las bellas artes colocó a Nueva España y a Perú en un alto lugar entre los pueblos cultos del mundo.

Fueron muchos los profesores de prestigio que dieron clase en sus aulas, y también los alumnos que fueron considerados autoridades internacionales en sus materias. De hecho, no es exagerado afirmar que, si las universidades de París, Bolonia o Salamanca fueron un referente para Europa, las de Lima o Ciudad de México lo fueron para América[12].

De esta incuestionable verdad se olvidan los negrolegendarios, que insisten en seguir mintiendo aun a sabiendas

Universidades fundadas por España en América (1538-1812)

1. Universidad de Santo Domingo, 1538
2. Universidad de San Pablo, 1551
3. Universidad de San Marcos, 1553
4. Universidad de Santiago de la Paz, 1558
5. Universidad de Santo Domingo, 1580
6. Universidad de San Fulgencio, 1586
7. Universidad de Santa Catalina, 1622
8. Universidad Javeriana,1622
9. Universidad de San Ignacio,1622
10. Universidad de San Gregorio, 1622
11. Universidad de San Ignacio, 1623
12. Universidad de San Javier, 1624
13. Universidad de San Miguel, 1625
14. Universidad de San Borja, 1625
15. Universidad de San Ildefonso, 1625
16. Universidad de Nuestra Señora del Rosario, 1651
17. Universidad de San Carlos, 1676
18. Universidad de San Cristóbal, 1681
19. Universidad de San Pedro y San Pablo, 1687
20. Universidad de Santo Domingo, 1688
21. Universidad Jesuítica de Guadalajara, 1696
22. Universidad de San Antón, 1696
23. Universidad de Santa Rosa, 1721
24. Universidad de San Francisco Celaya, 1726
25. Universidad de San Jerónimo, 1728
26. Universidad de la Concepción, 1730
27. Universidad de San Felipe, 1738
28. Universidad de San José, 1745
29. Universidad de Gorjón, 1747
30. Universidad de San Javier, 1749
31. Universidad de San Bartolomé, 1806
32. Universidad de San Carlos, 1812

de que, como en su momento dijo Alexander Solzhenitsyn, «sabemos que nos mienten y, sin embargo, siguen mintiendo». Tenemos un ejemplo reciente en las declaraciones del expresidente boliviano Evo Morales —tan venerado por la progresía suramericana—, que acostumbra a realizar giras de prédica negrolegendaria por todo el continente difundiendo oscuras falacias inventadas acerca de la conquista española. Así, el 12 de julio del año 2022, en la ciudad de Rosario (Argentina), Morales dio una «clase magistral», titulada «Presente y futuro de América Latina», en el salón de actos del rectorado de la Universidad Nacional de Rosario. Allí, ante un auditorio de notables ignorantes universitarios, afirmó que «a los primeros quechuas y aimaras que aprendieron a leer, les sacaron un ojo; a los primeros aimaras y quechuas que aprendieron a escribir, les cortaron una mano»[13]. Tal bajeza, aceptada acríticamente por estudiantes y docentes progresistas, dispuestos a creer cualquier atrocidad que se invente sobre la conquista, no puede resistir el menor análisis. De haber sido así, y dada la gran cantidad de indígenas alfabetizados en aquellos colegios, Hispanoamérica habría sido el verdadero país de los ciegos, cosa que nunca fue. Sin embargo, cinco siglos después, parece que el refrán que dice que «en el país de los ciegos, el tuerto es el rey» sigue más vivo que nunca.

Si las palabras de Evo Morales fueran ciertas, resultaría que el Inca Garcilaso de la Vega, hombre de pura cepa quechua, escribió sus magníficas obras (como su famosa traducción de la *Divina comedia* de Dante) estando manco y ciego. Y es que los datos empíricos demuestran que Evo Morales miente —y sabe que sabemos que miente—, porque está más que demostrado que no solo los nobles descendientes de españoles estudiaron en las universidades de Hispanoamérica, sino que fueron cientos los indígenas que pudieron acceder a una exquisita educación superior. Por ejemplo, nos viene a la memoria la figura del también boliviano —de origen inca— don José Domingo Choquehuanca (1789-1854), que estudió y se doctoró en Teología y Derecho por la Universidad Mayor Real y Pontificia de San Francisco Javier de Chuquisaca, en la actual ciudad de Sucre (actual Bolivia), precisamente en los años en los que, según Evo Morales, a los indios se les mutilaba tan solo por leer y escribir. De hecho, José Domingo Choquehuanca era descendiente, por línea materna, de los Túpac Amaru, y por línea paterna, de Paulu Inca, hijo del Inca Huayna Cápac y medio hermano de Huáscar y Atahualpa. Nos cuesta trabajo creer que José Domingo Choquehuanca se doctorara estando ciego y manco.

El legado a través de la música

De entre todas las artes, fue a través de la música como la cultura grecorromana medieval penetró en el corazón y en las almas de las masas populares en el Nuevo Mundo. Estamos hablando de la música heredada de la mejor tradición española, que, aun permaneciendo inalterada en su esencia, fue evolucionando en el nuevo continente y pasó a llamarse folclore.

El caso es que, en todos esos lugares de culto que levantaron los misioneros cristianos, además de enseñar la doctrina de Cristo, también se enseñó a cantar y a tocar los nuevos instrumentos a los indígenas, que de inmediato quedaron hipnotizados por los sonidos que escuchaban. En realidad, como veremos a continuación, fue la música la que en gran medida realizó el milagro de la conversión de las masas indígenas al cristianismo.

Los indios, que nunca antes habían sido tratados con amor y respeto, quedaron impresionados por el carácter humanitario y benevolente —aunque no falto de autoridad— que mostraban los sacerdotes, y esto hizo que se mostraran felices e incluso agradecidos por las enseñanzas que de ellos recibían. Como acabamos de mencionar, la música ocupó desde el primer momento un lugar esencial en la evangelización de los indios, que muy pronto aprendieron a construir instrumentos —sobre todo violines y guitarras— que se exportaban a Europa. Obviamente, también aprendieron a tocarlos y muchos se convirtieron en excelentes músicos capaces de expresar con gran belleza la nueva filosofía cristiana.

Uno de los más sobresalientes fue Juan de Lienas (1617-1654), de origen tlaxcalteca, que fue un compositor de gran talento y exquisita formación cristiana que compuso misas, villancicos y otras muchas piezas musicales —por desgracia, gran parte de sus partituras se han perdido— que nada tenían que envidiar a las de los mejores músicos de Europa de aquellos años[14]. Lienas fue maestro de capilla de la catedral de México, sin duda el templo más importante de Nueva España, lo que viene a desmentir la afirmación de los militantes negrolegendarios de que solo podían ocupar ese cargo los europeos o los criollos.

Los maestros de capilla se encargaban de componer la música que se tocaba en las misas, sobre todo en la Misa del Gallo y en la del Sábado de Gloria, que duraban horas y se amenizaban con un esplendor musical que conmovía a los indios e invitaba a un estado de comunión con Dios. Muchas de estas composiciones se convirtieron en verdaderas joyas de la música barroca con las que se pretendía rechazar las formas impuestas por la rebelión protestante, que —no lo olvidemos— despojó los templos de imágenes e impuso el uso de una música anodina sin ninguna nota de pasión.

De entre los maestros de capilla más importantes de América destaca Antonio de Salazar (1650-1715), maestro de las catedrales de Puebla —su ciudad natal, por más que los negrolegendarios insistan en que nació en Sevilla— y México, que compuso numerosas piezas de música sacra y «puso música a villancicos escritos por sor Juana Inés de la Cruz para las Navidades de 1678 y 1680, San Pedro Apóstol, de 1680 y 1683, y la Asunción de 1681; ello le supuso un timbre de gloria»[15]. Mención especial merecen sus famosos «villancicos cantados por negros con frases de su vocabulario, un verdadero dialecto negro»[16]. Salazar gozó de tal prestigio que a su muerte «el Cabildo acordó, como homenaje póstumo, sepultarlo en la propia catedral»[17].

Otro compositor americano de renombre fue Manuel Sumaya (1680-1707), que nació en Ciudad de México, estudió con Antonio de Salazar y «fue maestro de capilla de las catedrales de México y Oaxaca». Sumaya es el autor de la primera ópera estrenada en Norteamérica —segunda en América—, titulada *La Parténope,* compuesta a petición del virrey (duque de Linares) y estrenada póstumamente en el palacio virreinal el 1 de mayo de 1711[18]. A su muerte, el Cabildo acordó que recibiera sepultura en la cripta catedralicia donde se enterraba a los obispos.

Por último, mencionaremos a Ignacio Jerusalén y Stella (1707-1769), que llegó a ser maestro de capilla de la catedral de México y a quien sus contemporáneos conocían como «el milagro musical» por su enorme talento, y a José Francisco Delgado y Fuentes (1771-1829), exponente destacado del arte musical de la época postrera del virreinato, cuya obra se inscribe en el marco de la estética del clasicismo.

España, puente entre Europa y América: el legado grecorromano

Si los centros de cultura que creó España en América, desde la Universidad de México hasta la Universidad de Córdoba, pasando por la Universidad de Lima, fueron los transmisores del pensamiento grecorromano medieval a Hispanoamérica, los centros de culto que levantó España en América, desde la catedral de México hasta la de Lima, pasando por los miles de conventos, monasterios y capillas construidos desde California hasta la sierra de Córdoba, lo fueron del arte grecorromano medieval.

Al hacerse Hispanoamérica legataria —a través de España— del pensamiento clásico y de la cultura del Medioevo europeo, la lectura de Homero, Platón, Aristóteles, Cicerón, etc., se convirtió en habitual entre las clases ilustradas y entre los universitarios —recordemos: criollos, indios y mestizos—. Sin embargo, el hecho más asombroso fue que personajes como Aquiles, Ulises, Leónidas, Pericles, Alejandro Magno, el Cid Campeador o Carlomagno se incorporaran al imaginario de la cultura popular.

Así, pues, el pensamiento grecorromano, los valores cristianos y los héroes de la Antigüedad clásica y del Medioevo estuvieron presentes en la cultura popular hispanoamericana hasta que esta fue destruida por la penetración cultural del imperialismo anglosajón y por la acción disolvente del progresismo, que, dominando todos los ministerios de educación, eliminó —o redujo al ridículo— el estudio de la historia y de la cultura clásica en todos los niveles de la enseñanza.

En México, por ejemplo, antes de que la mal llamada «revolución mexicana»[19] comenzara a arrancar de raíz la herencia recibida de España con la Guerra Cristera (1926-1929), la cultura popular —es decir, la cultura de las masas campesinas indias y mestizas— aún estaba asombrosamente asentada sobre la Biblia, la tradición oral cristiana, los libros de caballería y la poesía cortesana. Como señala el abogado y filósofo Javier Olivera Ravasi, «Clodoveo, Genoveva de Brabante y Juana de Arco eran personajes familiares, así como Carlomagno y los Doce Pares de Francia, o Bertoldo, Bertoldino y Cacaseno. La lectura en voz alta hecha por el que sabía leer (cuando se trataba de la Biblia, se leía de pie, por respeto a las Sagradas Escrituras), o la representación teatral, constituían los vehículos de este saber. Todavía en 1970, en Chalma, en el atrio del santuario, se podía ver y oír a una compañía de Tenando del Valle representar ese Carlomagno y los Doce Pares de Francia»[20].

En Argentina, la herencia cultural recibida de España, reflejada en la poesía y el canto, fue meticulosamente registrada por el maestro Juan Alfonso Carrizo (1895-1957), que nació en un pequeño pueblo de la provincia de Catamarca llamado por entonces San Antonio de Piedra Blanca, y quien, convencido de que el alma de los pueblos se manifiesta en sus tradiciones —expresadas en sus coplas y cantares—, que reflejan su modo de pensar, amar, y obrar, dedicó toda su vida al estudio del cancionero popular argentino.

En carreta, a caballo y a lomo de mula, durante veinte años Carrizo recorrió las provincias de Jujuy, Salta, Tucumán, Santiago del Estero, La Rioja y Catamarca, donde fue anotando las coplas y los cantares que la gente del campo le iban dictando[21]. Fue así como Carrizo «rescató canciones, poemas, cuentos, anécdotas, romances, villancicos..., escuchando a viejos lugareños, campesinos curtidos por el sol, muchos de ellos analfabetos y poseedores y transmisores de lo mejor del Siglo de Oro español»[22]. Uno de esos viejos campesinos fue Apolinario Barber, un gaucho de cerca de noventa años que le dictó a Carrizo más de doscientas composiciones que se sabía de memoria, lo que permitió salvar del olvido verdaderas «joyas poéticas». En 1926, Carrizo publicó el *Cancionero popular de Catamarca,* que contenía 156 romances y canciones (la mayor parte décimas) y 1.477 coplas, además de rimas infantiles. En 1933 apareció el *Cancionero popular de Salta,* con 4.372 piezas; en 1935, el *Cancionero popular de Jujuy,* con 4.059 coplas; en 1937, el *Cancionero popular de Tucumán,* en dos tomos, con 2.581 piezas, y en 1942, el *Cancionero popular de La Rioja,* en tres tomos, con 5.697 coplas. En 1945 vio la luz su obra cumbre, *Antecedentes hispano-medievales de la poesía tradicional argentina,* donde demuestra que los temas de la poesía fundacional argentina, en sus mejores expresiones, fueron tomados de la cosmovisión medieval europea y vertidos en los moldes de versificación habituales del Siglo de Oro español[23], llegando a la conclusión de que en la poesía tradicional argentina sobrevivía incontaminado el cancionero popular español del siglo XVI, que, sin embargo, había perdido vigencia en la Madre Patria.

Un dato sorprendente que demuestra que Hispanoamérica es legataria —a través de España— del pensamiento clásico y de la cultura cristiana del Medioevo europeo es la enseñanza de la vida de Carlomagno en las clases populares del noroeste de la Argentina y su presencia en el cancionero popular en las provincias de Santiago del Estero, Tucumán,

Catamarca, La Rioja, Salta y Jujuy. Es decir, los gauchos del noroeste argentino —hasta mediados del siglo pasado— tuvieron un conocimiento profundo del emperador Carlomagno, que protagoniza muchos de los poemas y canciones que recitaban y cantaban ante los fogones en las frías noches de invierno.

Pero comencemos por el principio... Para explicar cómo y por qué Carlomagno se convirtió en un personaje popular entre los habitantes del noroeste de Argentina me basaré en el extraordinario trabajo de investigación realizado por el pensador tucumano Miguel Cruz[24]. Pues bien, la primera pieza de nuestro «rompecabezas» es un cantar de gesta del Medioevo francés, la *Chanson de Fierabrás,* de autor anónimo y anterior a la famosa *Chanson de Roland.* El personaje principal, Fierabrás, es un guerrero sarraceno de gigantesca estatura, hijo del poderoso y rico emir Balán, gobernador de al-Ándalus, que sostenía una lucha permanente contra el legendario Rolando, comandante de los francos en la Marca bretona, y contra los sobrinos de Carlomagno, conocidos como los «Doce Pares». Su enemigo personal es un caballero cristiano llamado Oliveros —uno de los Doce Pares—, que derrota a Fierabrás y logra que este se convierta al cristianismo y se transforme en un bravo soldado al servicio de Carlomagno.

El caso es que en la *Chanson de Fierabrás* se relata cómo, tras haber saqueado Roma, el emir Balán y su hijo, el gigante Fierabrás, regresan a al-Ándalus portando las sagradas reliquias de la pasión de Jesucristo: la corona de espinas, los clavos con los que fue crucificado y el aceite utilizado para ungir su cuerpo muerto. Obviamente, aquello supone una ofensa para toda la Cristiandad, por lo que los Doce Pares salen desesperadamente rumbo a España para recuperar las reliquias. Al producirse el encuentro entre los guerreros musulmanes y los caballeros cristianos, el temible Fierabrás los desafía a duelo. Tan solo el caballero Oliveros, a pesar de estar herido, acepta el reto y, tras un duro combate, vence al mahometano, aunque decide no matarlo. Fierabrás, conmovido por la compasión de Oliveros, se convierte al cristianismo y, como dijimos, se incorpora a las filas de Carlomagno. Poco después, los Doce Pares son hechos prisioneros y encerrados en una torre para que mueran de hambre, aunque logran salvar sus vidas gracias a que una hija de Balán, llamada Floripa, se enamora del caballero Gui de Borgoña. La historia tiene un final feliz, pues todos son liberados por Carlomagno, Balán muere decapitado, las reliquias son llevadas a Francia, y Floripa, convertida al cristianismo, se casa con Gui de Borgoña.

La segunda pieza del «rompecabezas» es la historia de Carlomagno, que, a partir de una compilación de la *Chanson de Fierabrás* —realizada por el canónigo de Lausana Henri Bolomier en 1478—, materializó el español Nicolás de Piamonte, y que lleva por título *Hystoria del emperador Carlomagno, y de los Doze Pares de Francia; e de la cruda batalla que hubo Oliveros con Fierabrás, Rey de Alexandría, hijo del grande almirante Balan*[25]. La obra se publicó en Sevilla en 1521, y sabemos que entre este año y 1765 fue reeditada en veintiocho ocasiones. Llama la atención que en 1599 el libro de Piamonte ya se leía con fruición en Ciudad de México y en Lima, y que poco después fue recibido con el mismo interés en las ciudades —mucho más pequeñas y alejadas— de Tucumán y Córdoba (en la actual Argentina).

Por último, la tercera pieza es la comprobación fáctica de la popularidad de la que gozaba, todavía, en 1930 el libro del español Nicolás de Piamonte en el noroeste argentino.

En efecto, cuando Juan Alfonso Carrizo viajó desde Buenos Aires a la provincia de Tucumán «para recopilar todas las expresiones de la poesía popular y tradicional»[26], quedó absolutamente sorprendido al enterarse «por testimonios de los mismos campesinos, de la popularidad del centón de Piamonte en las zonas rurales, el que con el título *Historia del emperador Carlomagno en el cual se trata de las grandes proezas y hazañas de los Doce Pares de Francia* circulaba de mano en mano entre los gauchos de la provincia de Tucumán»[27]. El mencionado gaucho Apolinar Barber, cuando fue interrogado por Carrizo sobre la popularidad de la obra, afirmó: «Casi todos los varones la leíamos y comentábamos. Los que no sabían leer iban a quien sabía para conocer esa historia»[28]. La fama del libro era tal que Carrizo anotó en su cuaderno que «es curioso que no haya un viejo tucumano, sobre todo si es de campaña, que no haya leído u oído leer esta historia»[29].

Tenga en cuenta, estimado lector, que en aquella época «los libros no pasaban por las manos de una fugaz hojeada, sino que eran lentamente rumiados y repasados, resobados hasta ajarlos, en una familiarización cuyas huellas venerables eran ya las de las vidas de sus dueños»[30]. En este sentido, Juan Alfonso Carrizo cuenta que, «acompañando al musicólogo Carlos Vega, visitaron ambos a un campesino cantor llamado Felipe Aragón. El musicólogo Vega, dudoso al escuchar que Aragón cantaba acompañándose de una guitarra temas sobre los Doce Pares de Francia, le preguntó con aire de distraída ignorancia si Carlomagno sería un peón de la fábrica azucarera. A lo que Aragón, sin vacilar, contestó: "No, señor, Carlomagno era emperador". Y a continuación le dio una serie de versados pormenores sobre la gesta carolingia»[31]. En las anotaciones de Carrizo se señala que el mencionado José Felipe Aragón «trabajaba de sol a sol en el campo, conchabado como peón agricultor y que no sabía leer ni escribir»[32].

Veamos ahora un par de ejemplos de cómo la gesta carolingia quedó plasmada en el canto popular del norte argentino.

> Yo voy a hablar en de veras,
> aunque usted lo tome a broma;
> voy a hablar de Carlomagno,
> del emperador de Roma.
> Del emperador de Roma,
> De ese noble caballero;
> también de los Doce Pares,
> de Roldan y de Oliveros.
> Tal vez te pueda vencer,
> o tal vez me vencerás,
> como lo venció Oliveros
> al gigante Fierabrás.

Y a continuación, los versos de otra payada:

> Cuando Roldan de Esteconia
> hizo resonar su cuerno,
> por prados y por colonias
> se oyeron sus ayes tiernos.
> Oliveros, fiel cristiano,
> no sintió perder la vida,
> por pelear con Fierabrás
> teniendo grandes heridas.
> Doce fueron los apóstoles,
> doce, los meses del año.
> doce, los pares de Francia
> que gobernó Carlo Magno[33].

Hemos escogido estas dos glosas entre las cientos que se han podido encontrar en el noroeste argentino, de los tiempos en que el territorio de la actual República Argentina formaba parte del virreinato de Perú. De lo que no hay duda es de que aquellos gauchos eran «doctos» en menesteres literarios clásicos, y que los conocían y los usaban para la composición de sus cantos y recitados populares.

Lo que hasta aquí hemos expuesto lo resumió brillantemente Juan Domingo Perón en un discurso pronunciado ante un nutrido grupo de académicos argentinos. A continuación, transcribo una parte de aquella alocución, pues me parece apropiada para cerrar este capítulo:

> En ese estado del mundo surge otro acontecimiento trascendental con sabor de epopeya y figuras de leyenda. Unos hombres que pueden compararse con los héroes de la mitología llegan a las «islas y tierra firme de las Indias». Letrados unos, analfabetos los más, clérigos otros, pero todos impregnados de esa cultura milenaria cuya formación tan esquemáticamente vengo relatando. Y esos hombres van sembrando con su fe, su lengua y su sangre semillas de esa cultura cuya posesión muchos ignoraban. Y sus romances y canciones, sus tradiciones y sus costumbres, saturados de siglos de civilización, son captados por aborígenes que viven una vida atrasada en muchas centurias. Así, en el folclore del norte argentino, en lengua aborigen se cantan interpretadas con forma singular antiguas leyendas medioevales europeas, y un buen día, un feliz día, un soberano que vive en otro continente crea una Universidad en Córdoba del Tucumán, a imagen y semejanza de la de Salamanca. Y así se realiza el milagro que nos hace legatarios de la cultura clásica[34].

5
La liberación espiritual de América: la evangelización

> La epopeya del descubrimiento y la conquista es, fundamentalmente, una epopeya popular. Somos, pues, no solo hijos legítimos de los conquistadores, sino herederos directos de su gesta y de la llama de eternidad que ellos transportaron por sobre los mares. El 12 de octubre es, por lo mismo, una fiesta de la Hispanidad que toca por igual a España y a sus hijas de América.
>
> Eva Perón

Los dioses de la Muerte y la cultura del terror

Como hemos visto, gracias a España, Hispanoamérica recibió la cultura grecorromana medieval y se hizo legataria del pensamiento de Sócrates, Platón, Aristóteles, Cicerón, San Agustín, Santo Tomás, etc., pero lo más importante es que gracias a España se produjo la liberación espiritual de Hispanoamérica, porque los dioses, que obligaban a los americanos a vivir en un mundo caracterizado por el temor y el terror, fueron reemplazados por un Dios Padre, y los sacrificios humanos que se realizaban cada día para aplacar la sed de aquellos dioses por la obligación de asistir los domingos a misa y recibir de las manos del sacerdote la Sagrada Eucaristía.

Para ocultar la deuda que Hispanoamérica tiene con España, los historiadores negrolegendarios —llenos de mala fe— evitan decir que la realidad social que los misioneros cristianos hallaron en el Nuevo Mundo se caracterizaba por la presencia de numerosos dioses de la Muerte que dieron origen a la cultura del terror, a la tiranía de un pueblo sobre otros, a la opresión de los ricos sobre los pobres, a la guerra permanente entre los pueblos y las tribus, a los sacrificios humanos masivos, a la antropofagia, a la esclavitud, a la prostitución y a toda suerte de crueldades infames.

Esos historiadores proclaman que la evangelización del Nuevo Mundo fue una abominación, una vergüenza imborrable, pues supuso la «destrucción de las Indias», que precisamente es el título de la obra del mayor mentiroso de la Historia, Bartolomé de las Casas, cuyo libro sirvió de «arma cínica de una guerra psicológica contra la preponderancia española y católica»[1].

Las calumnias vertidas contra España son un tiro por elevación para la Iglesia católica, aunque esta no se dé cuenta o haga como el avestruz, que ante el enemigo esconde la cabeza. Hoy, la Iglesia no defiende a España, cuando, sin embargo, España sí defendió a la Iglesia durante más de trescientos años.

Sobre que América era un infierno y no un paraíso, y sobre las mentiras de Bartolomé de las Casas —padre de la leyenda negra—, ya me explayé en mi libro *Nada por lo que pedir perdón,* por lo que a él remito al lector. Aun así, mencionaré algunos detalles de aquel mundo escalofriante que encontraron los misioneros cuando se internaron en el continente americano.

Comencemos diciendo que al tambor de piel humana —de hombre desollado— los quechuas lo llamaban *runatinya,* un instrumento muy usado entre los indios del actual Perú y del que el arqueólogo Francisco Vallejo, de la Universidad Federico Villareal (Lima), explica lo siguiente:

> Una de las prácticas guerreras de los incas consistió en la elaboración de tambores con las pieles y los cuerpos de los capitanes del ejército contrario [...]. Fue una costumbre no ex-

clusiva de los incas en el mundo andino, pero sin duda fueron ellos quienes la llevaron a su mayor uso [...]. En la primera guerra contra los chancas, durante el reinado de Sinchi Roca, luego del conflicto, el ejército inca victorioso en la guerra hizo su ingreso triunfal al Cusco desplegando un majestuoso desfile de la victoria. Este desfile se iniciaba con el ingreso, en primer lugar, de la gente del pueblo tocando bocinas y tambores en una gran algarabía, seguido por dos mil soldados con sus capitanes e insignias a la cabeza y muchos de los despojos del enemigo; luego hacían su aparición seis tambores en forma de hombres, hechos de los pellejos de los capitanes y curacas enemigos que se habían destacado en la batalla[2].

Por su parte, la historiadora argentina María Isolina Comas afirma:

> Los incas eran expertos en la elaboración de tambores con las pieles y los cuerpos de los capitanes del ejército contrario, a estos tambores se les llamaban *runatinya.* Estos hombres/tambores parecían vivos y con su propia mano tocaban su barriga. El tambor era la barriga. Nada se desperdiciaba en los prisioneros ya que hacían de los huesos flautas para animar los festines, con los dientes amuletos para los combates, con los cráneos vasos para las libaciones, con los cabellos cascos y hondas, y con la piel, tambores para amedrentar a los enemigos[3].

Como se ve, los incas bien podrían haber dado algunas lecciones a los nazis...

Antes de la llegada de los españoles, las costas del océano Pacífico que hoy son parte de la República del Ecuador estaban pobladas por tribus sobre las que los incas ejercieron poca o ninguna influencia, dejándolas con su particular fisonomía nativa; es decir, su lengua, sus tradiciones, sus costumbres, sus prácticas religiosas..., todo en ellas era diferente. De entre estas tribus destacaremos la que habitaba en la isla de la Puna, en el golfo de Guayaquil, ya que «sus adoratorios o templos estaban construidos en lugares apartados y sombríos, y eran adrede muy oscuros. Ofrecían sacrificios de víctimas humanas y, para que estas no les faltasen, mantenían guerras constantes con las tribus de la tierra firme, principalmente con las de Túmbez. Sin estos, hacían también sacrificios de animales, y ofrendaban a sus ídolos ropa, joyas, esmeraldas y flores. Como tribu o nación guerrera, su dios principal era Tumbal, cuyos altares de continuo estaban empapados en la sangre de los prisioneros de guerra [...]. Estos régulos eran tan celosos con las mujeres de su serrallo que no solamente castraban, sino que cortaban el miembro viril, y a veces hasta las manos, a los encargados del servicio y custodia de ellas»[4].

En la zona andina del suroccidente de Colombia moraban los paeces, conocidos por ser feroces guerreros antropófagos. Su principal alimento era la carne humana y, para conseguirla, realizaban verdaderas cacerías de seres humanos. Los paeces se aliaron con los yalcones para combatir a los españoles y, en el marco de esta alianza,

> [...] en el año 1540, los paeces, confederados con los yalcones, dieron, por órdenes del cacique Pioanza, varios asaltos a la naciente población de Timaná; en el último de ellos, el combate se libró solo con los escuadrones yalcones, que fueron rechazados con notables pérdidas. Los paeces presenciaron la derrota desde una altura, y una vez que estuvo consumada, no se preocuparon sino de hacer la cacería a sus aliados derrotados; capturaron a un gran número, y con ellos tuvieron abundante provisión de carne por mucho tiempo[5].

La suerte de las mujeres en el mundo guaraní estaba en manos de los caciques, que se consideraban con derecho de poseerlas cuando les venía en gana, incluso «a las más distinguidas doncellas del pueblo, a las que ceden con frecuencia a sus huéspedes o clientes. Es tan grande su lascivia que abusan en ocasiones de sus mismas nueras»[6].

Por su parte, en la tribu de los chiquitos los padres vendían a sus propias hijas, los maridos a sus esposas, los hermanos a sus hermanas…, y lo hacían a cambio de «un cuchillo, un hacha, u otra cosa de poca monta, aunque los compradores sean sus mortales enemigos»[7].

En la tribu de los chanés, cuando un cacique quería casar a su hija con otro cacique para sellar una alianza, el primero

> […] da aviso por todos aquellos pueblos de cómo la hija de tal cacique se quiere casar, que para tal luna acudan allá; y a ella la ponen en una casa hecha de esteras, con indias que la sirven, y no sale de allí; y mientras vienen los indios de los pueblos de alrededor, los padres cogen mucho pescado y caza, y hacen mucha chicha de maíz para celebrar la boda y darles de comer. Y el estar la hija en aquella casa de esteras es para que cuantos indios vienen de los pueblos vecinos gocen de ella como de una mujer pública. [La futura esposa] tiene la obligación de admitir a todos y no ha de desechar a ninguno, y los ha de recibir una vez a cada uno, y todos le van ofreciendo de lo que llevan, que son, unos, pellejos de nutrias y, otros, arcos y flechas y sartas de cascabeles. […], y el último de todos que entra es el que está concertado para ser marido, el cual no la conoce antes ni le consienten que llegue a ella hasta entonces; y aquello que los otros indios le han dado [a su futura esposa] como regalo recoge todo para él, que es el ajuar que le dan con la señora. Y con esto queda muy honrado y rico[8].

Este era el «paraíso» americano para todas las mujeres indias, pero, sobre todo, para las pertenecientes a las clases bajas.

Permítame, estimado lector, repetir aquí algunas de las descripciones que del «infierno» americano hicieron grandes estudiosos de las culturas precolombinas y que ya expuse en mi libro *Madre Patria.* Tan expresivas son que nos resulta imposible obviarlas. A continuación citamos la reflexión que realizó el escritor y filósofo José Vasconcelos en su *Breve historia de México:*

> El dios principal de los aztecas era una especie de [...] Jefe Máximo sanguinario a quien llamaban Huichilobos [...]. Su alimento era de corazones crudos. Los brazos y las piernas de las víctimas se los comían los militares aztecas, los sacerdotes [...]. Cuando los mexicanos fundaron Tenochtitlan, y dividieron la ciudad en cuarteles, reservaron una cabaña para su dios tutelar, Huitzilopochtli. Las fiestas de la fundación de la ciudad las refiere Clavijero como sigue: mandaron al caudillo de Culhuacán una Embajada, rogándole que les diese una de sus hijas para consagrarla como madre de su dios. El padre, esperanzado y atemorizado a la vez, entregó a la doncella. La recibieron los mexicanos con grandes manifestaciones de júbilo, pero enseguida idearon hacerla sacrificar.
>
> Convidado el caudillo de Culhuacán a lo que creyó era la apoteosis de su hija, se le internó en el santuario; en este, al lado del ídolo, estaba de pie un joven vestido con la sanguinosa piel de la víctima, pero la oscuridad no permitió al padre ver lo que pasaba, pusiéronle en la mano un incensario de copal y enseguida, a la luz de las ceremonias del culto, el horrible espectáculo le produjo tal impresión que se le conmovieron de dolor las entrañas y, arrebatado por violentos afectos, salió gritando como loco. Y mandaba a su gente que tomase venganza, pero dice la crónica que nadie se atrevió a obedecer por temor a la muchedumbre[9].

Respecto a los sacrificios humanos de los aztecas, el historiador e hispanista John Lynch precisa:

> Los sacrificios humanos para aplacar a los dioses eran inherentes al ritual azteca. Las víctimas de todos los sacrificios, hombres y mujeres, eran personas capturadas en la guerra o compradas como esclavos, y los días en que se celebraban las fiestas más importantes podían superar el millar en todo el país. En el templo de Huitzilopochtli, durante la fiesta en honor del dios, las víctimas debían subir los escalones de las pirámides totalmente desnudas para ser arrojadas de espaldas. Los sacerdotes abrían el pecho de las víctimas, les arrancaban el corazón con sus propias manos y lo levantaban hacia el sol, mientras sus cuerpos sin vida caían rodando por las escaleras; luego los cráneos se entregaban a los sacerdotes del templo, que los disponían para su exhibición y la carne se distribuía para ser comida[10].

Acostumbrados a mentir sistemáticamente, los «investigadores» negrolegendarios llegan a afirmar que las víctimas iban alegres al sacrificio. Sin embargo, los propios indios se lo dejaron bien claro a los primeros misioneros:

> Que nadie piense que ninguno de los que se sacrificaban matándolos y sacándoles el corazón, o cualquiera otra muerte, que era de su propia voluntad, sino por la fuerza, siendo muy sentida la muerte y su espantoso dolor [...]. De aquellos que así sacrificaban, desollaban algunos; en una parte, dos o tres [...] y vestían aquellos cueros, que por las espaldas y encima de los hombros dejaban abiertos[11].

El ritual de los sacrificios aztecas se practicaba durante todo el año:

El primer mes del año comenzaba en el segundo día del mes de febrero. En este mes mataban muchos niños, sacrificándolos en muchos lugares en las cumbres de los montes, sacándoles los corazones a honra de los dioses del agua para que le diesen abundantes lluvias.

A los niños que mataban componíanlos con muchos atavíos para llevarlos al sacrificio y llevándolos en unas literas sobre los hombros. Estas literas iban adornadas con plumas y con flores; iban tañendo, cantando y bailando delante de ellos. Cuando llevaban los niños a matar, lloraban y echaban lágrimas mas alegrábanse los que los llevaban porque tomaban pronósticos que habían de tener muchas aguas en aquel año [...]. En el primer día del segundo mes hacían una fiesta en honor del dios llamado Totec, donde mataban y desollaban muchos esclavos y cautivos...

Cuando llevaban los señores a sus cautivos o a sus esclavos al templo donde los habían de matar, llevábanlos por los cabellos, y cuando los subían por las gradas del templo algunos cautivos desmayaban y sus dueños los subían arrastrándolos por los cabellos, hasta el tajón donde habían de morir [...]. Venía luego el sacerdote que le había de matar, y dábale con ambas manos con una piedra de pedernal, hecha a la manera de hierro, del ancón por los pechos, y por el agujero que hacía, metía la mano y arrancábale el corazón y luego le ofrecía al sol y echábale en una tinaja. Después de haberles sacado el corazón [...], echaban el cuerpo a rodar por las gradas. De allí tomábanle unos viejos y los llevaban a sus calpul (capillas), donde le despedazaban y le repartían para comer [...].

En el mes décimo hacían fiestas al dios del fuego; en estas fiestas echaban en el fuego muchos esclavos vivos atados de pies y manos y antes que acabasen de morir, los sacaban arrastrando del fuego para sacarles el corazón delante de la imagen de este dios [...]. Especial narración merece el sacrificio hecho en 1487, veinticinco años antes de la conquista, con motivo del estreno del templo mayor de México [la Gran Pirámide Tenochtitlan]. Duró este sacrificio cuatro días desde la mañana hasta la puesta del sol [...]. Murieron hombres y mujeres [...]. Eran tantos los arroyos de sangre humana que corrían por las gradas abajo del templo que caída a los bajo y fría hacia grandes pellas que ponían espanto. De esta sangre andaban cogiendo muchos sacerdotes [...] y con ella untaron los ídolos, untaron los aposentos del templo desde dentro y desde fuera[12].

Fue así como la gran pirámide de Tenochtitlan cambió de color y adquirió el tono bermejo característico de la sangre. La sangre con la que aquellos crueles sacerdotes pintaron el «flamante» templo mayor de los aztecas.

No mucho más compasivos eran los dioses de las tribus que moraban más al sur del continente americano. Como describió el antropólogo estadounidense Marvis Harris,

> [...] desde el Brasil hasta los Grandes Llanos, las sociedades indoamericanas sacrificaban ritualmente víctimas humanas con el fin de lograr determinados tipos de beneficios [...]. Entre las sociedades grupales y aldeanas, el sacrificio ritual de prisioneros de guerra generalmente iba acompañado de la ingestión de la totalidad o de una parte del cuerpo de la víctima. Gracias a los testimonios presenciales ofrecidos por Hans Staden, un marino alemán que naufragó en la costa de Brasil a principios del siglo XVI, tenemos una vívida idea del modo en que un grupo, los tupinamba, combinaban el sacrificio ritual con el canibalismo.
>
> El día del sacrificio, el prisionero de guerra, atado a la altura de la cintura, era arrastrado hasta la plaza [...]. Mientras tanto, las ancianas, pintadas de negro y rojo y engalanadas con collares de dientes humanos, llevaban vasijas adorna-

das en las que se cocinarían la sangre y las entrañas de la víctima. Los hombres se pasaban la maza ceremonial que se utilizaría para matarlo [...]. Cuando al final aplastaban su cráneo, todos gritaban y chillaban. En ese momento las ancianas corrían a beber la sangre tibia y los niños mojaban sus manos en ella. Las madres untaban sus pezones con sangre para que incluso los bebés pudieran sentir su gusto. El cadáver era troceado en cuartos y cocinado a la parrilla mientras las ancianas que eran las más anhelantes de carne humana, chupaban la grasa que caía de las varas que formaban la parrilla[13].

Esta fue la realidad que encontraron los sacerdotes españoles cuando pusieron sus pies en América, y no basta con alegar que esas eran sus costumbres y que, por tanto, hay que entenderlas, porque ese infierno era sufrido por el 80% de la población americana, que estaba sujeta a la dominación del 20% más poderoso. Es por esto por lo que afirmamos que la llegada del cristianismo supuso para los pueblos oprimidos una verdadera liberación: la liberación de los dioses de la Muerte, y por eso se abrazaron al Dios de la Vida que le revelaron los sacerdotes españoles y se mantuvieron fieles a él, por más que algunos hombres sin escrúpulos usaran el cristianismo para someter a los nativos o explotarlos económicamente.

Por todo ello, en lugar de hablar de «conquista» de América deberíamos hablar de «liberación» de América, a no ser que uno se ponga del lado de los poderosos y no de los débiles, y a no ser que uno se sitúe a favor de los pueblos opresores y no de los pueblos oprimidos.

Y es que los dioses de la Muerte no podían sino engendrar una cultura del terror. Los sacerdotes aztecas enseñaban a los indios que en el «cielo había una guerra permanente. El

Sol, al levantarse, expulsaba con sus rayos a la Luna y las estrellas, y traía el día, pero al caer la tarde, moría y solo podía ser revivido si los aztecas, el pueblo del Sol, ofrecían a su dios sangre humana, pues esta era la sustancia de la vida»[14]. De hecho, en el Museo Nacional de México se encuentra la piedra-calendario —de unos tres metros de diámetro— en la que está representada la historia del mundo tal y como la entendían los aztecas; es decir, como una «Guerra Sagrada entre las fuerzas opuestas de la naturaleza»[15]. En su centro se ubica la figura del dios Sol, que «abre desmesuradamente la boca y saca la lengua reclamando la sangre de las víctimas»[16].

La nobleza azteca se encargaba de organizar la sociedad a fin de mantener los poderes del cielo, para lo cual los guerreros debían obtener la mayor cantidad posible de corazones humanos, y los sacerdotes realizar la entrega de los mismos a los dioses. Lógicamente, como el pueblo azteca era el pueblo del dios Sol, la sangre necesaria para alimentarlo debía provenir —preferentemente— de otros pueblos, pues esta era la única manera de alcanzar la salvación.

Se calcula que solo en «Tenochtitlan había cinco mil ministros de culto, que jamás se lavaban y se presentaban ante sus fieles con los cabellos "pegajosos y nauseabundos por la sangre de las víctimas"»[17], mientras que la casta militar se encargaba de formar a los futuros guerreros de manera que siempre estuvieran dispuestos a hacer la guerra con otros pueblos y capturar prisioneros. Es altamente probable que esta organización, basada en la guerra permanente, que comenzó a partir de una cosmovisión religiosa, se fuera transformando con el tiempo en una necesidad biológica; esto es, en una suerte de «imperativo económico y vital». Debido a la escasez de mamíferos que pudieran ser cazados o domesticados para ser usados como alimento, los nobles y los sacerdotes se acostumbraron a conseguir las proteínas necesarias comiendo carne humana. El corazón se lo entregaban a los dioses, pero ellos se comían las extremidades y arrojaban las vísceras al pueblo.

Sin temor a exagerar se puede afirmar que el imperialismo azteca —antropófago— fue el más atroz de la historia de la humanidad. Por supuesto, la antropofagia se dio en otros pueblos y en otros momentos históricos, pero en ningún lugar y en ninguna época un Estado se organizó enteramente para conseguir sangre humana con la que «alimentar» a los dioses y a la población.

El estado de terror y de pánico en el que vivían los pueblos indígenas es claramente perceptible en las esculturas que los artesanos aztecas realizaron. A fin de cuentas, en todas las culturas «el artista saca a luz lo que se oculta en los repliegues del alma de sus contemporáneos», y eso fue lo que hicieron quienes cincelaron las obras que hoy se conservan como tesoros en el Museo Nacional de México. El testimonio que se desprende de esas piezas es irrecusable. Así, por ejemplo, cuando el historiador del arte francés Elie Faure las «contempló por primera vez, palideció y volvió el rostro»[18].

Veamos un caso concreto, el de la representación de Coatlicue, la diosa-madre azteca, una escultura descubierta en 1790 en Ciudad de México. Mide 2,60 metros de alto, pesa doce toneladas y «su cabeza está formada por el extraño acoplamiento de dos cabezas de serpiente; en lugar de manos tiene patas de jaguar y sus pies son garras de águila. Se muestra degollada, como las mujeres sacrificadas en los ritos de fecundidad; de su garganta abierta saltan chorros de sangre que representan dos serpientes. Tiene un collar, compuesto por manos y corazones, que termina en una calavera, y su falda está formada de víboras trenzadas»[19].

En este sentido, Germán Bazin, conservador del Museo del Louvre, afirma que «ningún arte había simbolizado previamente con tanta fuerza el carácter inhumano de un universo hostil». Las esculturas, las pinturas y las danzas se expresan en un «caos de formas tomadas de todos los reinos de la naturaleza; el único ritmo que asocia entre sí tales formas es comparable al de ciertas danzas salvajes que constan de una sucesión de estremecimientos frenéticos. Es un ritmo sísmico de pura energía en acción sin orden de potencia intelectual [...]. Para ellos, el universo es un medio verdaderamente demoníaco»[20]. La guerra celeste entre el Sol, la Luna y las estrellas «los inundaba de terror, pues lo percibían como un incesante e infernal entrechocar de contrarios»[21].

Pero ¿y si un día no conseguían la sangre humana necesaria para que el dios Sol volviese a salir por la mañana?, ¿y si la sangre ofrecida en ese atardecer no resultaba suficiente para que el Sol pudiese vencer a la Luna?, ¿y si la noche se hacía eterna?... Todas estas preguntas atormentaban al pueblo azteca, que vivía angustiado y se refugiaba en el falso consuelo de la guerra y en la captura de prisioneros a los que ofrecer en sacrificio a los dioses, ya fueran los principales, como el dios Sol, o los dioses menores, como el bello y sanguinario jaguar, en el que veían la síntesis de la vida y de la muerte; o la serpiente emplumada, que representaba la síntesis de la tierra y el cielo, del espíritu y la materia. De hecho, en su concepción del mundo «el ser y el no ser, la vida y la muerte, la materia y el espíritu no eran conceptos o elementos contradictorios, sino componentes de las cosas»[22]. Los aztecas no conocían el principio de identidad, sin el cual no puede haber ciencia alguna posible, porque los contradictorios se excluyen. Sin el principio de identidad no se puede dotar de estabilidad ni de firmeza al conocimiento. Por ello, los aztecas veían:

> La realidad como un naufragio, como una fuga incontenible, como un perpetuo deshacerse [...]. Esto nos permite comprender su obsesión por el tiempo. Cada día al ponerse el sol, cada año, cuando llegaban los temidos cinco días finales, que se agregaban a los trescientos sesenta de los trece meses lunares, al final de cada ciclo de cincuenta y dos años que formaba una especie de gran año, se presentía la muerte del universo y los invadía el terror. Así podemos entender sus sorprendentes avances en matemáticas y astronomía: debían conocer los ritmos del cielo para ofrecer sacrificios en el momento oportuno y evitar que la vida fuese aniquilada[23].

Y para que la vida continuara debían acabar con la de otros pueblos, lo que explica por qué esos pueblos recibieron a los conquistadores españoles y a los sacerdotes católicos como auténticos libertadores.

Aunque a regañadientes, el británico John Lynch tuvo que reconocer que el cristianismo «contenía una promesa de liberación que es posible considerar positiva: libertad de la prisión de los ciclos, libertad para aceptar el tiempo y el progreso, y libertad para vivir como individuos que contribuyen a la historia y el cambio»[24].

Así, pues, si en el Viejo Mundo el cristianismo había terminado con la angustia del ser, en el Nuevo Mundo terminó con la angustia del estar.

Las misiones: pieza fundamental de la evangelización

Los historiadores negrolegendarios Sergio Gruninski y Carlos Antoine, para desacreditar el proceso de evangelización de las masas indígenas, en su *Historia viva del pueblo cris-*

tiano afirman que dicho proceso fue fruto de la conquista, es decir, del uso de la fuerza y no de la persuasión[25]. En su opinión, la fe de los indios no era verdadera y pretenden no ver en Hispanoamérica más que una «cristianización autoritaria»[26] como forma de explotación bajo la férula de una hipotética y «terrible» Inquisición. Y no son los únicos —de hecho, son legión— que interpretan la evangelización de las masas indígenas como una «agresión cultural»[27]. Para ellos la religión católica —como la lengua española— es una mala hierba que solo actualmente han podido arrancar de raíz.

Resulta curioso que muchos de esos «opinólogos» negrolegendarios son, o dicen ser, católicos, e incluso los hay que son sacerdotes, cardenales u obispos. Lamentablemente, la falsa y errónea interpretación histórica que sostiene que la evangelización se hizo «sin respetar a los pueblos indígenas» es sostenida hoy por la máxima autoridad de la Iglesia católica: el papa Francisco[28]. Y es que, claro, todos esos clérigos aseguran que, después de arrancar la mala hierba —es decir, el catolicismo «autoritario»—, volverán a plantar la semilla de la fe de forma democrática. Esta es la lógica que imbuye hoy al progresismo católico eclesial, que en los últimos años ha llevado a pedir «perdón» a los mal llamados «pueblos originarios».

Evidentemente, este razonamiento parte de una premisa falsa. Como bien señaló el hispanista Jean Dumont[29]:

> Si hubo conquista, esta fue con la participación generalizada de los propios indios felices de derribar, aquí, la opresión azteca y, allí, la incaica. En México se alían con Cortés los pueblos más avanzados e importantes, que eran los cempoaltecas, después los tlaxcaltecas, más tarde buena parte de los texcucanos y los otomís [...]. Enseguida se le unen otros pueblos indios avanzados e importantes, como los tarascos de Michoacán, los zapotecas de Oaxaca [...]. Algo semejante

ocurrió en el Perú, donde Pizarro vio unírsele contra el usurpador Atahualpa a los aristócratas incas legitimistas y a la impaciente clase de sus esclavos. Y allá también pueblos enteros recientemente subyugados por el imperio de Cuzco se sumaron al conquistador: los chachapoyas, los cañarís, que permitieron a los españoles apoderarse de Quito, los huancas, que aniquilaron los esfuerzos del nuevo Inca, Manco II, para arrojar al mar a los invasores. En efecto, los huancas cierran a Manco el camino del norte y constituyeron, como destaca el especialista Enrique Favre, «la insuperable muralla a cuyo abrigo los españoles podían matarse entre sí con tranquilidad»[30].

A la misma mentira ya respondió el historiador Guillermo Céspedes del Castillo cuando afirmaba que «el más importante instrumento de la conquista fueron los mismos aborígenes. Los castellanos reclutaron con facilidad entre ellos guías, intérpretes, auxiliares para el transporte [...], leales consejeros y hasta muy eficaces aliados. Este fue, por ejemplo, el caso de los indios de Tlaxcala y de otras ciudades mexicanas, hartos hasta la saciedad de la brutal opresión de los aztecas»[31].

De modo que no, no fue a través de la fuerza como los indios se convirtieron al cristianismo, sino que la evangelización tuvo lugar gracias al ejemplo de vida de los misioneros. Que la fe de esos primeros indios conversos era sincera lo prueba el hecho de que estuvieron dispuestos al martirio. Y tengamos en cuenta que nadie da la vida por lo que no cree; nadie da la vida por una idea o un ideal que siente como impuesto; nadie se deja matar por una fe que no ha asumido voluntariamente.

El propósito evangelizador de la conquista de América fue establecido por Isabel I de Castilla (1451-1504) desde el segundo viaje de Colón y fue ratificado por la propia reina en su testamento, donde se explica que «nuestra principal intención fue la de procurar inducir y traer a los pueblos de ellas [las Indias] y convertirlos a nuestra santa fe católica, y enviar a las dichas islas y tierra firme prelados y religiosos, clérigos y otras personas doctas y temerosas de Dios para instruir a los vecinos y moradores de ella a la fe católica»[32]. En 1509, ya fallecida Isabel, la Corona volvió a reiterar su empeño misional en una Real Cédula en la que se afirmaba:

> Mi principal deseo siempre ha sido y es de estas cosas de Indias que los indios se conviertan a nuestra santa fe católica, para que sus ánimas no se pierdan [...]. Y debéis mandar que en cada población haya una persona eclesiástica cual convenga [...] y esta persona mandaréis hacer una casa cerca de la Iglesia, donde habéis de mandar se junten todos los niños de la población para que allí les enseñe esta dicha persona las cosas de nuestra santa fe[33].

Isabel estableció que la obra de España en América fuera una misión del reino de Castilla y del pueblo español, pero no podemos olvidar que fue el cardenal Francisco Jiménez de Cisneros quien, reconstruyendo moralmente la Iglesia, la preparó para esa heroica misión evangelizadora. Gracias a él, «el descubrimiento de América coincidió con una Iglesia española capaz de elegir a obispos honestos y religiosos honestos»[34]. La Iglesia reconstruida gracias a la infatigable acción de Cisneros «habla por boca de sus teólogos y obispos en Trento, fomenta el imperio del Derecho con Francisco de Vitoria y, sobre todo, es capaz de realizar la evangelización de América con sus congregaciones religiosas y su clero secular, con sus universidades, seminarios y colegios, con sus concilios provinciales, algunos anteriores a Trento»[35]. Se trata de una Iglesia conservadora de la fe, pero al mismo tiempo innovadora en las formas, como se aprecia en los nuevos métodos de evangelización que se utilizaron en América. En palabras del peruano Julián Heras, aquella era «una Iglesia intransigente, pero no puritana, una Iglesia barroca y, al mismo tiempo, pendiente de la religiosidad y de las misiones populares, una Iglesia muy unida al Estado pero sin ser su esclava y nunca en tensión doctrinal con el pontificado»[36].

Las misiones franciscanas en México

Hasta 1566, solo cuatro órdenes religiosas se encargaron de la evangelización de América: la de San Francisco, la de Santo Domingo, la de San Agustín y la de La Merced. Más tarde se incorporaron los jesuitas, que llevaron la doctrina del Evangelio al mundo guaraní, realizando una de las experiencias de evangelización más admiradas y criticadas de la historia de la Iglesia.

Los franciscanos llegaron a las Antillas en el año 1500 y formaron la primera provincia ultramarina de la orden, que tomó como nombre el de Santa Cruz de las Indias Occidentales. Sin embargo, su acción histórica más importante tuvo lugar en México, con la expedición llamada de los «Doce Apóstoles»: fray Martín de Valencia, Francisco de Soto Marne, Martín de Jesús, Juan Juárez, Antonius de Ciudad Rodrigo, Toribio de Benavente (Motolinía), García de Cisneros, Luis de Fuensalida, Juan de Ribas, fray Francisco Jiménez, y los hermanos legos Andrés de Córdoba y Juan de Palos. Los doce salieron del puerto de Sanlúcar de Barrameda

Los sacerdotes enseñaban al pueblo azteca que había una guerra permanente en el cielo. El Sol, al levantarse, expulsaba con sus rayos a la Luna y a las estrellas, y traía el día, pero al caer la tarde, moría y solo podía ser revivido si los aztecas, el pueblo del Sol, ofrecían a su dios sangre humana, la sustancia de la vida. Para ello sacrificaban cada año en la pirámide de Tenochtitlan a veinte mil prisioneros, pertenecientes a los pueblos que habían conquistado.

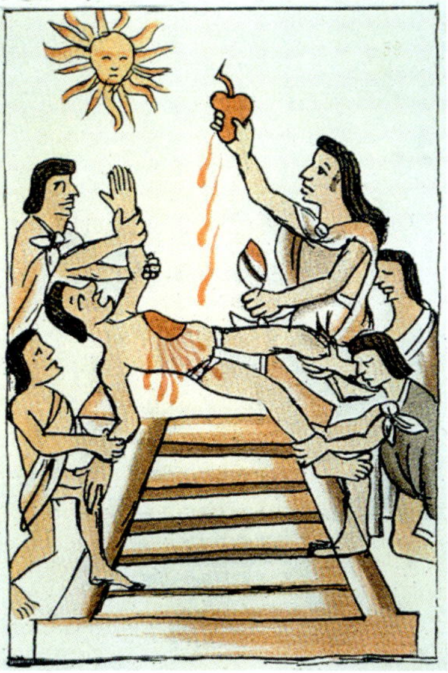

Juan Zorrilla de San Martín explica que el ritual de los sacrificios aztecas abarcaba todo el año litúrgico: «El primer mes del año comenzaba en el segundo día del mes de febrero. En este mes mataban muchos niños, sacrificándolos en muchos lugares en las cumbres de los montes, sacándoles los corazones a honra de los dioses del agua para que le diesen abundantes lluvias. A los niños que mataban componíanlos con muchos atavíos para llevarlos al sacrificio [...]. Cuando llevaban los niños a matar, lloraban y echaban lágrimas, mas alegrábanse los que los llevaban porque tomaban pronósticos que habían de tener muchas aguas en aquel año».

España nació de un acto de la voluntad de un pequeño grupo de hombres que decidieron ser libres y gritaron a los cuatro vientos: «¡Nosotros no aceptamos estar sometidos al imperialismo árabe y jamás nos convertiremos al islam!». No importa si ese grupo de hombres se enfrentó a un gran ejército o solo a un puñado de guerreros de Mahoma; lo que importa es que, si no hubieran decidido jugarse la vida en Covadonga, hoy España no existiría y sería como Argelia o Egipto: hablaría árabe, rezaría mirando a La Meca y de sus hermosas mujeres tan solo se verían los ojos.

José Carlos Mariátegui, el padre del marxismo peruano, dejó por escrito en *7 ensayos de interpretación de la realidad peruana* que «la conquista fue la última cruzada y con los conquistadores tramontó la grandeza española. Su carácter de cruzada define a la conquista como empresa esencialmente militar y religiosa. La realizaron en comandita soldados y misioneros [...]. El poder espiritual inspiraba y manejaba al poder temporal. El cruzado, el caballero, personificaba una época que concluía, el Medioevo católico».

Le dije al presidente Evo Morales: «Con todo el respeto, si en lugar de España hubiese venido Inglaterra a América del Sur, lo más probable es que usted no hubiese existido y tampoco habría llegado a presidente; estaría como están los apaches o los navajos: en una reserva». Al escucharme enmudeció.

El líder independentista portorriqueño Pedro Albizu Campos afirmó: «Aquel que no es orgulloso de su origen no valdrá nada nunca, porque empieza por despreciarse a sí mismo. Por eso nosotros veneramos el nombre de España, porque significa la ciencia del Derecho, las ciencias positivas, la ciencia de la moral y la tradición cristiana de nuestro pueblo».

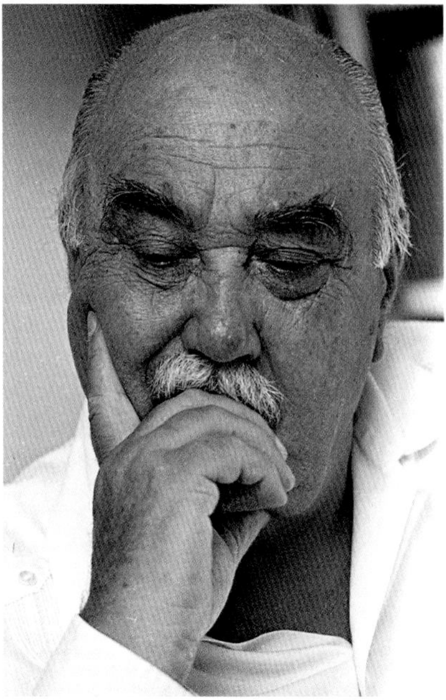

Según el sociólogo argentino Arturo Jauretche, «ahora me doy cuenta de que somos mucho más españoles de lo que creemos, pero mucho más. Y esto, que afligía a las antiguas generaciones económicamente anglófilas y culturalmente francesas, es ya motivo de nuestro orgullo contemporáneo».

«A España la movió el más puro y generoso idealismo; y su obra colonizadora es más noble que la de Holanda e Inglaterra, movidas en sus empresas por un afán de orden económico [...]. La conquista de América por España tiene algo de cruzada; fue la última cruzada». Rufino Blanco Fombona, historiador y ensayista venezolano.

José Vasconcelos, en su *Breve historia de México,* decía del presidente Plutarco Elías Calles (en la imagen) que «cuando fue jefe de la aldea de Agua Prieta, acostumbraba mandar colgar a los reos del orden común y a sus enemigos personales sin forma alguna de juicio [...] y ocupando el cargo de gobernador de Sonora había ametrallado obreros en Cananea y mandado asesinar al líder socialista Lázaro Gutiérrez de Lara».

Mi maestro Luis D'Aloisio (de espaldas) me dijo en una ocasión que a Elías Calles «tanto o más que las masas indígenas fuesen católicas le molestaba que fuesen hispanistas, porque eso hacía caer toda la historia falsificada de México sobre la que se fundamentaba ideológicamente el poder de los que se habían adueñado del Gobierno después del golpe de Estado contra Agustín de Iturbide».

¡Cuánta razón tenía!

El historiador mexicano Carlos Pereyra sintetizó con brillantez el verdadero rostro de la Revolución mexicana: «Aquel Gobierno de enriquecidos epicúreos empezó a cultivar simultáneamente dos amores: el de Moscú y el de Washington [...]. La colonia era de dos metrópolis. O, más bien, había una sucursal y un protectorado. Despersonalización por partida doble, pero útil, porque imitando al ruso en la política antirreligiosa, se complacía al anglosajón».

En 1929, una vez que los cristeros aceptaron rendirse y deponer las armas, comenzó su viacrucis. El ejército federal dio inicio a una cacería de los líderes cristeros y de sus seguidores, cinco mil en total, entre 1929 y 1935.

El 10 de febrero de 1928, el Gobierno mexicano secuestró, torturó y asesinó a José Sánchez del Río, de quince años de edad. Un claro ejemplo de la crueldad y el salvajismo con los que actuaba el ejército mexicano contra los cristeros.

Esta fotografía de la impresionante biblioteca de Puebla (México), construida durante el período hispánico, muestra la fuerza de la cultura española en Hispanoamérica. Es asombroso que haya podido existir una biblioteca así.
Por cortesía de José Luis López-Linares.

Ruinas de la misión jesuítica de San Ignacio Miní (Misiones, Argentina). Fue fundada en 1610 por los padres jesuitas José Cataldino y Simón Masseta.

La misión de Santa María la Mayor (Misiones, Argentina) fue fundada en 1626 y llegó a albergar a cerca de mil habitantes. Al igual que la de San Ignacio Miní, es Patrimonio de la Humanidad por la Unesco.

La misión jesuítica de Santísima Trinidad del Paraná se estableció en junio de 1706. Aparte de ser la mejor conservada de Paraguay es también Patrimonio de la Humanidad por la Unesco.

Mapa de Tenochtitlan procedente de *Praeclara Ferdinādi Cortesii De noua maris oceani Hyspania narratio* (1524), obra de Hernán Cortés.

TEMIXTITAN
Templum ubi sacrificant,
Platea,
Capita sacrificatoru

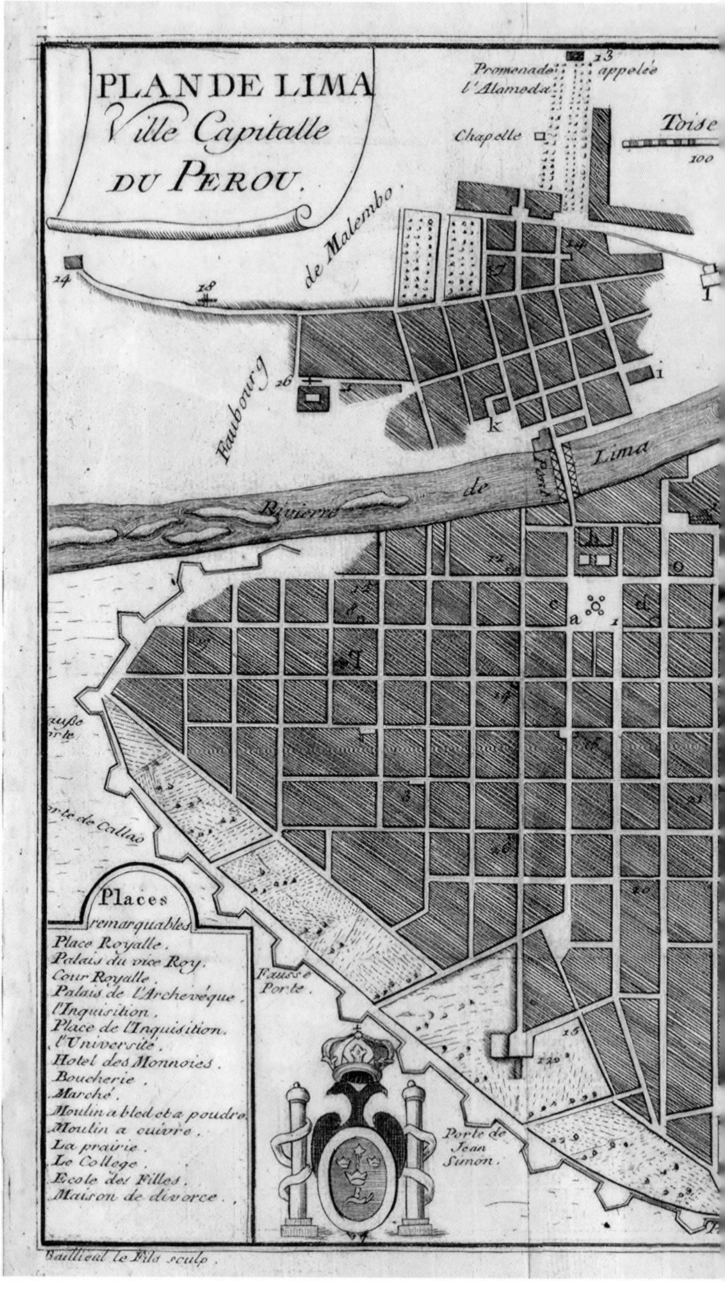

Plano de la ciudad de Lima (1750) a cargo del ingeniero Julián Frezier.

Planche IV.

Chapelle S.t Christophe
300
400
500
Porte S.te Claire
Fausse Porte
Porte de Cercado
les Bethlemites
Porte de Pisco
Porte des.te Catherine
m
n
h
19
23
Monasteres
12. les Jacobins.
13. les Cordeliers.
14. les Augustins.
15. la Mercy.
16. les Jesuites.
17. les Benedictins.
18. les Minimes.
19. les Carmes.
Religieuses
20. Augustines.
21 Bernardines.
22 Franciscaines
23 Dominiquaines
24 Carmelites.
25 Religieuses de la Trinité.
26 Capucines.
Eglises
1. la Cathedralle
2. S.t Sebastien.
3. S.t Marcel.
4. S.te Anne.
5. le Cercado.
6. S.t Sauveur.
7. S.t Lazare.
Hopiteaux
POUR.
8. les Mareins.
9. les Pretres.
10. les Noirs.
11. les Incurables.

Fray Junípero Serra es un buen ejemplo de la perversidad de los historiadores y «opinólogos» negrolegendarios, que se han ensañado contra el fraile mallorquín llenándolo de insultos, mancillando su memoria y derribando sus estatuas. Y, sin embargo, él fue amado y venerado por los indios de California, además de ser admirado por la inmensa mayoría de los californianos norteamericanos, que lo consideraban el «fundador» real de California antes de que se desatará esta nueva ola negrolegendaria en Estados Unidos.

el 25 de enero de 1524 y llegaron a Veracruz —la puerta de México— el 13 de mayo de 1524. Antes de partir habían jurado que jamás renunciarían a la pobreza franciscana, por lo que iban descalzos y sin abrigos. ¡Qué gran contraste con el lujo que Bartolomé de las Casas exigía que le trajeran de España!

Hernán Cortés, en cuanto supo que los Doce Apóstoles se encontraban en Veracruz, ordenó que se barriesen los caminos y que los franciscanos fueran recibidos con velas encendidas situadas en los lados de las calzadas por las que transitaran.

Los indios, que habían sido prevenidos de la importancia de los religiosos cristianos que estaban por llegar, no podían creer que aquellos «Doce» los saludaran, que tuvieran un rostro alegre, que lucieran como harapientos y que caminaran descalzos y portando cruces de madera. El contraste con los sacerdotes del dios Sol no podía ser mayor. *«Motolinía, motolinía»* («son pobres, son pobres»), repetían una y otra vez, ante lo cual, fray Toribio, que fue el primero que preguntó por el significado de la palabra, decidió adoptarla para sí mismo.

Cuando estaban a las puertas de Ciudad de México, Hernán Cortés, que era un cristiano sincero, se apresuró a recibirlos, desmontó como un rayo de su caballo, se arrodilló y besó sus pies descalzos. Era el 17 de junio de 1524. Los «Doce» pasaron su primera noche en la antigua capital azteca releyendo las instrucciones dadas por el padre Francisco de Quiñones:

> Porque en esta tierra de la Nueva España, siendo por el demonio y carne vendimiada, Cristo no goza de las almas que con su sangre compró, me pareció que, pues a Cristo allí no le faltaban injurias, no era razón que a mí me faltase sen-

> timiento de ellas. Y sintiendo esto, y siguiendo las pisadas de nuestro padre San Francisco, acordé enviaros a aquellas partes, mandando en virtud de santa obediencia que aceptéis este trabajoso peregrinaje. [Los apóstoles] anduvieron por el mundo predicando la fe con mucha pobreza y trabajos, levantando la bandera de la Cruz en partes extrañas, en cuya demanda perdieron la vida con mucha alegría por amor de Dios y del prójimo, sabiendo que en estos dos mandamientos se encierra toda la ley y los profetas. Les pide que, en situación tan nueva y difícil, no se compliquen con nimiedades. Vuestro cuidado no ha de ser guardar ceremonias ni ordenaciones, sino en la guarda del Evangelio y Regla que prometisteis [...]. Pues vais a plantar el Evangelio en los corazones de aquellos infieles, mirad que vuestra vida y conversación no se aparten de él[37].

A la mañana siguiente salieron dispuestos a predicar que el dios Sol —que demandaba sangre humana para alimentarse— no podía ser el verdadero Dios, porque, siendo los hombres hijos de Dios, este debía comportarse como un padre.

El primer problema con el que se toparon fue de orden lingüístico, ya que no conocían ni una sola palabra de la lengua de los indios, de modo que se pusieron manos a la obra y aprendieron «las lenguas indígenas con tanta rapidez como trabajo, [de manera que] se fue potenciando la acción evangelizadora»[38]. Como los franciscanos no tenían cómo comprar alimentos, «a la hora de comer iban los frailes al mercado a pedir por amor a Dios algo de comer, y eso comían. Tampoco quisieron beber vino, que venía entonces de España y era caro. Ropa apenas tenían otra que la que llevaban puesta, y como no encontraban allí sayal ni lana para remendar la que trajeron de España, que se iba cayendo a pedazos, acudieron al expediente de pedir a las indias que les deshiciesen los hábitos viejos, cardasen e hilasen la lana, y tejieran otros nuevos, que tiñeron de azul por ser el tinte más común que había entre los indios»[39].

Todas estas formas de actuar asombraron a los indios y los predispusieron a escuchar lo que los frailes venían a decirles.

Las misiones en California: fray Junípero Serra

Fray Junípero Serra es un buen ejemplo tanto del comportamiento de los misioneros católicos en América como de la perversidad de los historiadores y «opinólogos» negrolegendarios, los mismos que se han ensañado contra el fraile mallorquín llenándolo de insultos, mancillando su memoria y derribando sus estatuas. Fue con fray Junípero con quien se complementó la cristianización de los indios del virreinato de Nueva España, sobre todo la de los indios de California, donde no se establecieron asentamientos hasta mediados del siglo XVII. Recordemos que fue también en esa época cuando los exploradores rusos y británicos comenzaron a invadir los márgenes de esa región.

El caso es que durante doscientos años la Alta California pareció estar dejada de la mano de Dios, situación que cambió drásticamente cuando fray Junípero fundó, en 1769, San Diego de Alcalá, en lo que actualmente es San Diego, la primera misión franciscana de las nueve que levantó en la zona. Con el apoyo de una pequeña fuerza militar, el franciscano estableció misiones en San Carlos de Monterrey y en la bahía de San Francisco, dando a California un modelo de poblamiento y evangelización peculiares.

El franciscano había llegado a México años antes, pero no fue hasta 1767 —fecha en la que el rey de España, Carlos III, expulsó a los jesuitas que atendían a la población indígena y europea de California— cuando emprendió su nueva misión. Dieciséis misioneros de la orden de los franciscanos tomaron el relevo de los jesuitas y se instalaron en la región, en concreto en la misión de Nuestra Señora de Loreto (considerada la «madre de las misiones» de California). Pronto, fray Junípero supo que más al norte habitaban numerosas tribus paganas, así que decidió ir hacia allá para llevar el Evangelio a los indígenas.

Aquellas tribus se encontraban en un estado de vida muy primitivo. No conocían la agricultura y su alimentación era altamente deficiente, pues se limitaba a la ingesta de frutas y raíces silvestres, a los pocos animales que ocasionalmente capturaban y a algo de pesca. No acostumbraban a usar vestimenta y, para protegerse del frío, cubrían sus cuerpos con pieles de venado, plumas y capas de piel de nutria y barro. El método usado por fray Junípero consistía en levantar una capilla, unas cabañas para residencia de los frailes y un pequeño fuerte que los protegía contra posibles ataques. Los indígenas que se aproximaban, guiados por la curiosidad —se calcula que unos trescientos mil—, eran invitados a instalarse en las proximidades de la misión, donde los frailes, al tiempo que los catequizaban, les enseñaban a cultivar la tierra y a criar el ganado, las artes de la construcción de viviendas y otros oficios útiles, como la carpintería, la herrería y la confección de prendas para cubrir sus cuerpos.

Fray Junípero Serra llegó junto al primer gobernador de la Alta California, Javier de Portolá. Poco después, el gobernador Portolá fue sustituido por Pedro Fages, quien, a ojos

Misiones establecidas en la Alta California (1769-1823)

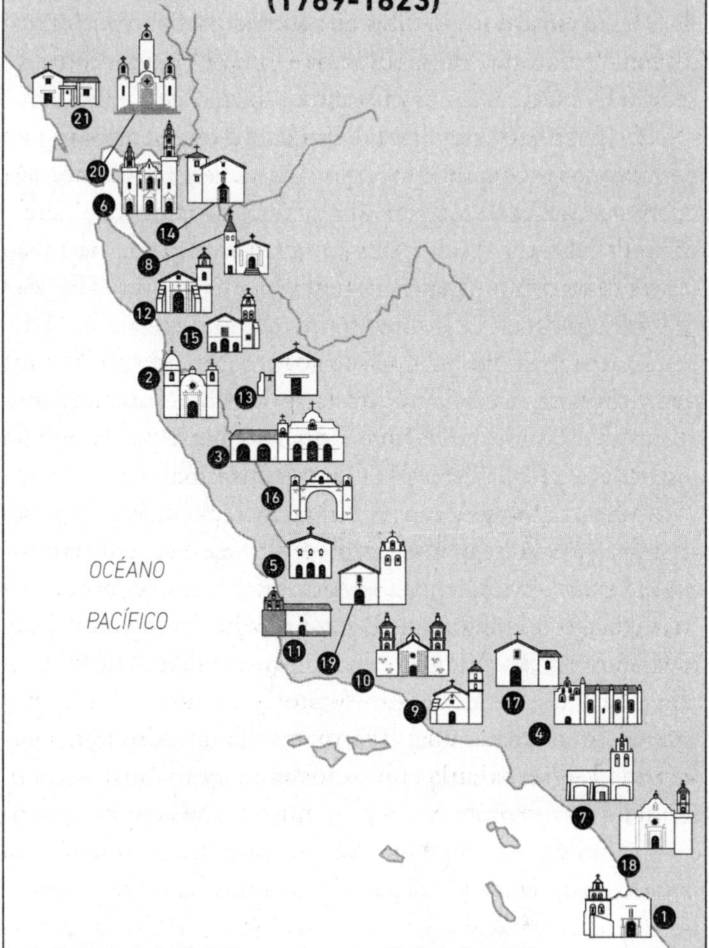

1. San Diego de Alcalá, 1769
2. San Carlos Borromeo de Carmelo, 1770
3. San Antonio de Padua, 1771
4. San Gabriel Arcángel, 1771
5. San Luis Obispo de Tolosa, 1772
6. San Francisco de Asís, 1776
7. San Juan Capistrano, 1776
8. Santa Clara de Asís, 1777
9. San Buenaventura, 1782
10. Santa Bárbara, 1786
11. La Purísima Concepción, 1787
12. Santa Cruz, 1791
13. Nuestra Señora de la Soledad, 1791
14. San José, 1797
15. San Juan Bautista, 1797
16. San Miguel Arcángel, 1797
17. San Fernando Rey de España, 1797
18. San Luis Rey de Francia, 1798
19. Santa Inés, 1804
20. San Rafael Arcángel, 1817
21. San Francisco Solano, 1823

de fray Junípero, se mostró excesivamente severo con los indígenas. El fraile decidió intervenir e ir en persona y a pie —caminó unos dos mil quinientos kilómetros— hasta Ciudad de México para entrevistarse con el virrey Antonio María de Bucareli. En 1773 llegó al Colegio de San Fernando, donde redactó un informe titulado «Representación sobre la conquista temporal y espiritual de la Alta California», texto que, en realidad, era una verdadera «Carta de derechos» de los indios. Regresó a San Diego en marzo de 1774, donde continuó su labor evangelizadora. Diez años después, el 28 de agosto de 1784, fray Junípero murió en la misión de San Carlos Borromeo del Carmelo, situada en la actual ciudad norteamericana de Carmel by the Sea, rodeado del afecto de los indios a los que convirtió a la fe católica. Sus restos descansan en la basílica de dicha misión.

Quien critica por genocida y racista a fray Junípero desconoce —u oculta deliberadamente— que la conversión al catolicismo y la implantación de la civilización eran la mejor forma —o la única— de garantizar la supervivencia de los indios ante los hombres ambiciosos y sin escrúpulos que, con la excusa del salvajismo, pretendían exterminar a los nativos que vivían en aquellas tierras tan deseadas. Para refutar a los críticos indigenistas y negrolegendarios —todos munidos de un profundo progresismo anticatólico—, basta citar el testimonio de Robert Louis Stevenson, autor de la famosísima *La isla del tesoro,* de origen escocés y fe calvinista, quien, al visitar la iglesia del Carmel cien años después de la muerte de Junípero, relató con azoro la devoción que mostraban los escasos indios que habían logrado sobrevivir a las matanzas de mexicanos republicanos y norteamericanos.

Si los monstruosos hechos que hoy se atribuyen a fray Junípero tuvieran algo de verdad, aquellos indios no solo habrían repudiado al fraile, sino que habrían aborrecido de la fe católica. Stevenson, cautivado por el canto gregoriano que entonaba un coro de indios, se expresó en los siguientes términos en una carta dirigida a su amigo Crevole Bronson:

> Escuché a los viejos indios cantar la misa [...]. Fue una experiencia nueva, y una audición que bien valió la pena [...]. Era como una voz del pasado. Cantaron por tradición, según las enseñanzas de los primeros misioneros [...]. Estoy seguro de que el padre Ángel Casanova será el primero en perdonarme y comprenderme si digo que aquel viejo canto gregoriano predicaba un sermón más elocuente que el suyo. Paz y bien sobre la Tierra y a todos los hombres, parecían decirme sus notas. Y a mí, un bárbaro que por todas partes oye pestes sobre la raza india, escuchar a los indios carmelitas cantar sus palabras latinas con tan buena pronunciación, y sus cánticos con tanta familiaridad y fervor, me sugirieron nuevas y agradables reflexiones[40].

En otra carta, Stevenson comparaba la civilización católica con la civilización anglosajona y protestante, poniendo el énfasis en el impacto que a un anglosajón puritano le producía la devoción por el canto gregoriano y la liturgia que mostraban los indios:

> Llevan el canto gregoriano en la punta de los dedos, y pronuncian el latín con tanta corrección que podía entenderles mientras cantaban [...]. Nunca había visto caras con tanta alegría vital como las de aquellos indios cantores. Para ellos aquello no era solo un acto de culto a Dios, ni un momento en el que recordaban y conmemoraban días mejores, era además un ejercicio de cultura en el que todo cuanto sabían de las artes y las letras quedaban unificado y expresado.

E invitaban al corazón de un hombre a disculparse por los buenos padres de antaño que les enseñaron a arar y a cosechar, a leer y a cantar, que les trajeron los misales europeos que todavía conservan y estudian en sus hogares, y que ahora han perdido su autoridad en beneficio de ladrones y pistoleros sacrílegos. Así de espantoso aparece nuestro protestantismo anglosajón al lado de las obras de la Compañía de Jesús[41].

Stevenson se equivocó en el nombre de la orden que misionó en el Carmel y confundió a franciscanos con jesuitas, aunque lo que importa aquí es la idea que se desprende de sus palabras, que no es otra que la de que aquellos indios, gracias a fray Junípero Serra, vivían la *alegría del estar.* ¡Qué lejos y cuán torpes se ven las críticas de quienes hoy acusan al fraile franciscano de toda suerte de iniquidades!

La política de extermino de indígenas llevada a cabo tras la independencia

En 1821, California se convirtió en una de las tres provincias —junto a Texas y Nuevo México— que México poseía al norte del río Grande en el momento en el que el país obtuvo su independencia. El Gobierno mexicano, profundamente anticatólico y laicizador, acabó pronto con el sistema de las misiones y muchos de los asentamientos fueron abandonados, lo que provocó que la sociedad de los indios californios se quebrara en mil pedazos. Aun así, la Iglesia católica perduró en la región e hizo frente como pudo al despojo de las misiones y a los codiciosos administradores que la secularización trajo consigo. Tan solo mencionaremos un dato de enorme relevancia: en 1823 —dos años después de que se declarara la independencia de México—, la población de nativos en San Carlos Borromeo era de tan solo trescientas ochenta y una personas.

La independencia supuso que las tierras de las misiones fueran divididas en pequeñas parcelas y vendidas a particulares, de modo que los indios que antes las trabajaban bajo la protección de los franciscanos no tuvieron más remedio que dispersarse y huir —muchos fueron asesinados a manos de los nuevos propietarios mexicanos—, a lo que posteriormente se sumó la devastación que produjo la guerra entre México y Estados Unidos (1846-1848). En efecto, cuando el enfrentamiento bélico finalizó, se desató la llamada «fiebre del oro» de California (1848-1855), que atrajo a la región a más de trescientos mil inmigrantes —ávidos de riquezas— desde todas las ciudades de Estados Unidos, y otras partes del mundo, en busca del preciado metal. Las consecuencias del fenómeno fueron notorias sobre todo para la población nativa: desde 1848 California perdió el 80% de su población aborigen, y una gran parte fue víctima de enfermedades, hambrunas y ataques genocidas. Antes de 1845, la población nativa rondaba los ciento cincuenta mil habitantes, mientras que en 1870 apenas llegaba a los treinta mil. Las cifras no admiten discusión. Incluso el actual gobernador de California, Gavin Newsom, en unas declaraciones realizadas en 2019, reconoció que existió un genocidio de nativos a manos del Estado norteamericano y de los centenares de miles de inmigrantes que llegaron durante la «fiebre del oro».

Lo cierto es que, durante décadas, fray Junípero fue venerado por la inmensa mayoría de los californianos norteamericanos, que lo consideraban el «fundador» real de California. La Universidad de Stanford, situada a cincuenta y seis kilómetros al sur de San Francisco, lo honró poniéndole su nombre a dos de sus edificios principales y a una de sus calles peatonales más importantes. Se erigieron innumerables monumentos y escuelas en su nombre, y fue el personaje elegido por el estado californiano para representarlo en el *hall* del Capitolio.

La leyenda negra en California: la principal herramienta del imperialismo cultural anglosajón

Fue a partir de la canonización de fray Junípero en 2015 cuando comenzaron a levantarse las voces de los indigenistas —descendientes, supuestamente, de los pueblos originarios— y de numerosos profesores universitarios norteamericanos protestantes interesados en desprestigiar la obra evangelizadora del santo y sus frailes, a quienes acusaban de ser maltratadores, agresivos con el medio ambiente e incluso genocidas.

Pero, como acabamos de ver, nada de eso es cierto y las cifras hablan por sí solas. Recordemos: de ciento cincuenta mil nativos antes de 1845 se pasó a solo treinta mil en 1870; es decir, la población se vio diezmada no en época del franciscano, sino en los tiempos de la «fiebre del oro».

La construcción negrolegendaria en California está directamente relacionada con el temor a la toma de conciencia por parte de los hispanos —cada vez más numerosos—, una toma de conciencia que podría volverse contra el dominio norteamericano. En efecto, si los mexicanos y centroamericanos que pueblan la región la reivindicaran como propia y denunciaran que los anglosajones sedientos de oro se la arrebataron, se convertirían en un verdadero peligro para el poder dominante. Para evitar esa amenaza es por lo que se predica el falso indigenismo negrolegendario en los principales centros de enseñanza del país, un movimiento que tan solo pretende comprar voluntades por medio de la mentira y la tergiversación histórica contra la labor hispánica de construcción de una civilización católica.

Tan burdas son esas mentiras que solo pueden ser creídas si desde la más tierna infancia se teje una telaraña mental sobre los inmigrantes reales y potenciales, pues de lo contrario caerían por su propio peso. Por ello, para mantener el *statu quo,* es necesario preparar a una élite intelectual y crear una red de difusión del antihispanismo que oculte la verdad, algo que solo se consigue comprando las voluntades de quienes tienen el deber de investigar y propagar la verdad. Así es como se ha extendido la leyenda negra en California —donde nunca antes el antihispanismo había tenido presencia— y como fray Junípero Serra, por su papel clave en la fundación de la Alta California, se convirtió en el personaje perfecto para descargar la ira de aquellos que solo buscan mantener su privilegiado *statu quo.*

Como consecuencia del furibundo ataque realizado por los «investigadores» negrolegendarios, la figura de fray Junípero Serra se ha puesto en entredicho, y no solo como fundador de California, sino incluso como hombre de bien. En la Universidad de Stanford y en muchas ciudades de California, las estatuas erigidas en honor del franciscano han sido derribadas en aras de redimir un supuesto maltrato a los indígenas. Como ha quedado más que demostrado, la crítica no viene de los propios indios, sino del *establishment* político e intelectual —en Estados Unidos e Hispanoamérica—, que ha decidido arrogarse la representación de la población aborigen.

Como destaca el historiador Pablo Yurman:

> De todas las órdenes religiosas llegadas a las Indias en el proceso de evangelización iniciado con el descubrimiento, serán los sacerdotes de la Compañía de Jesús, los jesuitas, quienes protagonizarán el proceso de inculturación más exitoso de que se tenga noticia, en sus famosas reducciones sobre un amplio territorio que hoy se distribuye en Paraguay, Brasil, fundamentalmente al este de los estados de Río Grande do Sul, Santa Catarina y Paraná, y Argentina. Con un plus: esos territorios selváticos carecían de riquezas minerales conocidas y tornaban difícil la agricultura a escala, a excepción de la yerba mate. Por tanto, no era un afán lucrativo lo que guiaba a los jesuitas del lugar. El grado de desarrollo alcanzado en las reducciones, en las que miles de guaraníes convivieron durante siglos con pocos o a lo sumo pocas decenas de sacerdotes europeos, es algo que aún produce admiración[42].

Con el nombre de reducciones se denomina a las treinta misiones establecidas por la Compañía de Jesús a partir del siglo XVII en los territorios fronterizos de Argentina, Paraguay, Brasil y Uruguay: quince en Misiones y Corrientes (Argentina), ocho en Paraguay y siete en Misiones Orientales (al suroeste de Brasil). La primera misión guaraní se fundó en 1609, en territorio del actual Paraguay, con el nombre de San Ignacio Guazú. Su organización interna era muy similar a la adoptada por los franciscanos: alrededor de una plaza se disponía la iglesia, la residencia de los padres y las viviendas de los indios. En todas ellas existía una escuela de primaria donde los indios aprendían a hablar, leer y escribir en castellano, si bien todos los jesuitas hablaban guaraní.

1. San Ignacio Guazú, 1609
2. Nuestra Señora de Loreto, 1610
3. San Ignacio Miní, 1611
4. Nuestra Señora de la Encarnación de Itapúa, 1615
5. Nuestra Señora de la Inmaculada Concepción del Ibitiracuá, 1619
6. Corpus Christi, 1622
7. San Nicolás, 1626
8. Santa María la Mayor, 1626
9. Nuestra Señora de la Candelaria, 1627
10. Yapeyú, 1627
11. San Francisco Javier, 1629
12. Nuestra Señora de la Asunción de Acaraguá y Mbororé (La Cruz), 1630
13. San Carlos Borromeo, 1631
14. Santo Tomé, 1632
15. San Miguel de las Misiones, 1632
16. Santos Apóstoles San Pedro y San Pablo, 1632
17. San Cosme y Damián, 1632
18. Nuestra Señora de Santa Ana, 1633
19. San José de Itacuá, 1633
20. Santos Mártires del Japón, 1639
21. Santa María de Fe, 1647
22. Santiago Apóstol, 1669
23. San Francisco de Borja, 1682
24. Jesús del Tavarangüé, 1685
25. San Luis Gonzaga, 1687
26. San Lorenzo Mártir, 1690
27. San Juan Bautista, 1697
28. Santa Rosa de Lima, 1698
29. Santo Ángel Guardián de las Misiones, 1706
30. Santísima Trinidad del Paraná, 1706

Cada misión era autónoma económicamente, con una actividad basada en la agricultura y la ganadería, aunque también se trabajaba en distintos oficios que llevaban a una especialización de cada misión: trabajo en hierro, en madera, fabricación de tejidos, etc.

Además de la función evangelizadora, las misiones jesuíticas actuaron como pieza de bloqueo de las pretensiones de expansión de Portugal en las zonas que ocupaban y de las actuaciones de los bandeirantes esclavistas, que literalmente cazaban a los guaraníes para venderlos en los mercados brasileños y esclavizarlos en las minas. «Quizá como síntoma de la pérdida de nuestra memoria colectiva, palabras como *bandeira* o *bandeirantes* resultan casi por completo desconocidas para buena parte de nuestros lectores. Por la primera designaban los portugueses que ocuparon, allá por el siglo XVI, lo que hoy es la ciudad de San Pablo, Brasil, a las expediciones organizadas para cazar indios guaraníes para luego venderlos como esclavos... Las bandeiras eran comandadas, e integradas, por portugueses, pero con el paso del tiempo, también lo serían con mamelucos, término con el que suele denominarse al tipo criollo producto del mestizaje entre portugueses e indios»[43].

Para comprender la devastación que causaron las bandeiras importa precisar, como destaca el historiador brasileño Luiz Alberto Moniz Bandeira, que alrededor de 1638 los «bandeirantes ya habían masacrado a todas las poblaciones que existían a lo largo de trescientas cincuenta leguas del Planalto de Piratininga y que, durante aquel año, las invasiones se sucedían en un vértigo aterrador [...], oleadas bandeirantes arrasaban las tierras del sur [...]. El Paraguay, cuya jurisdicción se extendía sobre los actuales estados brasileños de Paraná, Santa Catarina, Río Grande del Sur y Mato

Grosso del Sur, antigua provincia de Itatim, sufrió todas las consecuencias de la acción predatoria de los bandeirantes. Por donde pasaban los luso-brasileños, los mamelucos no dejaron más que ruinas, algunas de ellas identificadas cien años después. Y de los trescientos mil nativos capturados en las misiones para su esclavización, no llegaron a San Pablo más de veinte mil, dado que los demás perecieron en el transcurso de las trescientas a cuatrocientas leguas que precisaban caminar, encadenados, sujetos por el pescuezo, transportando maderas y otras cargas silvestres»[44].

Para rechazar estas incursiones, los jesuitas optaron por militarizarse y fortificar las misiones, además de dotarse de armas de fuego y poner en práctica tácticas militares muy avanzadas. Los guaraníes integraban las milicias que defendían el territorio y también su condición de hombres libres que les proporcionaba pertenecer a la Corona española:

> El 11 de marzo de 1641 tuvo lugar la célebre batalla de Mbororé, en el cerro cercano al actual municipio de Panambí, Provincia de Misiones, sobre el río Uruguay. De un lado, miles de indios guaraníes liderados por los padres jesuitas. Eran sus caudillos el cacique Nicolás Ñeenguirú y los curas Mola y Romero. Estaban hartos de las bandeiras que mataban y torturaban a sus pueblos, profanaban sus espléndidos templos barrocos y desmantelaban sus incipientes industrias basadas en la yerba, el tabaco y la madera. Del otro, la bandeira al mando de Jerónimo Pedroso de Barros e integrada por cuatrocientos mamelucos y dos mil indios tupíes. La suerte de las armas favoreció a los defensores de un modelo de integración social, religiosa y económica en el que no tenía cabida la esclavitud de nadie, porque sin dejar de ser una sociedad jerárquica, era más parecida a una familia, en la cual podría haber jerarquías, pero jamás parias.

Distribución de una misión jesuítica

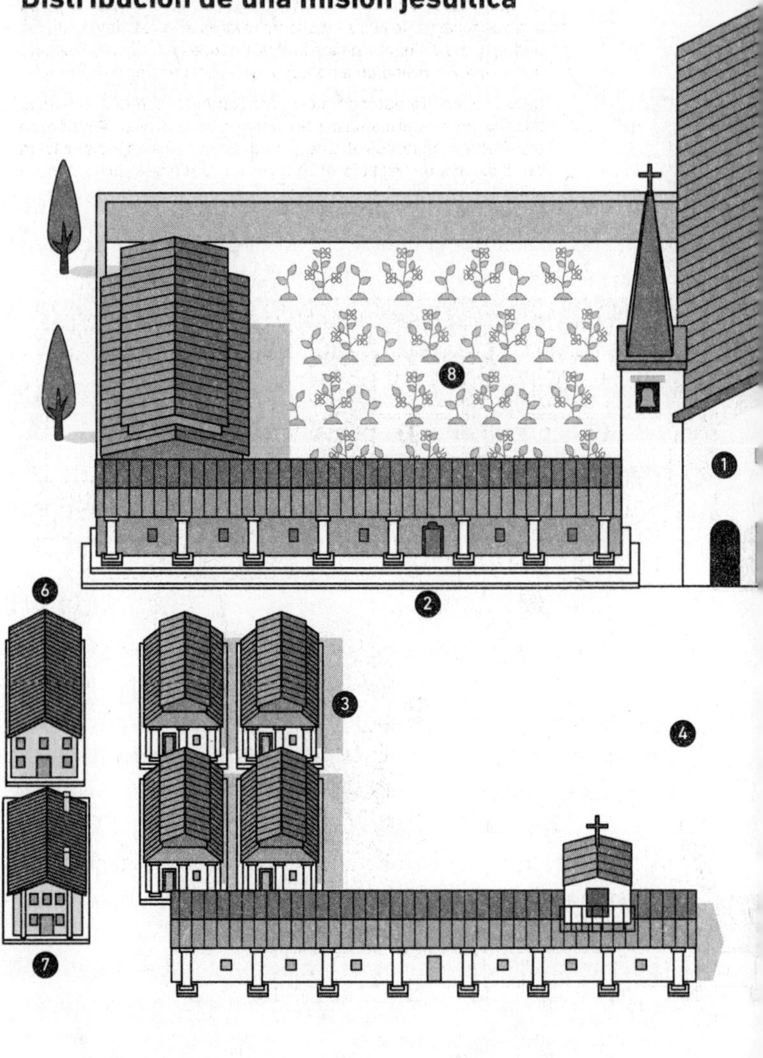

1. Iglesia
2. Viviendas de los padres jesuitas
3. Viviendas de los indígenas
4. Plaza central
5. Cementerio
6. Escuela para los indígenas

En general, la vida en una misión giraba en torno a la plaza central. A partir de ella se disponía la iglesia, la residencia de los padres y las viviendas de los indios. En todas existía una escuela donde estos aprendían a hablar, leer y escribir en castellano.

Cada misión era autónoma económicamente, con una actividad basada en la agricultura y la ganadería, aunque también se trabajaba en distintos oficios que llevaban a una especialización de cada misión: trabajo en hierro, en madera, fabricación de tejidos, etc.

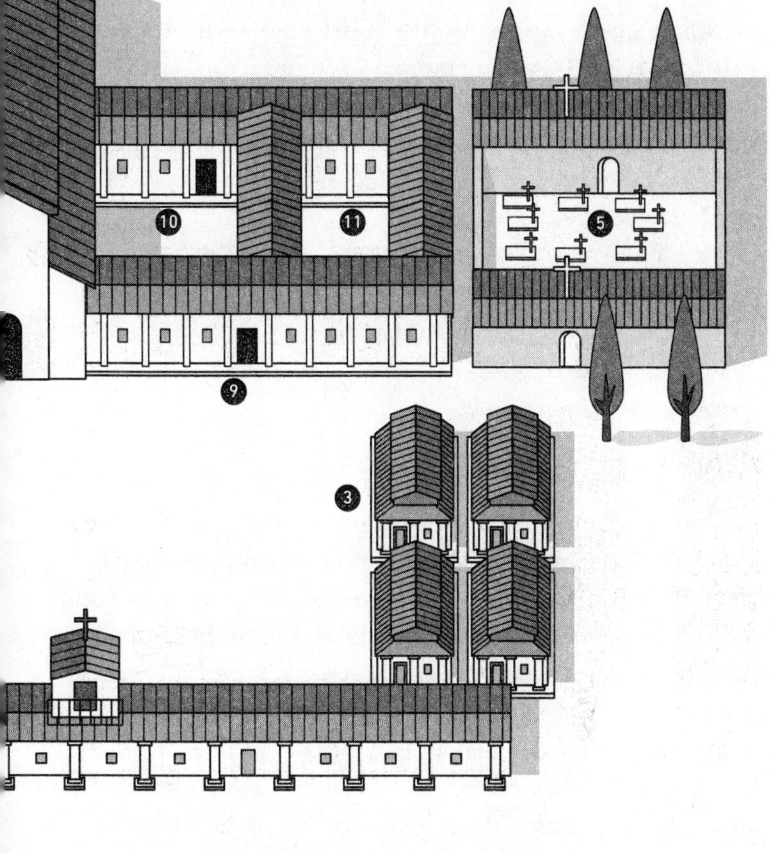

7. Comedor para los indígenas

8. Huerto

9. Comedor para los padres jesuitas

10. Cocina de los padres jesuitas

11. Talleres y edificios administrativos

La victoria de Mbororé aseguró la pacificación de un amplio territorio español pero gobernado en los hechos por los criollos, hasta la expulsión de los padres ignacianos, por causas políticas, un siglo después[45].

En 1767, Carlos III suprimió la Compañía de Jesús en todos los territorios de la Corona, incluida América, y las misiones quedaron en manos seculares que no lograron mantenerlas. Posteriormente, en 1776 se creó el virreinato del Río de la Plata, desgajado del de Perú, pero fue imposible reactivar la vida de los pueblos, entre otras cosas porque los guaraníes emigraron a otros lugares.

El papel de la música y el teatro en la misión evangelizadora

El milagro de la música

Como dijimos en el capítulo anterior, la música religiosa llevada a América por los misioneros católicos fascinó a los indios desde el primer momento y desempeñó un papel clave —casi milagroso— en el proceso de evangelización. La música parecía penetrar en el alma de los indios, que domingo tras domingo, semana tras semana y mes tras mes se iban convenciendo de que esa nueva fe era la verdadera fe y que ese nuevo Dios debía de ser el verdadero Dios.

Pero ¿cómo aconteció ese milagro? Las capillas de las aldeas, las modestas iglesias de las ciudades pobres y las catedrales de las importantes eran entonces verdaderos centros de enseñanza y cultura, y las misas de los domingos y días festivos eran muy distintas de las actuales, ya que la música ocupaba un lugar esencial a la hora de crear un estado de comunión con Dios.

Como ya vimos, la primitiva música que los indios escuchaban hasta la llegada de los misioneros católicos era, como todo su arte, una expresión del terror que les inspiraban sus sanguinarios dioses. Se trataba de una música que los angustiaba y los entristecía, mientras que las nuevas melodías que ahora escuchaban les tranquilizaban y les alegraban el alma: era la música de un Dios que no necesitaba la sangre de los hombres, puesto que Él había dado su sangre por los hombres. Es decir, se trataba de un Dios bueno que no exigía sacrificios y que fomentaba el amor de los unos a los otros. Sin necesidad de hablar entre ellos, los indios, ante esta nueva fe, pidieron a los sacerdotes que los bautizaran. No hacía falta la amenaza del infierno, porque ya habían vivido en él; por el contrario, se dieron cuenta de que podían salir del infierno si adoptaban esa *nueva forma de estar* en el mundo que predicaba el cristianismo.

El milagro del teatro

Algo similar aconteció con las representaciones teatrales, que permitió que los indios captaran el mensaje evangélico y comprendieran los misterios de la nueva fe. Por medio del teatro, los sacerdotes enseñaron a los indígenas las Sagradas Escrituras y la tradición de la Iglesia, una manera mucho más amena y eficaz que la simple lectura de los textos bíblicos. Fue así como aprendieron que la Biblia siempre dice la verdad, aunque no toda la verdad está en la Biblia, proposición que distingue al catolicismo del protestantismo y que los sacerdotes estaban interesados en que los indios comprendiesen.

Los misioneros compusieron numerosas piezas teatrales sobre el nacimiento de Jesús, sobre la visita de los Reyes Magos al Portal de Belén, sobre la Anunciación del arcángel san Gabriel a la Virgen María... Pero, además, escribieron obras en las que el personaje central era el apóstol Santiago —evangelizador de España—, representado como un caballero en lucha constante contra los moros.

El teatro se aunó con la música y florecieron las procesiones y las fiestas patronales, que surgieron al dar nombre cristiano a los poblados y que se caracterizaban por la generosidad, la bondad y la alegría que definían a ese nuevo Dios que había puesto fin a la *angustia del estar.*

Los nuevos mártires

Los primeros indios conversos fueron, naturalmente, los de las naciones que habían sido oprimidas por los aztecas. Así, los más jóvenes comenzaron a destruir todos esos templos que habían sido «inmensos mataderos de hombres, donde habían visto matar, descuartizar y desollar a muchos de sus parientes y amigos»[46]. Cierto que muchos de esos conversos —sobre todo los pertenecientes a las clases más pobres— recurrieron a la violencia contra los sacerdotes que poco tiempo atrás les habían mantenido en un constante estado de terror y angustia. El teólogo José María Iraburu explica este fenómeno con suma claridad:

> Los que servían en los templos del demonio no cesaban en el servicio de los ídolos e inducían al pueblo para que no dejasen sus dioses, que eran más verdaderos que no los que los frailes predicaban. Con estas predicaciones andaba por el

tianguez, o mercado, uno de los sacerdotes, con aspecto feroz y fascinante, revestido de Ometochtli, dios del Vino, uno de los dioses principales. En esto llegó una turba de chicos, alumnos de la escuela de los frailes, que venía del río, y se pusieron a discutir con él ante la gente: «No es dios, sino diablo, que os miente y engaña». De la discusión pasaron a la acción; comenzaron a perseguirle, y el ministro del ídolo acabó por escaparse corriendo, apedreado por los chicos. Estos decían: «Matemos al diablo, que nos quería matar. Ahora verán los *maceualtin* (que es la gente común) cómo este no era Dios sino mentiroso, y Dios y santa María son buenos». Y lo mataron a pedradas. Los niños quedaron muy ufanos, pensando haber matado a un diablo, y todos los que creían y servían a los ídolos, y también los ministros paganos, que acudieron luego muy bravos, todos quedaron espantados y sobrecogidos. Los frailes mandaron azotar al chico más culpable. Y por solo este caso comenzaron muchos indios a conocer los engaños y mentiras del demonio, y a dejar su falsa opinión, y venirse a reconciliar y confederar con Dios y a oír su palabra[47].

Hechos como el descrito supusieron una verdadera humillación para los miles de sacerdotes aztecas desocupados, que, en venganza, se dedicaron a la cacería furtiva de niños y jóvenes cristianos. Así, amparados en la seguridad de la noche, aquellos arrancaron el corazón de miles de niños recién convertidos, aunque de ello no ha quedado casi ningún registro. De hecho, los asesinos tenían mucho cuidado en ocultar los cuerpos de las víctimas, y sus familiares, confundidos, creían que se habían perdido y que volverían pronto.

También debemos destacar que los indios convertidos al cristianismo «eran muchas veces los más apasionados a la hora de destruir aquellos ídolos y templos bajo cuyo engaño opresivo sentían que habían servido al diablo»[48], lo que enfurecía aún más a los sacerdotes de la antigua religión y a todos aquellos caciques que no se convertían a la nueva fe. Fue de este afán de venganza de donde surgieron los primeros nuevos mártires del cristianismo en América. Un buen ejemplo lo ofrece el conmovedor relato que el padre Motolinía escribió sobre el martirio del niño Cristóbal de Tlaxcala.

> Uno de los nobles más importantes de Tlaxcala, después de los cuatro señores principales, era Acxotécatl, que tenía sesenta mujeres, y de las más principales de ellas tenía cuatro hijos. Tres de ellos fueron enviados a la escuela de los franciscanos, pero el padre retuvo escondido al mayor, al que era su preferido, hijo de Tlapaxilotzin (mazorca colorada). Pero pronto se supo esto, y también el mayor fue a la escuela, teniendo doce o trece años de edad. Pasados algunos días y ya algo enseñado, pidió el bautismo y fuele dado, y puesto por nombre Cristóbal.
>
> Este niño, además de ser de los más principales y de su persona muy bonito y bien acondicionado y hábil, mostró principios de ser buen cristiano, porque de lo que él oía y aprendía enseñaba a los vasallos de su padre; y al mismo padre decía que dejase los ídolos y los pecados en que estaba, en especial el de la embriaguez, porque todo era muy gran pecado, y que se tornase y conociese a Dios del cielo y a Jesucristo su Hijo, que Él le perdonaría.
>
> El padre era un indio de los encarnizados en guerras y envejecido en maldades y pecados, según después pareció, y sus manos llenas de homicidios y muertes. Los dichos del hijo no le pudieron ablandar el corazón ya endurecido, y como el niño Cristóbal viese en casa de su padre las tinajas llenas del vino con que se embeodaban él y sus vasallos, y viese los ídolos, todos los quebraba y destruía, de lo cual los

criados y vasallos se quejaron al padre. También a Xochipapalotzin (flor de mariposa), mujer principal de Acxotécatl, le indignaba mucho y inducía para que matase a aquel hijo Cristóbal, porque, aquel muerto, heredase otro suyo que se dice Bernardino; y así fue, que ahora este Bernardino posee el señorío de su padre.

Finalmente, el padre decidió matar a Cristóbal. El mayor de los tres, de nombre Luis, del cual yo fui informado, vio (escondido en la azotea) cómo pasó todo el caso. Vio cómo el cruel padre tomó por los cabellos a aquel hijo Cristóbal y le echó en el suelo dándole muy crueles coces, de las cuales fue maravilla no morir (porque el padre era un valentazo de hombre, y es así, porque yo que esto escribo le conocí), y como así no le pudiese matar, tomó un palo grueso de encina y diole con él muchos golpes por todo el cuerpo hasta quebrantarle y molerle los brazos y piernas, y las manos con que se defendía la cabeza, tanto que casi de todo el cuerpo corría sangre.

A todo esto, el niño llamaba continuamente a Dios, diciendo en su lengua: «Señor Dios mío, habed merced de mí, y si Tú quieres que yo muera, muera yo; y si Tú quieres que viva, líbrame de este cruel de mi padre». Supo lo que sucedía Tlapaxilotzin, la madre de Cristóbal, desolada y pidiendo a gritos clemencia para su niño. Pero aquel mal hombre tomó a su propia mujer por los cabellos y acoceóla hasta se cansar, y llamó a quien se la quitase de allí. Enseguida, viendo que el niño seguía vivo, aunque muy mal llagado y atormentado, mandóle echar en un gran fuego de muy encendidas brasas de leña de cortezas de encina secas, que es leña que dura mucho y hace muy recia brasa.

En aquel fuego le echó y le revolvió de espaldas y de pechos cruelísimamente, y el muchacho siempre llamando a Dios y a santa María. Lo apuñaló después y allí quedó por la noche, medio muerto, llamando siempre a Dios y a santa

María. Por la mañana dijo el muchacho que llamasen a su padre, el cual vino, y el niño le dijo: «Padre, no pienses que estoy enojado, porque yo estoy muy alegre, y sábete que me has hecho más honra que no vale tu señorío». Y dicho esto demandó de beber y diéronle un vaso de cacao, que es en esta tierra casi como en España el vino, no que embeoda, sino sustancia, y en bebiéndolo luego murió[49].

Sin duda, la casta sacerdotal indígena —no solo la azteca— mostró una gran resistencia al cristianismo, ya que la nueva fe implicaba la pérdida de privilegios. También se mostraron reacios los adultos mayores de las clases dominantes, porque la cristianización suponía renunciar a algunas costumbres, como la poligamia y la posesión de varias mujeres como esclavas sexuales. Por el contrario, la adhesión a la nueva fe por parte de las clases más bajas fue entusiasta, porque para ellos el cristianismo representaba la liberación y el fin de los sacrificios humanos y de la atmósfera opresiva y creadora de un terror permanente ante la «existencia» de un dios que reclamaba su sangre.

Pero el cristianismo no solo supuso una liberación espiritual, sino también material. Los indios, antes de la conquista, trabajaban —en la agricultura o en las minas— en condiciones esclavistas, sin ningún tipo de norma que regulase su actividad y que los defendiese de las arbitrariedades de sus amos. Después de la conquista siguieron haciendo las mismas tareas, pero amparados por un conjunto de normas que los protegían, y si estas no se cumplían, los misioneros se encargaban de denunciar los abusos.

Desde 1531 se produjo la cristianización masiva de las poblaciones indígenas, que asumieron la nueva fe como una «Fe fundante». Desde el punto de vista político, importa resaltar que de ese modo nació una nueva nación cristiana que tomaría como lengua el español y que, a través de la educación impartida por los sacerdotes, recibió el legado de la cultura grecorromano-medieval. Es un hecho claro y objetivo que esa nueva nación tenía a España como Madre Patria, pues España le donó su lengua y su religión y confundió la sangre de sus hijos con la del pueblo indio, ahora convertido en pueblo cristiano.

Fue entonces cuando apareció al otro lado del océano Atlántico una Nueva España, idéntica en su sustancia a la España peninsular europea y distinta a ella en las formas. Unas formas que no determinan el ser, porque el *ser* está siempre marcado por la sustancia y no por la forma. En resumen, la «Nueva España» le debía su ser —aquello que hace que una cosa sea lo que es y no otra distinta— a la «Vieja España».

La Virgen de Guadalupe en México, un símbolo perfecto para la conversión de los indígenas

En México, concretamente, lo que provocó la cristianización en masa de los indios fue el milagro de la aparición de la Virgen de Guadalupe, al que muchos se refieren como «fraude de la Iglesia». Más allá de si fue o no un verdadero milagro, lo científicamente irrefutable es que influyó decisivamente en la gran conversión de indígenas en este territorio.

La Virgen María se apareció en Guadalupe al indio Cuauhtlatóhuac, bautizado posteriormente como Juan Diego:

En 1474, en la villa de Cuautitlán, señorío de origen chichimeca, próximo a la ciudad de México, nació el indio Cuauhtlatóhuac (el que habla como águila), el futuro Juan Diego. En ese año, más o menos, fue cuando el poder azteca de México dominó el territorio de los cuautitecas. Cuando tenía trece años (1487), se produjo la solemnísima inauguración del gran teocali, o templo mayor de Tenochtitlán, reinando Ahuízotl, donde se sacrificaron unos ochenta mil cautivos. En los años siguientes, las guerras de vasallaje del insaciable poder mexicano envolvieron también al señorío aliado de Cuautitlán, y es posible que Cuauhtlatóhuac tuviera que dejar sus labores campesinas para participar en las campañas bélicas. Cuando tenía veintinueve años (1503), ascendió al trono de Tenochtitlán otro joven de su edad, Moctezuma Xocoyotzin, y también en Cuautitlán comenzó a reinar Aztatzontzin. Estos cambios políticos, que implicaron redistribuciones de dominios, despojos y migraciones obligadas, afectaron también a los cuautitecas[50].

¿Cuántas veces Cuauhtlatóhuac habría visto subir a prisioneros desnudos hasta la cima de las pirámides para ser salvajemente asesinados? ¿A cuántas de esas víctimas había él mismo ayudado a capturar? Esas preguntas torturaban la conciencia de Cuauhtlatóhuac cuando llegaron los humildes franciscanos a explicarle que el bautismo en la fe de Cristo redime al hombre de todos sus pecados y que podía convertirlo en un hombre nuevo y libre:

En el año 1524 o poco después, que fue cuando llegaron los doce apóstoles franciscanos, se bautizó Juan Diego, a los cincuenta años, con su mujer Malintzin, que recibió el nombre de María Lucía. En el testamento de Juana Martín, de 1559, se lee: «He vivido en esta ciudad de Cuautitlán y su barrio de San José Milla, en donde se crio el mancebo don Juan Diego y se fue a casar después a Santa Cruz el Alto, cerca de San Pedro, con la joven doña Malintzin, la que pronto murió, quedándose solo Juan Diego». Y alude a continuación al milagro del Tepeyac, donde en 1531, se le apareció la Virgen[51].

La tradición oral cristiana y el texto primitivo del vidente Tepeyac (de apellido cristiano López Beltrán) afirman que la madre de Jesús se apareció en cuatro ocasiones, en el cerro del Tepeyac, al indígena chichimeca Cuauhtlatóhuac, y en una a su tío, que había tomado el nombre cristiano de Juan Bernardino:

> En la primera aparición, la Virgen le dijo al indio Juan Diego: «Juanito, el más pequeño de mis hijos, ¿a dónde vas?». Él respondió: «Señora y niña mía, tengo que llegar a tu casa de México Tlatilolco, a seguir las cosas divinas que nos dan y enseñan nuestros sacerdotes, delegados de nuestro Señor». Ella luego le habló y le descubrió su santa voluntad, diciéndole: «Sabe y ten entendido, tú, el más pequeño de mis hijos, que yo soy la siempre Virgen María, madre del verdadero Dios por quien se vive; del Señor del cielo y de la Tierra. Deseo vivamente que se me erija aquí un templo para en él mostrar y dar todo mi amor, compasión, auxilio y defensa, pues yo soy vuestra piadosa madre, a ti, a todos vosotros juntos los moradores de esta tierra y a los demás amadores míos que me invoquen y en mí confíen, para oír allí sus lamentos y remediar todas sus miserias, penas y dolores. Y para realizar lo que mi clemencia pretende, ve al palacio del obispo de México y le dirás cómo yo te envío a manifestarle lo que mucho deseo, que aquí en el llano me edifique un templo; le contarás puntualmente cuanto has visto y admirado, y lo que

has oído. Ten por seguro que lo agradeceré bien y lo pagaré, porque te haré feliz y merecerás mucho que yo recompense el trabajo y fatiga con que vas a procurar lo que te encomiendo. Mira que ya has oído mi mandato, hijo mío, el más pequeño; anda y pon todo tu esfuerzo»[52].

Según la tradición cristiana, la Virgen ordenó a Juan Diego que se presentara ante el primer obispo de México, Juan de Zumárraga, para pedir que erigieran un templo dedicado a ella. Escéptico y desconfiando, Zumárraga pidió una prueba a Juan Diego, por lo que, tras la última aparición de la Virgen, este llevó en su poncho unas flores que cortó en el Tepeyac y las puso ante el obispo, dejando al descubierto la imagen de la Virgen María. Fue esa imagen —es decir, la «lectura» de esa imagen— la que hizo que las masas indígenas se abalanzaran sobre la nueva fe.

La comprensión de lo sucedido requiere, lógicamente, una explicación detallada. El poncho, o *ayate,* de Juan Diego mide 1,68 metros de altura por 1,3 de ancho, y la imagen, que mide 1,43 metros, muestra a una joven de serena belleza, de tez ligeramente morena, que está apoyada sobre una luna oscura. Detrás de ella hay sesenta y dos rayos de sol por el lado derecho y sesenta y siete por el izquierdo. Sin embargo, más allá de la descripción física, lo que importa es que

> [...] la imagen de Guadalupe es, en verdad, una suerte de pictograma perfectamente adaptado a la mentalidad de los indígenas de entonces, quienes podían leer completamente el siguiente mensaje: «Ante todo, porque el Sol (Huitzilopochtli), al ser cubierto por Ella, es solo una creatura y no es Dios, por lo mismo, la Luna (Coyolxauhqui), deidad que siembra la discordia, aparece a los pies de la Señora, de color

negro, lo que indica que ha sido consumida y derrotada; del mismo modo, las estrellas en el manto azul de la Virgen a Ella están subordinadas porque los astros no son dioses [...]. Su manto azul (o turquesa, para ser más exactos), como signo de superior dignidad, en este caso evoca tanto el desvelarse de la verdad (el azul es color de la verdad) como el carácter regio de quien se cubre con él[53].

Los indígenas, al mirar las estrellas del poncho de Juan Diego, entendían que la Virgen era «la Reina del Cielo», una estrella que guía...

> Y al mirar sus manos juntas y suplicantes, las compararon con las manos de los ídolos femeninos expuestos de frente y sosteniendo serpientes o caracoles y por eso, diosas; en cambio, las manos juntas simbolizaban que la Virgen no es diosa, pero ha eliminado a la serpiente; que Ella no se identifica con el todo (la vida, el movimiento), pero que sí lleva consigo la Vida[54].

Los indígenas también interpretaban que «las manos juntas implorantes son de una criatura que intercede ante Dios, que media entre los hombres y el Salvador»[55]. Asimismo, el cíngulo morado que ciñe la cintura de la Virgen era visto como un signo tanto del embarazo como de la virginidad, por lo que María era «una Madre virgen en cuyo seno se ha encarnado el mismo Dios»[56]:

> María es la madre de Dios, pero como el embarazo anticipa el nacimiento de un niño, quien ha de nacer es también hombre verdadero. El quincunce en forma de flor de cuatro pétalos grabado sobre el vientre de María (signo de la totalidad) marca, en el lenguaje náhuatl, el fin de una era y el co-

mienzo de otra, es decir, el comienzo de una era que preside esta mujer al dar a luz a su Hijo, que significa el triunfo de la luz sobre las tinieblas[57].

La luz representa el fin de la angustia del estar y, en definitiva, la liberación de todo pesar por obra del verdadero Dios en una nueva era marcada por el triunfo del Bien sobre el Mal. No en vano —¿azar o providencia?—, la Virgen de Guadalupe, advocación entronizada en España, en 1340, en el Real Monasterio de Nuestra Señora de Guadalupe como agradecimiento por la victoria contra los moros, era la preferida de la reina Isabel de Castilla[58].

Cuando el obispo Zumárraga llevó la imagen de María a su primer templo, «fueron con él indios y españoles y, frente a estos, con la cabeza descubierta, don Hernán Cortés»[59].

Aquel día nació México.

La unidad sustancial de Hispanoamérica

Desde California hasta Tierra del Fuego, la Iglesia fomentó el sincretismo en la *forma* de la fe —es decir, su expresión artístico-cultural, arquitectónica, musical, festiva, etc.—, pero en ningún caso en la esencia de la fe. De ahí que, por ejemplo, un católico de Jalisco era, en sustancia, idéntico a un católico de Sevilla. El cristianismo en Hispanoamérica fue absolutamente ortodoxo, porque ninguno de los pilares de la fe se adulteró. Por eso, cuando a la unidad religiosa le siguió la unidad lingüística —con la asunción de la mayoría de la población hispanoamericana del español como lengua madre— se conformó, si atendemos a la sustancia, un único pueblo. Como sostiene Antenor Orrego:

> De París a Berlín o a Londres, hay más distancia psicológica que de México a Buenos Aires, y hay más extensión histórica, política y etnológica que entre el Río Bravo y el Cabo de Hornos [...]. Las diferencias entre los pueblos de Indoamérica son tan mínimas y tenues que no logran nunca constituir individualidades separadas [...]. De norte a sur, los hombres tienen el mismo pulso y la misma acentuación vitales. Constituyen en realidad un solo pueblo unitario de carácter típico, específico, general y ecuménico[60].

Es por todo ello por lo que afirmamos que Hispanoamérica le debe su unidad sustancial a España; es decir, le debe su *ser,* porque, en definitiva, el ser de los pueblos viene dado por su origen, por su «Fe fundante» y por su lengua.

6

México: de cómo un territorio español desarrollado se convirtió en un país subordinado a Estados Unidos

Vale más no tener ídolos que tenerlos falsos.

José Vasconcelos

La religión y la moral son apoyos necesarios para fomentar las disposiciones y costumbres que conducen a la prosperidad de los Estados. En vano se llamaría patriota el que intentase derribar esas dos grandes columnas de la felicidad humana.

George Washington

La historia de México tras la independencia y hasta bien entrado el siglo XX —y lo es todavía, aunque con «formas» aparentemente diferentes— es la historia de una clase política corrupta que, al servicio de intereses extranjeros, intentó imponer a sangre y fuego su antihispanismo y su anticatolicismo precisamente al pueblo más hispano y más católico de Hispanoamérica. Hubo periodos en los que esa lucha pareció extinguirse con la llegada al poder de hombres más o menos sensatos, pero en cuanto estos desaparecían de la escena política, el macabro devenir de México retornaba como un río a su cauce natural.

La casta política mexicana, siempre soberbia frente a su propio pueblo —al que siempre consideró bárbaro, porque en él vivían la fe, los valores y las costumbres llevadas por España a América—, se puso de rodillas ante Estados Unidos, de manera que México, al que la providencia parecía haber destinado a ser la gran potencia del continente americano, perdió su alma y la mitad del territorio que España le había dejado en herencia.

Cierto es que la historia de México está marcada por la desgracia de estar muy cerca de Estados Unidos y muy lejos de Dios… Sin embargo, su mayor desgracia fue la formación de una clase política «vendepatrias», disfrazada de antiimperialista, e ideada, construida y alimentada por el norteamericano Joel Roberts Poinsett, del que hablaremos más adelante.

La independencia de Estados Unidos o el nacimiento de un Frankenstein

En la llamada Guerra de los Siete Años, librada entre 1756 y 1763, una coalición liderada por Gran Bretaña e integrada por Portugal, el Electorado de Hannover[1] y el reino de Prusia, se enfrentó a una alianza formada por España, Francia, Suecia, el Archiducado de Austria, el Electorado de Sajonia[2] y el imperio ruso. Con el final de la guerra, España obtuvo —por el Tratado de París de 1763— la parte francesa de la Luisiana, al oeste del río Misisipi, e Inglaterra la parte oriental. El conflicto provocó serios apuros financieros a Inglaterra, que tuvo que destinar gran parte de su presupuesto anual a pagar los intereses de una cuantiosa deuda pública agravada por los préstamos contraídos a raíz de la guerra. Por ello decidió aumentar los impuestos a los colonos de América del Norte, que soportaban una presión fiscal ridícula en comparación con los ciudadanos de la metrópoli.

En 1775 estalló el enfrentamiento entre los colonos ingleses de América del Norte y el Reino Unido de Gran Bretaña. Justo un año después, Bernardo de Gálvez, descendiente de una vieja familia de hidalgos de la pequeña localidad malagueña de Macharaviaya, fue nombrado gobernador del territorio de Luisana y, desde el puerto de Nueva Orleans (capital de la Luisiana), envió a los colonos norteamericanos uniformes, mantas, tiendas de campaña, quinina, cañones, grandes cantidades de pólvora y todo tipo de suministros para el abastecimiento de las tropas del ejército rebelde, así como importantes partidas de dinero en metálico en los famosos reales de a ocho, también llamados «dólares españoles»[3].

Al mismo tiempo, el gobernador de Luisiana ordenó una serie de disposiciones para obstaculizar las acciones de los británicos, bajo el pretexto de acabar con el contrabando, aunque la medida más importante fue el acuerdo al que llegó con Thomas Jefferson para abrir el puerto de Nueva Orleans a los rebeldes y la navegación de estos por la cuenca del Misisipi, controlada por los españoles.

En junio de 1779, estando ya en conflicto España con Gran Bretaña, Gálvez remontó la cuenca del Misisipi para atacar a los ingleses por la retaguardia, cayendo por sorpresa sobre la guarnición inglesa del fuerte de Manchac. Desconcertadas, las tropas británicas capitularon casi sin combatir. Posteriormente, Gálvez continuó su avance por el Misisipi y se impuso sobre los «casacas rojas» en Baton Rouge, lo que le permitió ocupar Panmure de Natchez y controlar toda la cuenca baja del Misisipi.

En 1780 penetró en Florida y atacó el fuerte de Charlotte, tomando la población de Mobile (en el actual estado de Alabama). Los británicos entraron en pánico cuando se dieron cuenta de que de ese modo Gálvez había abierto un nuevo frente de guerra, a consecuencia de lo cual movilizaron a un importante contingente de tropas llegado de Europa, colonos leales e indios aliados con los que derrotar a los rebeldes, conducidos por el terrateniente y propietario de esclavos George Washington[4].

El 10 de mayo de 1781, Bernardo de Gálvez, después de meses de asedio, tomó la ciudad de Pensacola, con lo que toda Florida se encontró ya en manos españolas. La apertura del frente sur permitió al general Washington —que en el verano de 1776 había sido derrotado en los campos próximos a Nueva York[5]— imponerse sobre los británicos en la decisiva batalla de Yorktown (19 de octubre de 1781). Es por esto por lo que podemos decir que los colonos anglosajones, incultos e ignorantes, pero recios y viriles, derrotaron a Inglaterra con la ayuda de Francia y España. De hecho, no es exagerado afirmar que sin la participación de Bernardo de Gálvez no habría sido posible la independencia de Estados Unidos. Como muestra de «agradecimiento», un siglo después la nación norteamericana arrebataría Cuba («la perla del Caribe») a España para convertirla en una semicolonia.

El peor error geopolítico cometido por España en su historia

El 3 de septiembre de 1783 se firmó en París el tratado de paz entre Gran Bretaña y Estados Unidos que situaba al río Misisipi como frontera oeste de la joven república.

Sin embargo, los llamados «Padres fundadores» —John Adams, Benjamin Franklin, Alexander Hamilton, John Jay, Thomas Jefferson, James Madison y George Washington— creían que Estados Unidos tenía un «destino manifiesto» que cumplir: convertirse en un Estado-continente y extender el territorio de la nueva república desde Alaska hasta el río Grande y desde el océano Atlántico hasta el Pacífico.

No fueron muchos en España los que lograron percibir las consecuencias de la independencia de Estados Unidos en el tablero de ajedrez de la geopolítica americana y mundial[6]. En 1783, desde París, un buen conocedor de la política internacional, el conde de Aranda, a la sazón embajador español en Francia, en una comunicación dirigida al mismísimo rey advirtió que España había cometido el peor error geopolítico de su historia:

> La independencia de las colonias inglesas queda reconocida y este es para mí un motivo de dolor y temor [...] de vernos expuestos a serios peligros por parte de la nueva potencia que acabamos de reconocer, en un país en que no existe ninguna otra en estado de cortar su vuelo. Esta república federal nació pigmea, por decirlo así, y ha necesitado del apoyo de dos Estados tan poderosos como España y Francia para conseguir su independencia. Llegará un día que crezca y se torne gigante y aun coloso terrible en aquellas regiones. Entonces olvidará los beneficios que ha recibido de estas dos potencias y solo pensará en su engrandecimiento [...]. Dentro de pocos años veremos con dolor la existencia titánica de ese coloso de que voy tratando [...]. El primer paso de esta potencia cuando haya logrado engrandecerse será apoderarse de las Floridas a fin de dominar el golfo de Méjico. Después de molestarnos así, aspirará a la conquista de este vasto imperio que no podremos defender contra una potencia formidable establecida en el mismo continente y vecina suya. Estos temores, señor, son bien fundados y deben realizarse dentro de breves años, si no presenciamos antes otras conmociones más funestas en nuestra América[7].

Importa resaltar que el conde de Aranda no solo avizoró que la joven república se expandiría a costa del imperio español, sino que predijo la inevitabilidad de la independencia hispanoamericana:

> No es de este lugar examinar la opinión de algunos hombres de Estado, tanto nacionales como extranjeros, en la cual estoy conforme, acerca de las dificultades de conservar nuestro dominio en América. Jamás han podido conservarse por mucho tiempo posesiones tan vastas colocadas a tan gran distancia de la Metrópoli. A esta causa, general a todas las colonias, hay que agregarse otras especiales de las posesiones españolas; a saber: las vejaciones de algunos gobernantes para con sus gobernados [...], la dificultad de conocer bien [el Gobierno] la verdad a tanta distancia [...], circunstancias que, reunidas todas, no pueden menos que descontentar a los habitantes de América, moviéndolos a hacer esfuerzos a fin de conseguir su independencia tan luego como la ocasión sea propicia[8].

Posteriormente, Aranda propuso una fórmula genial para hacer evitable lo inevitable, es decir, para que la ruptura con España no fuese sangrienta y dramática:

> Que V. M. se desprenda de todas las posesiones del continente de América, quedándose únicamente con las islas de Cuba y Puerto Rico en la parte septentrional y algunas que más convengan en la meridional, con el fin de que ellas sirvan de escala o depósito para el comercio español. Para verificar este vasto pensamiento de un modo conveniente a la España se deben colocar tres infantes en América: el uno de rey de México, el otro de Perú y el otro de lo restante de Tierra Firme, tomando V. M. el título de emperador[9].

Por desgracia, la voz de Aranda no fue escuchada y la invasión napoleónica de la península Ibérica se convirtió en la «ocasión propicia» para que un grupo de hispanoamericanos descontentos —que en absoluto eran la mayoría de la población— trabajara con ahínco para lograr la independencia de Hispanoamérica. Como sostiene Juan José Hernández Arregui, es preciso recordar que

> [...] la emancipación de España no fue en su momento deseada por los pueblos americanos [...]. Los pueblos no anhelaban la separación de España [...]. No se dice que, en 1810, las masas venezolanas siguieron al capitán de fragata español Monteverde, vencedor de Miranda y no a Bolívar. Esas masas, ya desacreditado Monteverde, en 1813, no acompañaron a Bolívar, sino a Boves, el jefe español que acaudillaba, efectivamente, a las clases bajas contra la aristocracia española y criolla. Boves, condujo a las masas oprimidas que, en 1814, enfrentaron sangrientamente a Bolívar[10].

En el norte de América del Sur, la independencia fue solo deseada «por la minoría criolla acaudalada [...]. Bolívar tuvo que apoyarse en fuerzas militares extranjeras (cinco mil soldados británicos), desde el primer momento, para vencer los rechazos populares ante esa política que venía dirigida desde el exterior»[11].

En 1810, en Buenos Aires, Caracas, Quito, etc., las Juntas asumieron el poder en nombre del cautivo rey Fernando VII, pero «en ningún caso negaron su fidelidad a España. Y no como táctica, sino como sentimiento acendrado de los pueblos, que aun los elementos más antiespañoles debieron acatar. Los documentos de la época atestiguan que los americanos no se sentían parte de un sistema colonial, sino de un reino»[12]. Por tanto, es un error pensar que «en los prolegómenos de la emancipación de España, prevaleciese en las provincias americanas el sentimiento antiespañol. A fines del siglo XVIII, era mucho más viva la conciencia antibritánica y antifrancesa»[13].

Por supuesto, como veremos a continuación, la invasión napoleónica fue también la «ocasión propicia» que Inglaterra no dejó pasar para vengarse de España permitiendo que Estados Unidos —como lo había previsto el genial conde de Aranda— pusiera en marcha su plan estratégico de avanzar sobre los territorios de Nueva España y alcanzar las anheladas costas del Pacífico.

Maniobras de Estados Unidos para conseguir la subordinación de México

La élite política estadounidense era consciente de que en el origen del poder de las naciones o de los pueblos —desde los tiempos del Egipto de los faraones— se encuentra una «Fe fundante» que constituye el cimiento sobre el cual se apoyan todos los demás factores del poder. También sabían que cuando ese cimiento comienza a tambalearse, el poder de esa nación o pueblo se derrumba como un castillo de naipes. Por ello, como veremos a continuación, la élite norteamericana cultivaba y resguardaba su «Fe fundante», mientras que hacía lo posible por destruir la de su Estado vecino, al que se le quería arrebatar el 50% de su territorio y convertirlo posteriormente en un inofensivo «Estado vasallo».

Pero ¿por qué en el origen del poder de las naciones se encuentra siempre esa «Fe fundante»? Al respecto, el uruguayo Alberto Methol Ferré, apoyándose en el pensamiento de Sigmund Freud, afirmaba:

> La producción, la cultura humana, nos señala Freud, se ha erigido sobre la represión, la disciplina de las apetencias. El «principio de realidad» le ha exigido al «principio del placer», para sobrevivir, la ascética. Sin ascética, no ha sido viable ninguna empresa cultural de aliento. Ascetas hubo en la base de la cultura europea, con las órdenes religiosas; ascetas hubo en el origen del capitalismo, con el puritanismo, y su máximo exponente, el mundo yanqui; ascetas emprendieron la revolución socialista, con el partido bolchevique, y ahí está el proceso ruso o el más reciente monasterio laico de la China[14].

Es decir, sin ascética es imposible la construcción del poder de las naciones. Y el ascetismo es imposible sin una fe religiosa —sea la que sea— de la cual el hombre obtenga la fuerza de voluntad necesaria para que toda su existencia no esté conducida por el «principio del placer», sino por el «principio de realidad».

La antigua Roma es un claro ejemplo de cómo ese ascetismo, junto a la práctica de las virtudes —la «Fe fundante»—, construye el poder de las unidades políticas, y de cómo la pérdida del ascetismo y el alejamiento de las virtudes llevan a la descomposición del poder[15].

Por otro lado, los imperialismos británico y estadounidense compartían un mismo objetivo, que no era sino el de conseguir que en cada una de las nuevas repúblicas hispanoamericanas las masas populares se fueran «descatolizando» para poder descomponer lentamente los cimientos del poder nacional de los nuevos Estados.

El pensador marxista Juan José Hernández Arregui sostiene que la política de subordinación cultural llevada a cabo en Hispanoamérica tanto por Gran Bretaña como por Estados Unidos siempre tuvo como finalidad última no solo la «conquista de las mentalidades», sino la destrucción misma del «ser nacional» del Estado hispanoamericano.

Puesto que en la mayoría de las naciones la religión profesada por las masas populares conforma el núcleo del «ser nacional», para la destrucción de este las potencias anglosajonas han tenido que eliminar la religiosidad popular. Es por esto por lo que, en los países hispanoamericanos que sufren la acción del imperialismo cultural anglosajón, la religión puede desempeñar el papel de una ideología defensiva contra la subordinación ideológico-cultural.

Tal y como sostiene el historiador Abelardo Ramos, en los países subordinados o en proceso de subordinación, «la religión ejerce un doble papel: el teológico, que le es propio, y el de ideología nacional defensiva contra el dominador extranjero». En Hispanoamérica, «la fe católica que es profesada por la mayoría de los argentinos y latinoamericanos es, de algún modo, un peculiar escudo de nuestra nacionalidad ante aquellos que quieren dominarnos o dividirnos»[16]. Que en Hispanoamérica la religión católica es un escudo protector de la nacionalidad fue perfectamente comprendido por la élite política estadounidense, que obró en consecuencia tratando de destruir dicho escudo y que incluso llegó a reconocer —como hizo Theodore Roosevelt— que «mientras los países hispanoamericanos sean católicos, su absorción por Estados Unidos será larga y difícil»[17].

Contra ese «escudo protector» de la nacionalidad arremetieron Benito Juárez y Plutarco Elías Calles, entre otros tantos políticos mexicanos, a quienes bien se les podría aplicar el refrán que dice: «Dime con quién andas y te diré para quién trabajas».

Estados Unidos es un ejemplo claro de cómo en el origen del poder de una nación siempre hay una «Fe fundante». A diferencia de la clase política mexicana, que desde Benito Juárez persiguió y quiso exterminar la religión del pueblo, la élite estadounidense siempre fomentó la religiosidad entre la población y, aunque separó las Iglesias del Estado, jamás separó la religión de la política. El espejo estadounidense hace evidente que el supuesto «patriotismo liberal mexicano» de Benito Juárez y compañía —profundamente antihispanista y anticatólico— no fue más que antipatriotismo al servicio de la política exterior norteamericana. El objetivo: destruir la «Fe fundante» de la nación mexicana.

Veamos brevemente cuál fue el comportamiento de la élite política estadounidense respecto a la religión profesada por la población para poder compararlo con el de la clase política mexicana.

Estados Unidos es, en gran medida, el producto histórico de un grupo de gentes religiosas; calvinistas inconformes con lo que les parecía ser la excesiva tolerancia de la Iglesia anglicana con lo que quedaba de la tradición católica. Así, un pequeño grupo de hombres y mujeres decidió establecerse en las tierras del Nuevo Mundo para forjar una «nueva Tierra Prometida» en la que ellos serían el «nuevo pueblo elegido». Para ellos, amar a Dios era amar a la nueva tierra, y amar a la nueva tierra era amar a Dios. Predicar el cristianismo significaba fomentar el patriotismo, y cultivar el patriotismo implicaba consolidar el cristianismo.

La historia de Estados Unidos, desde la llegada del Mayflower, transcurrió en esa dirección. A semejanza de lo que ocurrió en el imperio bizantino, el cristianismo se fue identificando con el amor a la patria[18]. Así, si Norteamérica era la «nueva Israel», no se podía ser cristiano sin amar a la nueva patria, porque ser un buen cristiano consistía, necesariamente, en ser un buen patriota, en amar a la nueva «Tierra Prometida», es decir, en amar a Norteamérica[19].

Tras la independencia, George Washington estableció la necesidad de la unión indisoluble entre religión y moral, y entre patriotismo y religión. Una unión indispensable para el ejercicio del buen gobierno y para la construcción del poder de la joven nación que él tanto había contribuido a crear. En definitiva, para Washington la religión era la base de toda moral sólida, de ahí que en su testamento afirmara:

> La religión y la moral son apoyos necesarios para fomentar las disposiciones y costumbres que conducen a la prosperidad de los estados. En vano se llamaría patriota el que intentase derribar esas dos grandes columnas de la felicidad humana, donde tienen sostén los deberes del hombre y del ciudadano. Tanto el devoto, el hombre piadoso, como el mero político debe respetarlas y amarlas. Para establecer las conexiones que tienen con la felicidad privada y pública necesitaríamos llenar un tomo entero. Pero únicamente preguntaré: ¿dónde hallar la seguridad de los bienes, el fundamento de la reputación y de la vida si no se creyera que son una obligación religiosa los juramentos prestados? Solo a base de una gran cautela podríamos lisonjearnos con la suposición de que la moralidad pueda sostenerse sin la religión. Por mucho que influya en los espíritus una educación refinada, la razón y la experiencia nos impiden confiar que la moralidad nacional pueda existir eliminando los principios de la religión.
>
> Es una verdad, que la virtud o moralidad es un resorte necesario del gobierno popular. Esta regla se extiende, ciertamente, con más o menos fuerza a toda clase de gobierno

libre. Siendo amigo verdadero de este, ¿cómo se podrá ver con indiferencia las tentativas que se hagan para minar las bases de su establecimiento?[20].

En este sentido, Alexis Tocqueville, que estudió detalladamente el proceso de formación de Estados Unidos, afirmaba que allí «la religión se entremezcla con todas las costumbres de la nación y con todos los sentimientos de patriotismo, de lo cual se deriva una fuerza muy particular»[21]. Los norteamericanos y sus líderes concibieron la Guerra de Independencia en términos religiosos y, fundamentalmente, bíblicos[22], pues para ellos su «revolución reflejaba su alianza con Dios y era una guerra entre los elegidos de Dios y el Anticristo británico»[23].

En cada una de las Trece Colonias existía un sistema de religión bien establecido, y cuando se produjo la independencia hubo que elegir entre tres opciones para conformar la forma religiosa del nuevo Estado: la primera consistía en mantener el sistema del periodo colonial; la segunda, elegir una de entre las diversas denominaciones, y la tercera, optar por el pluralismo y la tolerancia, estableciendo la separación entre las diversas Iglesias y el Estado. Cuando esta cuestión se llevó a debate, se optó por la última opción, de modo que, en efecto, los fundadores de la joven república establecieron la separación entre las Iglesias y el Estado, aunque ni mucho menos este hecho podía significar la separación entre Estado y religión.

En el momento de la redacción de la Carta Magna, la religión desempeñaba un papel implícito, pues «la Constitución no afectaba al hecho de que el protestantismo y la moral puritana dominaban en el momento en que el país había sido creado»[24], de modo que el nuevo Estado tendría no una religión oficial, sino un espíritu religioso. Así, como señala el historiador francés Pierre Melandri, en los documentos elaborados por el Congreso son abundantes las referencias al Antiguo Testamento, e incluso en 1777 «sus miembros votaron por la importación de veintiuna mil Biblias»[25]. Asimismo, «tres días antes de aprobar la Ley de Derechos (las diez primeras enmiendas), el primer Congreso procedió a la nominación de capellanes rentados para el Senado y la Cámara de Representantes»[26]. Fue así como la tradición religiosa penetró en todos los ritos de la democracia. Como señala Melandri, la separación entre la Iglesia y el Estado tuvo como contrapartida «una ósmosis real entre la religión y la vida política».

Los fundadores de la república no pensaron en ningún momento en oponer el espíritu de libertad al espíritu religioso, porque, «aunque la dominación de una Iglesia parecía una amenaza mortal para el porvenir de Estados Unidos, para todos o casi todos la Iglesia era percibida como el más seguro sostén de la democracia»[27]. Es decir, ósmosis de religión y vida política, pero separación de Iglesia y Estado, unas características que Tocqueville resaltó como esenciales para interpretar y comprender al recién nacido Estados Unidos de 1831. En su análisis, el pensador destacaba que los religiosos norteamericanos «se cuidan de mantenerse al margen de los negocios, [pero] no se puede decir por esto que en Estados Unidos la religión no tiene influencia sobre las leyes ni sobre los pormenores de las opiniones políticas, ya que ella dirige la moralidad y, al conducir a la familia, ella trabaja para dirigir al Estado»[28].

En el nuevo Estado, los hombres que redactaron y aprobaron la Primera Enmienda «parecían haber identificado educación y religión en una forma muy natural»[29] y, como bien señaló Tocqueville, «la mayor parte de la educación está confiada a los clérigos»[30], ya que la escuela era concebida «como un lugar de aprendizaje, no solamente de conocimiento, sino de religión y moralidad»[31].

A lo largo de todo el siglo XIX, las relaciones entre las Iglesias y el Estado estuvieron regidas por la práctica, y la Corte Suprema, que era el órgano encargado de pronunciarse en caso de conflicto, solamente intervino una vez a propósito de una declaración del Congreso que establecía la ilegalidad de la poligamia[32]. Así, por ejemplo, hasta 1946 la lectura de la Biblia en las escuelas era obligatoria en veintitrés estados y en otros veinticinco era autorizada por los distritos escolares. Sin embargo, esta armónica relación empezará a resquebrajarse a partir de la segunda mitad del siglo XX[33].

A diferencia de la clase política mexicana, la élite política de Estados Unidos quiso que la escuela fuese uno de los principales instrumentos de construcción y consolidación de la religión y de la cultura cristiana, una cultura que imprimió un carácter religioso al Estado y que determinó que la relación entre religión y Estado se estableciera bajo la premisa de que el pueblo estadounidense era un pueblo religioso, cuyas instituciones suponían la existencia de un Ser Supremo. Por tanto, cuando el Estado alentaba la instrucción religiosa y cooperaba con las autoridades religiosas, no hacía sino seguir la tradición fundamental[34].

El proyecto de descatolización: el «Plan Poinsett»

El 24 de julio de 1783 nació en la Capitanía General de Venezuela, en la ciudad de Caracas, Simón José Antonio de la Santísima Trinidad Bolívar Ponte y Palacios Blanco. Pocos meses después, el 28 de septiembre, nació en el virreinato de Nueva España, en la ciudad de Valladolid, actual

Morelia, Agustín Cosme Damián de Iturbide y Arámburu. Estos dos hombres —diametralmente opuestos, como veremos— aprovecharon la «ocasión propicia» para separar a sus respectivas «patrias chicas» de España. Así, Bolívar, formado en el pensamiento de la Ilustración anticatólica, se convertiría en el «padre» de la independencia de Venezuela y Colombia, mientras que Iturbide, de tradición católica, lo fue de la independencia de México.

Poco tiempo después de que Fernando VII rechazara ser emperador de México, el 24 de febrero de 1821, en la ciudad de Iguala (a ciento treinta y cuatro kilómetros de Ciudad de México), Agustín de Iturbide proclamaba la emancipación de la «América Septentrional»:

> Americanos, bajo cuyo nombre comprendo no solo a los nacidos en América, sino a los europeos, africanos y asiáticos que en ella residen, tened la bondad de oírme. Trescientos años hace la América Septentrional de estar bajo la tutela de la nación más católica y piadosa, heroica y magnánima. La España la educó y engrandeció, formando esas ciudades opulentas, esos pueblos hermosos [...]. Los daños que originan la distancia del centro de su unidad, y que ya la rama es igual al tronco, la opinión pública y la general de todos los pueblos es la de la independencia absoluta de España y de toda otra nación. [Por ello], al frente de un ejército valiente y resuelto, he proclamado la independencia de la América Septentrional. Es ya libre, es ya señora de sí misma [...]. No le anima otro deseo al ejército que el conservar pura la santa religión que profesamos y hacer la felicidad general[35].

Como se aprecia, en la «Declaración de Independencia» mexicana no hay el menor atisbo de antihispanismo ni de leyenda negra.

El 27 de septiembre de 1821, Iturbide entró triunfante en Ciudad de México, donde fue aclamado como un héroe. Al día siguiente, la Suprema Junta Provisional Gubernativa firmó el «Acta de Independencia del Imperio Mexicano», y siete meses después, el 19 de mayo de 1822, Iturbide fue proclamado emperador con el nombre de Agustín I[36].

A finales de ese mismo año, llegó a México Joel Robert Poinsett como agente especial del Gobierno de Estados Unidos. El emperador Agustín I le había negado la entrada al país, pero el general Antonio López de Santa Anna, que se encontraba en Veracruz, le permitió desembarcar. ¡Poderoso caballero es don dinero!, un dicho extremadamente aplicable a la política mexicana.

Poinsett era un hombre de gran experiencia en materia de espionaje, hablaba perfectamente español y había ejercido como cónsul general de Estados Unidos en Buenos Aires, Chile y Perú. De hecho, en Santiago de Chile estuvo tan involucrado en el proceso separatista que llegó a redactar una Constitución para el futuro Estado chileno, ejerciendo una influencia decisiva en el general —y amigo personal— José Miguel Carrera Verdugo para que terminara alejándose de la esfera británica.

A finales de 1813, Poinsett también intentó intervenir en Buenos Aires, aunque en esta ocasión el todopoderoso servicio de inteligencia británico consiguió abortar sus planes, lo que le obligó a regresar a Estados Unidos, donde ocupó el cargo de diputado por Carolina del Sur[37].

De regreso a México, Poinsett se dio cuenta de la presencia de personajes relevantes «asalariados» del Servicio de Inteligencia del Almirantazgo británico, así como de la existencia de sociedades secretas organizadas por la diplomacia inglesa, y el estadounidense decidió seguir el ejemplo de unos y otras para controlar la política mexicana. Recursos económicos no le faltaban, y su odio visceral a todo lo que oliera a español y a católico —era descendiente de una familia hugonote huida de Francia— hizo todo lo demás. En este sentido, basta mencionar que fue por consejo de Poinsett por lo que el retrato de Moctezuma comenzó a verse en lugares políticamente relevantes[38] y que el adoctrinamiento de los líderes mexicanos realizado por el agente norteamericano comenzó, como no podía ser de otro modo, por la desacreditación de la conquista española de México y por la reivindicación de su pasado azteca.

Poinsett logró trabar «amistad» con los líderes mexicanos más relevantes, como Guadalupe Victoria, Vicente Guerrero, Lorenzo de Zavala o Manuel Gómez Pedraza[39], que cada noche se reunían en la casa del norteamericano bajo la atenta mirada de Moctezuma, cuya imagen presidía la sala en la que se realizaban las tertulias[40].

El agente estadounidense intentó convencer al ministro de Asuntos Exteriores de México, Juan Francisco de Azcárate, así como al propio emperador, para que accedieran a vender a Estados Unidos —por cinco millones de pesos— los territorios norteños de Texas, Nuevo México, Alta y Baja California, Sonora (que incluía parte de Arizona y la Mesilla), Coahuila y Nuevo León, pero los dos dirigentes, indignados, rechazaron la oferta. Tras esta sucia maniobra, Poinsett se vio obligado a abandonar México, aunque, antes de su partida, tuvo tiempo de organizar el derrocamiento de Agustín I, uno de los principales impedimentos para el logro de los objetivos de la política exterior norteamericana en México. Así, en diciembre de 1822, el general Antonio López de Santa Anna —el mismo que dejó ingresar a Poinsett en territorio mexicano— proclamó la República.

Ya con el emperador fuera del tablero político, el 19 de octubre de 1824 Poinsett retornó victorioso a México como embajador *de facto* de Estados Unidos[41]. Consiguió el visto bueno del presidente Guadalupe Victoria para negociar un tratado de límites y comercio que estableciera el río Grande como frontera entre Estados Unidos y México, pero se encontró con la firme oposición de uno de los pocos hombres que no había podido «comprar»: don Lucas Alamán y Escalada, a la sazón ministro de Relaciones Exteriores, que logró que el plan de compraventa de Texas, California y Nuevo México fracasara. Sin embargo, el 26 de septiembre de 1825, Poinsett forzó la renuncia de Alamán y Escalada, que pretendía establecer una especie de *Zolverein,* es decir, un bloque económico hispanoamericano.

Poinsett construyó la influencia estadounidense en la política mexicana a través de la persuasión, del soborno, del uso de información confidencial, del chantaje, de la amenaza, del asesinato y, sobre todo, con la creación de organizaciones secretas mediante las cuales se transmitían las «sugerencias» que marcarían el rumbo de la política mexicana.

Los planes estratégicos de Estados Unidos en México se podrían resumir en estos tres:

- El primero, de *carácter metapolítico,* consistía en que los Gobiernos mexicanos extirparan el catolicismo de la población.
- El segundo, de *carácter geopolítico,* se basaba en que la élite política mexicana aceptase —o no pusiese demasiada resistencia— que la frontera entre Estados Unidos y México fuese el río Grande, lo que para México significaba la pérdida del 50% del territorio que había heredado de España.

– El tercero, de *carácter económico,* consistía en que la clase política no aplicara aranceles proteccionistas a la industria mexicana para favorecer así la producción norteamericana.

A partir de entonces, combatir al catolicismo en México será una manera de estar al servicio —a sabiendas o no— del imperialismo norteamericano. Pero ¿por qué tanto interés? La respuesta a esta pregunta, a riesgo de aburrir al lector, requiere un poco de teoría política.

Los momentos decisivos de la historia de México

Tras el golpe de Estado organizado por Poinsett contra el emperador mexicano Agustín Iturbide, se sucedieron varios momentos decisivos que nos permiten llegar al terrorismo de Estado que actuó entre agosto de 1926 y junio de 1929. Esquematizando, esos sucesos cruciales son los siguientes:

– La pérdida del territorio heredado de España.
– Las llamadas «Leyes de Reforma».
– La pelea en territorio mexicano entre el imperialismo estadounidense y el imperialismo francés.
– La dictadura de Porfirio Díaz.
– La mal llamada «Revolución mexicana».

El vergonzoso Tratado de Guadalupe Hidalgo

La guerra entre Estados Unidos y México duró, aproximadamente, quince meses. El ejército estadounidense planificó cuidadosamente la invasión del país vecino gracias a la valiosa información que el científico alemán Alexander von Humboldt le entregó al presidente Jefferson en la primavera de 1804[42]. El primer enfrentamiento entre ambos ejércitos —la batalla de Palo Alto— tuvo lugar el 8 de mayo de 1846, a ocho kilómetros de la actual ciudad de Brownsville, en el estado Texas, donde unos dos mil cuatrocientos soldados estadounidenses derrotaron a tres mil cuatrocientos mexicanos. Desde entonces, las victorias de los primeros se sucedieron casi sin interrupción.

En marzo de 1847, la marina estadounidense tomó el puerto de Veracruz. Al mando del general Winfield Scott desembarcaron ocho mil quinientos soldados estadounidenses con el objetivo de conquistar la capital de la República mexicana, en la que entraron triunfantes el 14 de septiembre, dando así fin a la guerra[43].

El 2 de febrero de 1848, México se vio obligado a firmar el Tratado de Guadalupe Hidalgo, oficialmente llamado «Tratado de Paz, Amistad, Límites y Arreglo Definitivo entre los Estados Unidos Mexicanos y los Estados Unidos de América», por el cual México cedía a Estados Unidos la totalidad de lo que hoy son los estados de California, Nevada, Utah, Arizona, Nuevo México, Texas y Colorado, y partes de Wyoming, Kansas y Oklahoma. Además, México renunciaba a cualquier reclamación sobre Texas, con lo que el país perdía unos 2,7 millones de kilómetros cuadrados, es decir, el 60 % del territorio que había heredado de España[44].

El 19 de agosto de ese mismo año, el *The New York Herald* anunció que se había descubierto oro en California —que había sido hasta unos pocos días antes territorio mexicano—, lo que, como ya vimos, dio origen a la famosa «fiebre del oro». El 5 de diciembre de 1848, un eufórico James Polk, en su discurso anual ante el Congreso de Estados Unidos, confirmó el hallazgo e incluso dio el nombre —Coloma— del pueblecito en el que se había producido[45]. De este modo, Estados Unidos se convirtió, en un abrir y cerrar de ojos, en uno de los principales productores de oro del mundo, un oro con el que se financió el primer ferrocarril transcontinental norteamericano, que se inauguró en 1869 y que dinamizó la economía del país.

En 1901, apenas cincuenta y dos años después de que el actual coloso del norte le arrancara a México el territorio del estado de Texas, de un pozo en Spindletop Hill comenzó a manar petróleo crudo, lo que desató una fiebre especuladora similar a la del oro de California. El hallazgo del ansiado «oro negro» supuso una revolución para Estados Unidos y marcó el nacimiento de dos de las más grandes compañías petroleras del mundo: Exxon y Texaco.

Resulta curioso que todos los políticos mexicanos, cada 12 de octubre, se lamentan del oro que les «robó» España y que ninguno se queje del oro que les robó Estados Unidos al arrebatarles California por la fuerza. Ningún político mexicano ha elaborado una reflexión pública sobre qué hubiese sido de México si California se hubiera mantenido dentro de su territorio y si la producción del metal precioso hubiese convertido a México —en lugar de a Estados Unidos— en el principal productor de oro de mundo.

Por supuesto, tampoco nadie se queja del «oro negro» que Estados Unidos le quitó a México al arrebatarle Texas.

Las «Leyes de Reforma»

Entre 1855 y 1863, durante los Gobiernos de Juan Álvarez, Ignacio Comonfort y Benito Juárez, se promulgaron un conjunto de leyes, conocidas como «Leyes de Reforma», dirigidas a establecer la separación de la Iglesia y el Estado, a promover la desaparición de la propiedad comunal de la tierra todavía en manos de los indios y a propiciar la eliminación del fuero eclesiástico. Estos eran los objetivos «aparentes», porque, como bien señaló José Vasconcelos, la realidad era que esas leyes respondían al plan elaborado por Poinsett consistente en erradicar el catolicismo del corazón de las masas populares; es decir, quitarle el alma a México[46]. Los autores de las Leyes de Reforma hicieron lo posible por evitar que aquello pareciera una guerra religiosa, aunque no lo lograron: «El laicismo liberal fue la máscara, y el propósito fundamental, la destrucción de la Iglesia católica»[47].

¿Qué opinaría usted, querido lector, si el Gobierno español prohibiera las procesiones y los pasos de Semana Santa? Pues tenga en cuenta que, en el México de mediados del siglo XIX, donde los pasos y las procesiones tenían tanta importancia como en España, fueron vedados por un decreto —expedido en Veracruz el 4 de diciembre de 1860— por el cual se prohibió la realización de ceremonias fuera de las iglesias. Asimismo, se estableció la supresión de las festividades religiosas y se expulsó a las monjas y a los sacerdotes de sus conventos y monasterios a través de una medida que se llamó «Decreto de exclaustración de monjas y frailes».

Desde el punto de vista económico, las Leyes de Reforma, al ir contra todas las personas morales, obligaron a que las propiedades de comunidad de los indígenas se dividieran. En palabras de Vasconcelos:

> [...] las comunidades indígenas que, desde los tiempos de la Corona, disfrutaban de tierras apartadas para su servicio fueron obligadas a fraccionar [...], los vecinos comenzaron a vender y arrojadas las tierras de comunidad al mercado [...].

El latifundista más inmediato las compró a vil precio y los indios vieron empeorada su suerte. El latifundismo a partir de la Reforma comenzó a ser predominantemente extranjero [...]. La Reforma, pues, proletarizó a las comunidades indígenas. Y es una ironía dolorosa considerar que fue Juárez, un indio, quien privó de sus tierras a sus compatriotas, que la ley española había elevado a la categoría de propietarios[48].

Protectorado yanqui o protectorado francés: «That is the question»

José Vasconcelos dio en la diana cuando afirmó que «eran muchos los servicios que Juárez tenía que pagar a sus protectores norteamericanos. Estas deudas fueron la causa de que se pusiese de nuevo en obra otra fracción del viejo "Plan Poinsett": la entrega de los recursos nacionales al extranjero»[49]. En efecto, en 1862 México ya era una semicolonia de Estados Unidos, porque, a pesar de tener himno, bandera y ejército propios, la política mexicana estaba dirigida en lo fundamental desde Washington y, económicamente, desde Nueva York. De vez en cuando, los gobernantes mexicanos hacían algún alarde de «patriotismo» para demostrar su «autonomía» y su «valentía» frente a las potencias europeas, pero, claro está, prácticamente nunca lo hicieron frente a Estados Unidos. En 1861, en uno de esos alardes, el Gobierno mexicano, encabezado por Benito Juárez, anunció la suspensión de los pagos de la deuda externa. A modo de inciso debo confesar que, si yo hubiese vivido en aquella época, habría aplaudido a rabiar la decisión y habría defendido a Benito Juárez con todas mis fuerzas.

Como respuesta, Francia, Reino Unido y España formaron una infame alianza —llamada Convención de Londres— y anunciaron su intención de enviar tropas a México. Como era de esperar, el Gobierno mexicano derogó la Ley de Suspensión de Pagos, pero la alianza siguió adelante con su plan. Así, en 1862 las tropas de la alianza llegaron a Veracruz y entraron en negociaciones con el Gobierno de Juárez, tras lo cual los dirigentes de las misiones británica y española decidieron regresar a sus respectivos países, aunque los franceses anunciaron que «ocuparían» México.

Fue entonces cuando el país se convirtió en una «presa» disputada —entre 1862 y 1867— por dos potencias imperialistas: Estados Unidos y Francia. La primera quería robarle a México sus riquezas y matar su alma, mientras que la segunda pretendía arrebatarle sus riquezas, aunque respetando su alma.

Los franceses impusieron como emperador de México al católico Maximiliano de Habsburgo, un claro símbolo de que no actuarían contra la religión mayoritaria del pueblo mexicano ni contra el sentimiento religioso católico de las masas indígenas, a las que, desde la caída de Iturbide, la clase política mexicana había considerado bárbaras y fanáticas precisamente por ser católicas y por no aceptar que la propiedad comunal de las tierras indígenas debía desaparecer en aras de la propiedad privada absoluta. Lo cierto es que para los liberales mexicanos, con Benito Juárez a la cabeza, el agnosticismo y la propiedad privada representaban la civilización, y el catolicismo y la propiedad comunal, la barbarie. Por ello, después de la independencia los indios comenzaron a sufrir la usurpación de sus terrenos comunales por parte de hacendados criollos liberales, una usurpación que se vio favorecida por las medidas tomadas por el Gobierno «liberal» de Benito Juárez dirigidas a eliminar la tenencia colectiva de la tierra.

Para Benito Juárez, la tierra era la principal riqueza del país y debía permitirse su compraventa, idea no compartida por la mayoría de los pueblos indígenas, que rechazaron el régimen de propiedad privada por considerarlo ajeno a sus costumbres. En este punto importa destacar que, paradójicamente, Benito Juárez era indio, aunque, ideológicamente, estaba subordinado a Estados Unidos.

Para solucionar el problema, Maximiliano de Austria decidió establecer una comunicación directa con las comunidades indígenas. Así, el 10 de abril de 1865 se creó la Junta Protectora de las Clases Menesterosas y recibió en el castillo de Chapultepec a los representantes de las diferentes comunidades indígenas, que vieron con optimismo y esperanza aquellas conversaciones con las autoridades gubernamentales. Es por eso por lo que puede afirmarse que, mientras el «indio» Benito Juárez contó con el apoyo de los criollos liberales, el «blanco» Maximiliano de Austria contó con el apoyo de los mestizos e indios católicos, que eran mayoría en el país. Las primeras medidas tomadas por Maximiliano fueron: 1) cancelar todas las deudas de los campesinos que excediesen los diez pesos; 2) restaurar la propiedad común; 3) restringir las horas de trabajo; y 4) abolir el trabajo de los menores y el castigo corporal. Ninguna medida parecida había sido tomada por Benito Juárez durante su etapa de gobierno.

Aprovechando que Estados Unidos se encontraba librando su particular guerra civil —entre el sur antiindustrialista, librecambista y probritánico, y el norte proindustrialista, proteccionista y antibritánico—, Francia pasó a la ofensiva y entró en México. Cuando, en 1865, el norte de Estados Unidos al fin derrotó al sur, Benito Juárez emprendió una contraofensiva con la ayuda de Estados Unidos, principalmente en lo referente a armas, munición y logística. Fue así como el ejército de Juárez derrotó a las tropas francesas en las batallas de Santa Gertrudis, La Carbonera, Miahuatlán, y en la que tuvo lugar el 2 de abril.

Juárez preparaba ya su regreso triunfante a Ciudad de México cuando se encontró con la oposición de Antonio López de Santa Anna, que pretendía continuar con un gobierno imperial con él como emperador. Santa Anna estableció su cuartel general en un barco anclado en el puerto de Veracruz, y unos días después el cónsul de Estados Unidos en esa ciudad informó de los planes del militar mexicano al presidente Johnson, quien inmediatamente ordenó que un cañonero estadounidense que se encontraba cerca del puerto de Veracruz bombardease el barco de Santa Anna. Pese a contar con un gran apoyo en el estado de Veracruz, Santa Anna no tuvo más remedio que partir hacia Cuba, con lo que Juárez se vio —gracias a la intervención norteamericana— con las manos libres para actuar.

En la mañana del 19 de junio de 1867, el emperador Maximiliano fue fusilado en el Cerro de las Campanas, y menos de un mes después, el 15 de julio, Juárez entró en Ciudad de México. El 20 de ese mismo mes, el Gabinete se reunió en el Palacio Nacional para tratar el ofrecimiento hecho por el Gobierno de la reina Victoria de Inglaterra: dos años de moratoria a cambio de renegociar la deuda y restablecer relaciones diplomáticas. Juárez ordenó que se aceptaran esos ofrecimientos y seis meses después, el 16 de enero de 1868, inició su segundo mandato como presidente la República de México. A Juárez le sucedió Sebastián Lerdo de Tejada, pero Porfirio Díaz y otros militares firmaron el Plan de Txutepec para derribarlo.

En efecto, en 1876, el general Porfirio Díaz tomó las riendas del poder y, cómodamente instalado con su familia en una casa del centro de la capital, durante el invierno, y en el castillo de Chapultepec, durante el verano, condujo los destinos de México durante treinta y cinco años. Y aunque pueda parecer extraño, Díaz, de trato llano y afable, no se enriqueció mientras estuvo al mando del Gobierno mexicano, aunque sí dejó que sus amigos robaran a voluntad.

Durante más de tres décadas, México experimentó un gran crecimiento económico, pero Díaz no supo sacar provecho de la situación para beneficiar a los más necesitados. Sí se rodeó de ministros inteligentes y, para compensar la dependencia de Estados Unidos, intentó ligar la economía mexicana a la europea, lo que lo enemistó con Washington. Pero no solo eso: Díaz abrazó la política de reconciliación religiosa y rechazó el «Plan Poinsett» de descatolización de México que Benito Juárez había adoptado, y decidió apartar —aunque es cierto que no las derogó— las mencionadas Leyes de Reforma con las que Juárez pretendía extirpar el catolicismo del corazón de las masas de México[50].

La mal llamada «Revolución mexicana»

En 1910 se celebraron «elecciones» y el octogenario dictador salió «reelegido». Fue entonces cuando Francisco Madero, un hombre honesto y patriota, decidió recurrir a las armas para poner fin a la dictadura. Hizo su entrada triunfal en Ciudad de México el 6 de junio de 1911, y poco después se celebraron las primeras elecciones libres de toda la historia del país, en las que Madero salió elegido presidente de la República.

En un primer momento, Estados Unidos no vio con malos ojos la caída de Porfirio Díaz y la llegada al poder de Madero, aunque no esperaba que el nuevo presidente se atreviera a repudiar el «Plan Poinsett». Como afirmó José Vasconcelos, «en toda la historia de México nunca hubo un Gobierno más autónomo, más respetuoso de la libertad, más ajeno a toda influencia extraña, que el Gobierno de Madero [...]. Nada de eso convenía al Poinsett de la embajada, que por ese entonces se llamaba Henry Lane Wilson»[51].

El 22 de febrero de 1913, el presidente Madero murió asesinado en Ciudad de México, tras lo cual entraron en acción varios personajes sin escrúpulos —Venustiano Carranza, Álvaro Obregón, Plutarco Elías Calles y Emilio Portes Gil— que serán los protagonistas de la llamada «Revolución mexicana» (1910-1917), una de las revoluciones más impopulares y antinacionales —es decir, proimperialista— de la historia de Hispanoamérica.

En realidad, la Revolución mexicana, disfrazada de pseudosocialista y antiimperialista, fue, sencillamente, un episodio más del plan norteamericano de deshispanización y descatolización de México. El historiador John Lynch, refiriéndose a los líderes de la Revolución, afirmaba que no eran más que unos «intolerantes y absolutistas, decididos a destruir la Iglesia y a acabar por completo con la religión. Y, cuando vieron la oportunidad, la aprovecharon»[52]. Si, como afirmaba George Washington, no se puede llamar «patriotas» a aquellos gobernantes de turno que intentan destruir la religión y la moral de su pueblo, a los dirigentes de la pseudorevolución mexicana solo se los puede calificar de «antipatriotas» o de «vendepatrias».

La Guerra Cristera contra las políticas de intolerancia religiosa (1926-1929)

> En Chiapas, una Ley de Prevención Social dispone que podrán ser considerados malvivientes y sometidos a medidas de seguridad tales como reclusión en sanatorios, prisiones y trabajos forzados [...], los sacerdotes que celebren sin autorización legal, las personas que celebren actos religiosos en lugares públicos o enseñen dogmas religiosos a la niñez, los fabricantes de estampas religiosas, así como los expendedores de libros, folletos o cualquier impreso por los que se pretenda inculcar prejuicios religiosos.
>
> José María Iraburu

Como hemos visto y hemos repetido en diversas ocasiones, no hubo en Hispanoamérica un pueblo más hispanista y que abrazara con más fervor la religión traída por los misioneros españoles a América que el mexicano; no hubo ningún pueblo en Hispanoamérica que vertiera tanta sangre en defensa de la fe católica como el mexicano, y no hubo en el pueblo mexicano ningún sector social que luchara con tanto fervor y heroísmo para seguir siendo hispano y católico contra las balas del ejército «mexicano» como las masas indígenas y campesinas harapientas, que combatieron desde el 1 de agosto de 1926 hasta el 21 de junio de 1929 al grito de «¡Viva Cristo Rey y la Virgen de Guadalupe!».

Si la fe se prueba con la sangre, el pueblo mexicano probó la suya con creces, lo que sepulta definitivamente la interesada afirmación de que su cristianización fue «impuesta» y «superficial»: ningún pueblo da su vida por una creencia superficial e impuesta, sino que la dan solo por las cosas en las que creen y por las cosas que aman. El martirio de las masas indígenas y campesinas mexicanas demuestra la falsedad de la prédica negrolegendaria, que dice que el conquistador y los misioneros impusieron por «la fuerza» a las masas de los pueblos precolombinos la fe del Nazareno. Esas masas amaron y abrazaron la nueva fe porque, como vimos, gracias a ella se terminó la «angustia del estar» y sus vidas dejaron de ser un infierno.

Más de cien años después de la partida definitiva de España, la fe de aquellos indígenas —su martirio— solo encuentra parangón en el martirio de los primeros cristianos. En este sentido, Lynch afirma:

> Desde 1913 la Iglesia hubo de soportar una persecución que superaba en creces todo lo que había sufrido bajo el liberalismo y cuya evolución y resultados eran impredecibles [...]. A lo largo de 1913 y 1914, a medida que la revolución se extendía, obispos, sacerdotes y monjas fueron enviados a la cárcel o al exilio (a menudo simplemente por el dinero que generaba su rescate), los bienes de la Iglesia volvieron a ser confiscados, se quemaron confesionarios y se prohibieron las confesiones, así como el ayuno y la abstinencia[53].

La Constitución de 1917, cuyos enunciados a favor de los trabajadores y de los campesinos nunca se aplicaron, repitió las leyes reformistas anteriores, tales como la prohibición de los votos religiosos y la posesión de bienes inmuebles por parte de la Iglesia:

> En el Congreso, los políticos emplearon un lenguaje difamatorio al referirse a los curas como «bichos», «inmundos y falaces murciélagos» y «buitres insaciables», entre otros insultos. La Constitución privó a la Iglesia de estatus jurídico, prohibió el culto público fuera de los templos y otorgó al Estado el derecho de decidir cuántas iglesias y cuántos sacer-

dotes debía haber en el país. Se negó al clero el derecho al voto y se prohibió que la prensa religiosa se pronunciara sobre los asuntos públicos. Toda la educación primaria había de ser secular y ninguna organización o ministro religioso podía fundar o dirigir escuelas primarias[54].

A continuación describiremos algunos de los principales elementos que caracterizaron la Guerra Cristera contra la intolerancia religiosa promovida desde el Gobierno mexicano.

Plutarco Elías Calles: un monstruo en la Presidencia

El 1 de diciembre de 1924 llegó a la Presidencia de México Francisco Plutarco Elías Calles (1877-1945), decidido, según sus propias palabras, a «desfanatizar las masas»[55]; es decir, a extirpar de raíz el catolicismo de los corazones de los habitantes de México. Al respecto, José Vasconcelos afirmaba que, puesto que los ancestros del presidente eran originarios del Medio Oriente, el pueblo, que sospechaba que «existía en su sangre algún sedimento de rencor musulmán contra Cristo, le llamó siempre el Turco»[56].

Oriundo de Sonora, representante típico del anticatolicismo poinsettista y ahijado preferido de Estados Unidos, Calles tenía un prontuario más que un currículum: había sido jefe de la aldea de Agua Prieta, ubicada en el noreste del estado de Sonora, en la frontera con Estados Unidos, «donde, abusando de la anarquía revolucionaria, acostumbraba mandar colgar a los reos del orden común y a sus enemigos personales sin forma alguna de juicio. [Se había] enriquecido durante su gestión como gobernador de Sonora [y] no concurrían en Calles ni siquiera los requisitos del militar afortunado que gana batallas»[57]. Mientras fue gobernador de Sonora, «había ametrallado obreros en Cananea y mandado asesinar al líder socialista Lázaro Gutiérrez de Lara»[58].

Secretario de Fomento y Trabajo en el Gabinete del presidente Venustiano Carranza, ocupó la Secretaría de Guerra en el Gobierno de Adolfo de la Huerta, y fue secretario de Gobernación en el mandato de Obregón. Calles, que no tuvo otro trabajo que el empleo público —siempre muy mal pagado—, ya era, sin embargo, un hombre rico cuando llegó a la Presidencia de México gracias a «todas las fuerzas secretas del poinsettismo»[59]; es decir, gracias a quienes, desde Estados Unidos, manejaban a los políticos y militares mexicanos como simples marionetas.

Al pueblo común le «llamó poderosamente la atención que excursionistas norteamericanos en número de más de cinco mil acudieran al Estadio Nacional para presenciar la entrega nominal de Obregón hacia Calles»[60], que había prometido a sus íntimos aplicar el programa íntegro del poinsettismo. Por ello, cuando llegó al castillo de Chapultepec, lanzó una nueva purga contra los sacerdotes católicos, lo que hizo que entre 1925 y 1926 el conflicto con la Iglesia subiera de intensidad[61].

> Rufianes de una organización gubernamental profanaron altares, echaron a correr a unas beatas; en seguida, con el pretexto de que se había alterado el orden público, el templo fue clausurado; una semana después era entregado a un cura renegado que aseguró tener hecho un plan para crear una Iglesia católica, pero mexicana, independiente de Roma, algo como la Iglesia anglicana de Enrique VIII[62].

Viendo el ridículo intento de Calles de crear una «Iglesia nacional mexicana», estamos tentados de decir, con

Marx, que «la historia ocurre dos veces: la primera vez como una gran tragedia y la segunda como una miserable farsa». Claro que esta vez la miserable farsa callista terminó en una dolorosa tragedia que llenó México de sangre como nunca antes en su historia.

Por otra parte, al ser el país formalmente una República federal, los caudillos locales y los gobernadores de los diversos estados

> […] rivalizaban en celo persecutorio […]. En Chiapas, una Ley de Prevención Social contra locos, degenerados, toxicómanos, ebrios y vagos dispone que podrán ser considerados malvivientes y sometidos a medidas de seguridad, tales como reclusión en sanatorios, prisiones y trabajos forzados, los mendigos profesionales, las prostitutas, los sacerdotes que celebren sin autorización legal, las personas que celebren actos religiosos en lugares públicos o enseñen dogmas religiosos a la niñez, los homosexuales, los fabricantes de estampas religiosas, así como los expendedores de libros, folletos o cualquier impreso por los que se pretenda inculcar prejuicios religiosos[63].

El 14 de junio de 1926 se promulgó la «Ley Calles», cuyo nombre oficial era Ley de Tolerancia de Cultos. La ironía no podía ser mayor:

> Las escuelas particulares en que se enseña religión católica fueron clausuradas; el número de párrocos fue limitado en forma de dejar sin cura comarcas enteras. Tan considerables fueron los atropellos y tanto irritaron al pueblo que no tardó en producirse una sublevación general en el centro del país al grito de «¡Viva Cristo Rey!»[64].

En señal de protesta contra la «Ley Calles», el 1 de agosto de 1926 ningún cura celebró misa en las parroquias de México. Con el visto bueno del Vaticano, los obispos suspendieron todas las ceremonias públicas del culto y ordenaron al clero que se retirara de las iglesias[65]. El pueblo humilde de México, que era el más devoto, quedó desconcertado. El campesino talabartero Cecilio Valtierra[66] cuenta aquella experiencia con la elocuencia ingenua de un hombre de pueblo:

> Se cerró el templo, el sagrario quedó desierto, quedó vacío, ya no estaba Dios ahí [...], ya no se oyó el tañir de las campanas [...]. Solo nos quedaba un consuelo: que estaba la puerta del templo abierta y los fieles por la tarde iban a rezar el Rosario y a llorar sus culpas. El pueblo estaba de luto, se acabó la alegría, ya no había bienestar ni tranquilidad, el corazón se sentía oprimido y, para completar todo esto, prohibió el Gobierno la reunión en la calle como suele suceder que se para una persona con otra, pues esto era un delito grave[67].

Mientras que el presidente Calles y sus ministros festejaban el fin del culto católico, el pueblo humilde de México masticaba bronca y comenzaba a pensar en pasar a la acción armada:

> Ya a mediados de agosto, con ocasión del asesinato del cura de Chalchihuites y de tres seglares católicos con él, se alza en Zacatecas el primer foco de movimiento armado. Y en seguida en Jalisco, en Huejuquilla, donde el 29 de agosto

el pueblo alzado da el grito de la fidelidad: ¡Viva Cristo Rey! Entre agosto y diciembre de 1926 se produjeron sesenta y cuatro levantamientos armados, espontáneos, aislados, la mayor parte en Jalisco, Guanajuato, Guerrero, Michoacán y Zacatecas [...]. Esa gente de verla daba lástima, unos a más de traer malas armas, traían unas garras de huaraches (sandalias), sus sombreros desgarrados, mochos, su vestido todos remendados, otros iban en pelo de sus caballos, algunos no traían ni freno, otros nomás a pie[68].

Era la rebelión de los pobres, de los más humildes, de los campesinos indios... La rebelión del México profundo católico e hispanista para desconsuelo de la pequeña burguesía universitaria liberal o marxista y del ejército corrupto que con Plutarco Elías Calles se habían hecho con el poder para llevar a la práctica el «Plan Poinsett».

En una emotiva carta escrita en la localidad de Durango, Francisco Campos, de Santiago Bayacora, un humilde cristero campesino relata así el alzamiento de los *sans-culottes* mexicanos:

El 31 de julio de 1926, unos hombres hicieron por que Dios nuestro Señor se ausentara de sus templos, de sus altares, de los hogares de los católicos, pero otros hombres hicieron por que volviera otra vez; esos hombres no vieron que el Gobierno tenía muchísimos soldados, muchísimo armamento, muchísimo dinero *pa'hacerles* la guerra; eso no vieron ellos, lo que vieron fue defender a su Dios, a su Religión, a su Madre que es la Santa Iglesia; eso es lo que vieron ellos. A esos hombres no les importó dejar sus casas, sus padres, sus hijos, sus esposas y lo que tenían; se fueron a los campos de batalla a buscar a Dios nuestro Señor. Los arroyos, las montañas, los montes, las colinas [...] son testigos de que aquellos hombres regaron el suelo con su sangre y, no contentos con eso, dieron sus mismas vidas porque Dios Nuestro Señor volviera otra vez[69].

El 18 de noviembre de 1926, el papa Pío XI publicó la encíclica *Iniquis affictisque,* en la que se denunciaban los atropellos sufridos por los católicos en México:

> Ya casi no queda libertad ninguna a la Iglesia en México, y el ejercicio del ministerio sagrado se ve de tal manera impedido que se castiga, como si fuera un delito capital, con penas severísimas [...]. En algunas zonas se han puesto condiciones al ejercicio del ministerio que, si no fuera cosa tan lamentable, daría risa: como, por ejemplo, que los sacerdotes deben tener una edad determinada, unirse en el llamado matrimonio civil y no bautizar sino con agua corriente[70].

Conmovido por el heroísmo de los católicos mexicanos en defensa de la fe, el papa afirmaba:

> Algunos de estos adolescentes, de estos jóvenes —cómo contener las lágrimas al pensarlo—, se han lanzado a la muerte, con el rosario en la mano, al grito de «¡Viva Cristo Rey!». Inenarrable espectáculo que se ofrece al mundo, a los ángeles y a los hombres[71].

El 16 de enero de 1927, la Comisión de Obispos Mexicanos, ante las declaraciones de monseñor Pascual Díaz y Barreto (residente en Nueva York) en contra de la rebelión cristera y a favor de la autoridad de Plutarco Elías Calles, le envió una durísima carta en la que se hablaba del legítimo derecho a resistir de la Iglesia:

> Los combatientes dan la sangre y la vida por cumplir un santo deber, el de conquistar la libertad de la Iglesia. Ante el abuso gravemente injusto del poder, existe el derecho de resistir y de defenderse, ya que habiendo resultado vanos todos los medios pacíficos que se han puesto en práctica, es justo y debido recurrir a la resistencia y la defensa armada[72].

No hay duda de que, con la rebelión iniciada por las masas campesinas mestizas e indias del centro de México (la Guerra Cristera), todo un pueblo se lanzó a la defensa de su «Fe fundante». En efecto, la Guerra Cristera «fue una insurrección campesina, pero también una demostración de que muchos católicos mexicanos estaban dispuestos a entregar su vida por la fe»[73].

En un primer momento, el movimiento cristero estuvo conformado sobre todo por las masas campesinas mestizas e indias; sin embargo, en el transcurso de la guerra se transformó en un movimiento policlasista y polirracial, porque se sumaron a la lucha los obreros, importantes sectores de la clase media urbana criolla e incluso algunos ricos hacendados, como Jesús Quintero, José Guadalupe Gómez, Manuel Moreno, Salvador Aguirre, Luis Ibarra y Pedro Quintanar.

> Algunos grupos cristeros estaban dirigidos por sacerdotes que eran tanto soldados como capellanes y que no albergaban ninguna duda sobre la justificación de la resistencia armada. En cuanto a los cristeros mismos, en su mayoría eran hombres jóvenes, criados en familias piadosas, que rezaban y recibían los sacramentos, y muchos de ellos estaban casados de acuerdo con el Derecho canónico, pero no con el Derecho civil; en sus filas había tanto obreros como campesinos, y también había brigadas femeninas que se encargaban de las labores logísticas[74].

Por su parte, las monjas se encargaban de suministrar a los cristeros alimentos, vestimenta y alojamiento «e incluso crearon un sistema de espionaje para informar a los cristeros de los movimientos y acciones de los federales [...]. Mantuvieron las escuelas en la clandestinidad y participaron en las Brigadas Femeninas como enfermeras y llevaron municiones escondidas entre sus ropas»[75]. Como se ve, las mujeres combatieron al lado de los hombres, y fueron ellas las primeras en participar en la defensa de la fe. Es más, «la Cristiada no hubiera podido mantenerse sin la ayuda constante de las espías, de las aprovisionadoras, de las organizadoras, sobre las que recaía todo el peso de la logística y de la propaganda»[76]. Así, las Brigadas Femeninas «proveían de parque, armas, alimentos y alojo a los perseguidos. Además preparaban servicios de información, correo, mediación y, por supuesto, estas actividades les hacían estar en riesgo continuo y muchas, llegaron a sufrir en carne propia la tortura, la vejación y hasta la muerte»[77].

Está claro que las mujeres pobres y solteras tuvieron un papel protagonista, pero también las casadas de clase media y media-alta participaron en la lucha en defensa de la fe, ya que muchas de «ellas difundieron propaganda contra el Gobierno, organizaron procesiones, recolectaron fondos y comida, y constituyeron la fuerza moral del movimiento cristero»[78].

Recuerde, estimado lector, que no hay guerra sin dinero y que fueron las mujeres de la clase alta las que vendieron sus joyas y sustrajeron dinero a sus maridos cuando estos eran miembros de organizaciones abiertamente anticatólicas que apoyaban al Gobierno. A estas mujeres no les amedrentó saber que, de ser descubiertas, serían maltratadas y golpeadas sin misericordia por sus esposos.

Mi maestro Luis D'Aloisio —el «Sócrates de Rosario»— y yo solíamos charlar durante horas cuando terminábamos de cenar y ya habíamos acabado con el café. Seguíamos conversando hasta bien entrada la madrugada, y entonces nos acercábamos a la parrilla, prendíamos el fuego y nos hacíamos un asadito, casi siempre un pedacito de matambrito de cerdo, y nos quedábamos dialogando hasta el amanecer sobre historia, filosofía, teología... Hablábamos sobre el destino de Argentina e Hispanoamérica, y de la crisis de la Iglesia que tanto nos preocupa a ambos. En una de aquellas ocasiones, don Luis me dijo que a Calles «tanto o más que las masas indígenas fuesen católicas le molestaba que fuesen hispanistas, porque eso hacía caer toda la historia falsificada de México sobre la que se fundamentaba ideológicamente el poder de los que se habían adueñado del Gobierno después del golpe de Estado contra Agustín de Iturbide». ¡Cuánta razón tenía mi maestro!

Durante la rebelión de los cristeros, Anacleto González Flores (1888-1927), al que los indios llamaban cariñosamente «Maistro Cleto» fue la voz de los que no tenían voz, la mano de los que no sabían escribir, pero que sentían un profundo amor por su fe católica y por la Madre Patria, esto es, por España.

El Maistro Cleto les confirmaba lo que ya intuían pero no sabían expresar: que Hispanoamérica era la heredera de la España eterna de Isabel y de Fernando, que nació en Covadonga el día en que don Pelayo rechazó la petición de rendición que el traidor obispo Oppas le hizo en nombre del invasor musulmán y que, durante ocho siglos, luchó espada en mano contra las falanges de

Mahoma. Como cuenta Alfredo Sáenz en el prólogo de *La contrarrevolución cristera,* de Javier Olivera Ravasi, el principal ideólogo de las masas campesinas mexicanas se expresaba así:

> Nuestra vocación, tradicionalmente, históricamente, espiritualmente, religiosamente y políticamente, es la vocación por España. Y en seguir la ruta abierta de la vocación de España, está el secreto de nuestra fuerza, de nuestras victorias, de nuestra prosperidad como pueblo y como raza. Junto a España accede a nuestra tierra la Iglesia católica, quien bendijo las piedras con que aquella cimentó nuestra nacionalidad. Ella encendió en el alma oscura del indio la antorcha del Evangelio. Ella puso en los labios de los conquistadores las fórmulas de una nueva civilización. Ella se encontró presente en las escuelas, los colegios, las universidades, para decir su palabra sobre lo alto de la cátedra[79].

González Flores no se dejó engañar por la apariencia socialista de los Gobiernos pseudorrevolucionarios de México, sino que los consideró simples sirvientes de Estados Unidos. Por eso sostuvo siempre que «el imperialismo yanqui es, para nosotros y para todos los mexicanos que anhelan la salvación de la patria, algo que es en sí mismo malo y como malo debe combatirse enérgicamente»[80].

González Flores explicaba a los numerosos jóvenes que se congregaban a su alrededor que el combate que estaban librando no era reductible a una simple lucha ocasional y accidental contra un mal Gobierno y un peor hombre, sino que se trataba de un capítulo más de la lucha contra el imperialismo anglosajón calvinista, un combate más entre las dos ciudades identificadas y descritas por san Agustín, y que el viejo choque entre Felipe II e Isabel de Inglaterra se renovaba ahora, en el Nuevo Mundo, entre el México católico e hispanista y los Estados Unidos anglosajones y protestantes.

> Concretado el glorioso proyecto de la hispanidad, aflora en el horizonte el fantasma del anticatolicismo y la antihispanidad [...] que en el México moderno encontró una concreción aterradora en la Constitución de 1917, la de Querétaro, nefasto intento [...]. Frente a aquellas nupcias entre España y nuestra tierra virgen, la Revolución quiso celebrar nuevas nupcias, claro que, en la noche, en las penumbras misteriosas del error y del mal. Las nuevas y disolventes ideas han entrado en el cuerpo de la Patria mexicana, como un brebaje maldito, una epidemia que penetra hasta en la carne y los huesos de la patria, creando generaciones de ciegos, paralíticos y mudos de espíritu[81].

Los escritos y discursos de González Flores se expandieron entre los campesinos indígenas como una fiebre tropical que todo lo derriba a su paso. Los pocos soldados-campesinos que sabían leer los recitaban en voz alta, y los demás los aprendían de memoria[82].

Entre batalla y batalla, cuando el olor de la pólvora todavía estaba fresco, unos leían apasionadamente y otros escuchaban con atención que Carlos V fue la vanguardia contra el hereje Lutero y los príncipes que secundaban sus nuevas y disolventes ideas; que Felipe II fue el «martillo de Dios» y el constructor de Hispanoamérica, y que ellos, simples campesinos indios, eran los herederos legítimos de la Reconquista española, de los setecientos años de lucha por Dios y por la Patria[83].

Paradójicamente, en términos parecidos se expresó un hombre salido de las entrañas de la Revolución, el filósofo José Vasconcelos Calderón, en su famosísima *La raza cósmica*[84], obra publicada en Madrid en 1925:

> Desde los primeros tiempos, desde el descubrimiento y la conquista, fueron castellanos y británicos, o latinos y sajones, para incluir por una parte a los portugueses y por otra al holandés, los que consumaron la tarea de iniciar un nuevo periodo de la historia conquistando y poblando el hemisferio nuevo. Aunque ellos mismos solamente se hayan sentido colonizadores, trasplantadores de cultura, en realidad establecían las bases de una etapa de general y definitiva transformación [...].
>
> Pugna de latinidad contra sajonismo ha llegado a ser, sigue siendo en nuestra época; pugna de instituciones, de propósitos y de ideales. Crisis de una lucha secular que se inicia con el desastre de la Armada Invencible y se agrava con la derrota de Trafalgar. Solo que, desde entonces, el sitio del conflicto comienza a desplazarse y se traslada al continente nuevo, donde tuvo, todavía, episodios fatales. Las derrotas de Santiago de Cuba y de Cavita y Manila, son ecos distantes pero lógicos, de las catástrofes de la Invencible y de Trafalgar. Y el conflicto está ahora planteado totalmente en el Nuevo Mundo[85].

Pero volvamos a Anacleto González Flores y demos algunos datos de su biografía. Nació en Tepatitlán, Jalisco, el 13 de julio de 1888, en un ambiente de extrema pobreza. En 1908 ingresó en el seminario auxiliar de San Juan de los Lagos, pero al poco tiempo comprendió que su vocación no era el sacerdocio ministerial e ingresó en la Escuela Libre de Leyes. Desempeñó numerosos oficios para sobrevivir, desde profesor de latín hasta peón de albañil o panadero.

Hombre pacífico —no pacifista—, después de que el general Álvaro Obregón profanara la catedral de Guadalajara (1914), se incorporó al ejército del legendario Pancho Villa como secretario y redactor de proclamas. Se convirtió luego en un notable pedagogo, orador, periodista, catequista y líder social cristiano. Poseedor de una vasta cultura, escribió algunos libros llenos de espíritu cristiano, así como centenares de artículos periodísticos.

González Flores fue el creador de la llamada «Filosofía de la resistencia», que proponía a los católicos la resistencia pacífica frente a los ataques del Estado contra la Iglesia. Sin embargo, al finalizar el año 1926, después de haber agotado todos los recursos legales y cívicos habidos y por haber, apoyó con su prestigio, su verbo, su pluma y su vida la lucha armada de los cristeros.

En la madrugada del 1 de abril de 1927, el Maistro Cleto fue secuestrado en el domicilio de la familia Vargas González, que le había dado refugio; sin orden judicial alguna, se le trasladó al Cuartel Colorado, donde se le aplicaron crueles tormentos. Le exigían, entre otras cosas, revelar el paradero del arzobispo de Guadalajara. «No lo sé, y si lo supiera, no se lo diría», respondió. Los verdugos «descoyuntaron sus extremidades, le levantaron las plantas de los pies y, a golpes, le desencajaron un brazo»[86].

Sus torturadores estaban bajo el mando de un general de División que se llamaba Jesús María Ferreira, jefe de operaciones militares de Jalisco, quien finalmente ordenó a un soldado que lo apuñalara por la espalda. El filo de la bayoneta le perforó los pulmones.

La mañana del 2 de abril, a pesar del riesgo que ello significaba, una multitud compuesta de hombres y mujeres, indios y mestizos, maestros, comerciantes, obreros, campesinos… acompañó los restos del Maistro Cleto, vitoreando su nombre hasta su tumba, situada en el panteón de Mezquitán, en la ciudad de Guadalajara.

Cristo gana la guerra, pero las torturas y los asesinatos quedan impunes

El primer enfrentamiento armado entre los cristeros y el ejército callista fue la toma de Huejuquilla el Alto, ocurrida el 29 de agosto de 1926. Una columna de cien cristeros, al mando de Pedro Quintanar, se enfrentó a una partida del ejército compuesta por cincuenta hombres y comandada por el coronel Antonio Arredondo.

El ejército tuvo veintiséis bajas, y los cristeros, un muerto. Como decimos, el resultado de la batalla fue la toma de la localidad de Huejuquilla el Alto por los cristeros, que la convirtieron en la capital provisional rebelde del estado de Zacatecas. Como respuesta, el ejército envió al general de Brigada Eulogio Ortiz, quien, al mando de cuatrocientos soldados, reconquistó la población. Sin embargo, Ortiz solo pudo mantener la ocupación durante unos pocos días: el 8 de septiembre, el ejército se retiró deshonrosamente, pero no sin antes saquear la ciudad y violar a todas las mujeres jóvenes que encontraron a su paso[87].

El 15 de marzo de 1927, en el estado de Jalisco tuvo lugar la batalla de San Julián. Las fuerzas cristeras que defendían el pueblo de ese mismo nombre estaban compuestas por cuatrocientos campesinos-soldados comandados por Victoriano Ramírez y por el padre José Reyes Vega. Por su parte, el ejército callista envió al general Espiridión Rodríguez, al mando de novecientos hombres. Armados de ametralladoras, las fuerzas del ejército penetraron en San Julián y saquearon casas, violaron a las mujeres y torturaron a dos prisioneros cristeros hasta la muerte, lo que aumentó la moral de la población. La victoria fue finalmente para los cristeros. Así, «los federales, malos jinetes, eran peores soldados, que disparaban de lejos, gastaban mucha munición, perdían armas con facilidad, y no conocían bien el terreno por donde andaban»[88]. Al ser derrotado una y otra vez, el ejército recurrió «a la ejecución de todos los prisioneros, a la matanza de los civiles, al saqueo, a la violación, al incendio de los pueblos y de las cosechas»[89].

Después de tres años de guerra, en 1928 habían muerto veinticinco mil cristeros y sesenta mil soldados federales[90]. Cierto que «el Gobierno sostenido por la fuerza norteamericana no parecía a punto de caer»[91], pero los cristeros controlaban de forma efectiva una importante parte del centro de México, un territorio «liberado» —es decir, gobernado integralmente por los cristeros—, e incluso llegaron a elaborar una Constitución para una República cristiana.

> Fortalecidos por su cohesión social y concentración geográfica, [los cristeros] eran superiores al ejército federal en términos puramente militares y tenían la moral alta. Soportaron el terrorismo implacable que las fuerzas federales desataron sobre ellos y, en una serie de grandes batallas y acciones guerrilleras menores, dieron lo mejor de sí incluso lograron hacerse con la iniciativa táctica y estratégica[92].

El conocimiento del terreno, la alta moral y el apoyo masivo e incondicional de las masas campesinas hicieron invencibles a los cristeros. Aun así, «los federales tenían el apoyo material de los Estados Unidos»[93], y eso hizo que se produjera un empate estratégico que se manifestó en la construcción de dos Méxicos: uno libre de la tutela norteamericana, y, el otro, un «protectorado yanqui» disfrazado de comunista para engañar al mundo; un México de las mayorías populares hispanistas y católicas, y un México de las élites minoritarias antihispánicas y anticatólicas.

Y la verdad es que había, *de facto,* dos Gobiernos: uno nacional, popular y democrático, y otro antinacional, antipopular y dictatorial. La cara visible del segundo era Plutarco Elías Calles, aunque, como ya hemos dicho, los hilos de la marioneta que aparentaba dirigir los destinos de México desde el castillo de Chapultepec se movían desde Washington y Nueva York.

Entre el 1 de abril de 1927, fecha del vil asesinato del Maistro Cleto, y el 10 de febrero de 1928, el Gobierno mexicano secuestró, torturó y asesinó a José Sánchez del Río, de quince años de edad; a Ramón Vicente Vargas González, de veintidós; a Luis Magaña Servín, de veintiséis; a José Dionisio Luis Padilla Gómez, de veintiocho; a Jorge Ramón Vargas González, de veintiocho; a Miguel Gómez Loza, de cuarenta; a José Salvador Huerta Gutiérrez, de cuarenta y siete, y a José Luciano Ezequiel Huerta Gutiérrez, de cincuenta y un años.

Me detendré un instante en la muerte del joven José Sánchez del Río, porque es un claro ejemplo de la crueldad y el salvajismo con los que actuaba el ejército mexicano, así como de la templanza y la valentía de los cristeros.

> El 10 de febrero de 1928, como a las seis de la tarde, lo sacaron del templo y lo llevaron al cuartel del Refugio. A las once de la noche llegó la hora suprema. Le desollaron los pies con un cuchillo, lo sacaron del mesón y lo hicieron caminar a

golpes hasta el cementerio. Los soldados querían hacerlo apostatar a fuerza de crueldad, pero no lo lograron. Y José Sánchez del Río siguió caminando, gritando vivas a Cristo Rey y a Santa María de Guadalupe. Ya en el panteón preguntó cuál era su sepultura, y con un rasgo admirable de heroísmo, se puso de pie al borde de la propia fosa [...]. Acto seguido, los esbirros se abalanzaron sobre él y comenzaron a apuñalarlo. A cada puñalada gritaba de nuevo: «¡Viva Cristo Rey! ¡Viva la Virgen de Guadalupe!». En medio del tormento, el capitán jefe de la escolta le preguntó, no por compasión, sino por crueldad, qué les mandaba decir a sus padres, a lo que respondió José: «Que nos veremos en el cielo. ¡Viva Cristo Rey! ¡Viva la Virgen de Guadalupe!». Mientras salían de su boca estas exclamaciones, el capitán le disparó a la cabeza, y el muchacho cayó dentro de la tumba, bañado en sangre, mientras su alma volaba al cielo[94].

Durante la Guerra Cristera, los hombres fuertes de Tabasco, el general Tomás Garrido Canabal y Ausencio Conrado Cruz, elegido gobernador para el periodo 1927-1930, expropiaron y derribaron iglesias, prohibieron el uso de símbolos religiosos, ordenaron que fueran arrojadas al fuego las imágenes religiosas en las plazas públicas y pusieron énfasis en que fueran los fieles, pero fundamentalmente los niños, quienes quemaran las imágenes de los santos, de Jesús, y de la Virgen María[95]. La furia antirreligiosa y la obsesión por erradicar el catolicismo los llevó a prohibir todos los escritos que hicieran alguna referencia a Dios, las fiestas religiosas, el uso de cruces sobre las tumbas, y a cambiar el nombre de los pueblos o ciudades que llevaran nombre religioso. La persecución del Gobierno de Conrado Cruz contra el pueblo católico incluyó la desaparición y muerte de sacerdotes y la vejación masiva de monjas[96].

Para exterminar a los cristeros, el general Garrido creó un grupo paramilitar llamado «Camisas Rojas»[97], compuesto por jóvenes de entre quince y treinta años que recorrían los barrios asesinando a los líderes católicos y allanando los hogares de los más humildes para incautar las imágenes religiosas que escondían en sus casas. Como dato descriptivo del carácter del general Garrido, digamos que apodó a su sobrina Lucifer y que a sus tres mascotas les puso los nombres de Jesús, María y Dios[98].

La política llevada a cabo en Tabasco por el gobernador Ausencio Conrado Cruz y por el general Garrido Canabal —que tiene una estatua en la ciudad de Villahermosa— solo puede ser calificada de «terrorismo de Estado», y como era de esperar, todas esas violaciones de los derechos humanos quedaron impunes. El juicio de la Historia, con todo rigor y justicia, ha caído sobre las dictaduras de Jorge Rafael Videla, en Argentina, y la de Augusto Pinochet Ugarte, en Chile, pero nada se ha dicho de la no menos cruel y genocida dictadura de Plutarco Elías Calles en México. Es probable que la supuesta «Revolución mexicana» —disfrazada de «socialista» y «progresista»— haya llevado a muchos a ser benévolos con el sangriento dictador mexicano.

Quien no se dejó engañar fue el historiador mexicano Carlos Pereyra, que sintetizó brillantemente el verdadero rostro de la Revolución mexicana:

> Aquel Gobierno de enriquecidos epicúreos empezó a cultivar simultáneamente dos amores: el de Moscú y el de Washington [...]. La colonia era de dos metrópolis. O, más bien, había una sucursal y un protectorado. Despersonalización por partida doble, pero útil, porque imitando al ruso en la política antirreligiosa, se complacía al anglosajón[99].

El caso es que ni los capitalistas anglosajones ni los comunistas soviéticos alzaron jamás la voz contra los crímenes cometidos por la Revolución mexicana.

Dwight Whitney Morrow, el nuevo Poinsett

Dwight Whitney Morrow nació el 11 de enero de 1873 en la ciudad de Huntington, Virginia Occidental, y estudió Derecho en la Universidad de Columbia (Nueva York). Tras graduarse, comenzó a trabajar en uno de los más prestigiosos bufetes de abogados de Estados Unidos, Simpson Thacher & Bartlett, aunque en 1913 entró en el mayor banco comercial de Estados Unidos de la época, J. P. Morgan & Co. Su nuevo puesto le permitió construir fuertes lazos de amistad con los hombres fuertes de la Minnesota Mining and Manufacturing Company y de General Motors.

Al comienzo de la Primera Guerra Mundial se convirtió en director de la Comisión Nacional de Ahorro de Guerra del Estado de Nueva Jersey. Poco después fue trasladado a Francia y pasó a ser el principal asesor civil del general John J. Pershing, cargo que le permitió entrar en contacto con los principales coroneles y generales del ejército de Estados Unidos.

En 1927, el presidente Calvin Coolidge lo nombró embajador de Estados Unidos en México para terminar el trabajo emprendido en 1822 por Joel Roberts Poinsett. Lo primero que hizo fue acercarse al presidente Plutarco Elías Calles, con quien llegó a tener una amistad íntima. Se podría decir sin exagerar que el presidente «despachaba» con el embajador todas las mañanas y que, por supuesto, hablaban de la rebelión de los cristeros y de la explotación petrolera. Fue en el transcurso de uno de esos desayunos como se pactó la entrega de municiones, fusiles, ametralladoras, cañones y aviones al ejército mexicano para que pudiese hacer frente a los cristeros y «pacificar» el país, pues solo así las compañías petroleras norteamericanas podían actuar con total tranquilidad y «seguridad» jurídica. Y, estimado lector, un dato curioso: otro de los amigos íntimos del embajador fue el famoso artista «comunista» Diego Rivera, que frecuentaba la casa de fin de semana que Dwight Whitney Morrow tenía en Cuernavaca. El embajador contrató a Rivera para que pintara un mural en el interior del histórico Palacio de Cortés, una de las edificaciones más antiguas de la época en que México era la Nueva España.

Pero volviendo al asunto que nos ocupa, lo cierto es que a finales de 1928 estaba claro que el Gobierno no podía vencer a los cristeros, ni siquiera con la ayuda que recibía de Estados Unidos. Ya había un Estado cristero en proceso de consolidación y era tal el temor de Washington de que algún Gobierno pudiese reconocerlo que en enero de 1929 «el embajador norteamericano Morrow insistió al Gobierno y a la prensa para que no se hablase de cristeros, sino de bandidos»[100].

Fue también en enero de 1929 cuando entró en escena monseñor Pascual Díaz y Barreto, que desde el principio se opuso a la rebelión de los cristeros. Por desgracia, junto al obispo traidor se encontraba el delegado apostólico monseñor Ruiz y Flores:

> Ambos fueron traídos de Estados Unidos a México, incomunicados en un vagón de tren, por el embajador norteamericano Dwight Whitney Morrow, banquero y diplomático protestante [...], cómplice de Calles y del presidente Portes Gil. Ya en Ciudad de México, continuaron incomunicados en la lujosa residencia del banquero Agustín Legorreta. No recibieron ni a los obispos mexicanos ni a un enviado de la

Liga. Tampoco quisieron recibir al obispo Miguel de la Mora, secretario del Subcomité Episcopal, que mandó aviso a monseñor Flores de que «tenía grandes y urgentes cosas que comunicarle, y que no fuera a pactar nada sin antes oírlo»[101].

Como vemos, las puertas de la mansión de Agustín Legorreta, miembro de la oligarquía financiera internacional —que apoyaba incondicionalmente a Calles y a todos los líderes de la Revolución mexicana—, estaban cerradas para los obispos mexicanos y solo permanecían abiertas para el embajador Morrow y para Edmund Walsh, profesor de la Universidad de Georgetown y agente de inteligencia del Gobierno norteamericano.

Así pues, los dos obispos arriba mencionados incumplían las órdenes dadas por Pío XI, que no estaba dispuesto a permitir que la Iglesia llegara a ningún tipo de acuerdo con el Gobierno y que había estipulado que cualquier negociación debería partir de la derogación de las leyes persecutorias de la Iglesia y de los fieles cristianos[102].

Sin embargo, los obispos —desobedientes al papa y traidores al pueblo mexicano— tan solo escucharon al embajador Dwight Whitney Morrow y a su asesor, Edmund Walsh, tras lo cual «aceptaron el documento redactado personalmente, en inglés, por el mismo Morrow»[103], que implicaba la retirada oficial de la Iglesia del conflicto y la rendición incondicional de los cristeros.

El fin de la Guerra Cristera

Después de ser traicionados por los dos obispos, los cristeros, desconcertados y consternados, depusieron las armas. No hicieron frente a los traidores, quizá porque su principal ideólogo (Anacleto González Flores) ya había sido asesinado, de manera que asumieron la rendición. En un acto sonrojante y patético, el jefe militar del movimiento, el general Jesús Degollado Guízar, dirigió a sus campesinos-soldados el siguiente mensaje de renuncia:

> La Guardia Nacional desaparece, no vencida por nuestros enemigos, sino, en realidad, abandonada por aquellos que debían recibir el primer fruto valioso de sus sacrificios y abnegación. ¡AVE CRISTO! Los que por Ti vamos a la humillación, al destierro, tal vez a la muerte gloriosa, víctimas de nuestros enemigos, con el más fervoroso de nuestros amores, te saludamos y, una vez más, te aclamamos[104].

Fue entonces cuando comenzó el viacrucis de los cristeros. El ejército federal comenzó una cacería de los líderes cristeros y de sus seguidores, «cinco mil en total, entre 1929 y 1935»[105]. El espurio arreglo de los obispos traidores

> [...] no sirvió para nada a la Iglesia. Los católicos obtuvieron una libertad mínima para practicar su fe, pero ningún otro derecho, y las leyes contra la religión católica mantuvieron su vigencia sin el más mínimo cambio. El Gobierno presentó el acuerdo como una rendición de la Iglesia y eso es lo que era. La revolución, era evidente, había aplastado al catolicismo[106].

Plutarco Elías Calles falleció el 19 de octubre de 1945 a las 14.40 horas, justo cuando una grandísima parvada de buitres (zopilotes) daba vueltas en el cielo sobre la clínica en la que se encontraban los restos mortales del dictador. Mientras esto ocurría, una gran multitud de católicos celebraba con gran devoción el quincuagésimo aniversario de la coronación de Nuestra Señora de Guadalupe[107].

7
Estados Unidos: de cómo una colonia subdesarrollada se convirtió en una potencia mundial

> Los colonos norteamericanos estaban más cerca de los indios que de sus abuelos o bisabuelos ingleses. Entre otras causas, por el abandono en que los tenía su Madre Patria, a la cual no le interesó para nada fundar escuelas, crear universidades o construir caminos en sus territorios de América.
>
> Émile Boutmy

La herencia británica

Manuel Oliveira Lima, diplomático y uno de los más importantes historiadores de Brasil[1], en una serie de conferencias que dictó en las prestigiosas universidades norteamericanas de Stanford, Berkeley, Chicago, Columbia y Harvard, asombró al público asistente al afirmar —pese a su declarada «yancofilia»— que, «comparativamente, la condición de las colonias iberoamericanas era superior, en ciertos aspectos, a la de las colonias anglosajonas, cuya expansión maravilla hoy al mundo»[2].

¿A qué condiciones se refería Oliveira Lima? Creo que no hay la menor duda: a los valores, a las costumbres y a la cultura del pueblo hispanoamericano en comparación con las Trece Colonias anglosajonas.

Seguramente, las conferencias de Oliveira Lima causarían hoy el mismo asombro que entonces —década de los años treinta del siglo pasado—, porque a fin de cuentas la idea de que los norteamericanos fueron unos abnegados trabajadores y los hispanoamericanos unos vagos indolentes sigue siendo generalizada. La mayoría de la población mundial está convencida de que, mientras en la América anglosajona reinaba la cultura del trabajo, en la América española se imponía la cultura del ocio.

La tesis de Oliveira Lima se basaba en los estudios realizados por el escritor y politólogo francés Émile Boutmy[3], uno de los fundadores de la École Libre des Sciences Politiques, que en su libro *Éléments d'une Psychologie politique du Peuple américain: la nation, la patrie, l'État, la religion,* describía así la situación de la América anglosajona:

> De la esclavitud habia nacido el desprecio al trabajo. Los grandes propietarios pasaban en la ociosidad buena parte del día, y solo salían de ella para sus deportes. Los hijos de caballeros que no podían recibir educación en Inglaterra carecían de otros recursos que el acudir al mediocre colegio de Williams and Mary, o bien a profesores particulares que, por falta de algo mejor, pertenecían a la clase de los presidiarios. La ignorancia era extrema, y reinaba en todo el sur. Las dos Carolinas no tenían más de cinco escuelas al terminar el periodo real. Alabama, Misisipi y Missouri no las conocían en 1830. Virginia estaba en mejores condiciones, pero las instrucciones que se daban al diputado de Maryland por sus comitentes, en tiempos de Noah Webster, tenían tres cuartas partes de cruces en vez de firmas. Hasta 1776 hubo una sola imprenta en Virginia, y esa imprenta estaba controlada por el gobernador. En 1749 había en Nueva York una sola librería, y ninguna en Virginia, Maryland y las dos Carolinas[4].

Puntualicemos que solamente en México, hacia el año 1600, había cerca de doscientas escuelas y que a mediados del siglo XVII esa cifra ascendía a más de mil seiscientos cincuenta. Tan solo la Compañía de Jesús llegó a tener ciento veinte colegios en Hispanoamérica, y recordemos también que España fundó en América treinta y tres universidades de excelente nivel, a las que asistían tanto pobres como ricos, blancos, indios mestizos y negros.

Pero sigamos con la descripción de Émile Boutmy:

> Con ese ambiente intelectual, los hombres no oían sino la voz de sus instintos. El aislamiento, la falta de luces, el poder arbitrario sobre los esclavos, la lucha con los indios en las fronteras, habían desarrollado en ellos una especie de individualismo violento y feroz que producía una masa de semibárbaros y, por excepción, hombres superiores [...]. Aún en 1840, los niños consideraban el trabajo manual como un deshonor y el homicidio como uno de los accidentes más ordinarios [...]. Se adoptaban costumbres violentas y desenfrenadas solo para evitar la imputación de indigencia [...]. Hay que representarse la existencia de aquel tiempo en Virginia y en las provincias más meridionales como una especie de vida en que la servidumbre de la gleba, el lujo ostentoso, la ociosidad de largos días, ocupados solo en duelos, riñas brutales, juegos y apuestas, peleas de gallos y cacerías de animales o de indios, recordaban las costumbres de alguna marca europea del siglo XIII. El colono se aproximaba rápidamente al salvaje[5].

En 1703, el gobierno de Massachusetts, decidido a exterminar a los indios, comenzó a pagar doce libras esterlinas por cada cuero cabelludo arrancado, una cantidad tan golosa que los colonos, inmediatamente, comenzaron a organizar la «caza» de indios con caballos y jaurías de perros. Los jóvenes colonos fueron los más entusiastas «cazadores», hasta el punto de que esta aberrante «práctica» no tardó en convertirse en una especie de deporte nacional[6].

Expansión territorial de Estados Unidos (1776-1898)

- Las Trece Colonias declararon su independencia de Gran Bretaña en 1776.
- El Tratado de París, firmado entre Gran Bretaña y Estados Unidos el 3 de septiembre de 1783, puso fin a la Guerra de Independencia de Estados Unidos y le proporcionó innumerables territorios.
- Por medio del Tratado de Cesión, rubricado el 30 de abril de 1803, Estados Unidos se hizo con todo el territorio de la Luisiana francesa. Pagó quince millones de dólares.
- España cedió el territorio de Florida tras firmar el Tratado de Adams-Onís en 1819. Se ponía así fin a las crecientes tensiones con Estados Unidos.

Vermont (1791)
Maine (1820)
New Hampshire
Massachusetts
Nueva York
Rhode Island
Connecticut
Wisconsin
innesota
Míchigan
Pensilvania
Nueva Jersey
Iowa
Ohio
Delaware
Illinois
Indiana
Maryland
Virginia
Misuri
Kentucky
Carolina del Norte
Tennessee
Carolina del Sur
Arkansas
Georgia
Misisipi
Alabama
Hawái
Luisiana
Florida
El 15 de junio de 1846 se acordó del Tratado de Oregón, por el cual Gran Bretaña cedía a Estados Unidos el territorio señalado.
El 2 de febrero de 1848, el Tratado de Guadalupe Hidalgo obligó a México a desprenderse de una parte muy importante de su territorio.
La compra de Alaska al imperio ruso se estableció el 30 de marzo de 1867 a cambio de algo más de siete millones de dólares.
Estados Unidos se anexionó Hawái el 7 de julio de 1898.

La ignorada duplicidad británica

Una de las cuestiones más llamativas e ignoradas de la historia de la economía internacional se refiere al hecho de que, a partir de su industrialización, Gran Bretaña pasó a actuar con una deliberada duplicidad. Una cosa era lo que efectivamente había realizado —y realizaba— en materia de política económica para industrializarse y progresar, y otra muy diferente la ideología que Adam Smith y otros voceros propagaban.

Inglaterra se presentaba al mundo como la patria del libre comercio, como la cuna de la no intervención del Estado en la economía, cuando, en realidad, en términos históricos, fue la patria del proteccionismo económico y del impulso estatal, que, como veremos más adelante, no debe confundirse con el estatismo ni con lo que vulgarmente se denomina «populismo»[7].

El estudio de la historia de la economía inglesa nos permite constatar que la industrialización británica, incipiente desde el Renacimiento isabelino y fuertemente desarrollada desde finales del siglo XVIII con la Revolución Industrial, tuvo como condición fundamental el estricto proteccionismo del mercado doméstico y el auxilio del Estado al proceso de industrialización[8]. Asimismo, observamos que cuando Gran Bretaña obtuvo buenos resultados de esa política, se esmeró en sostener —para los otros— los principios del libre comercio, condenando cualquier tipo de política proteccionista y cualquier forma de impulso estatal, incluso los más leves. Imprimiendo a esa ideología de preservación de su hegemonía la apariencia de un principio científico de carácter universal, logró —con éxito— persuadir a los demás pueblos de que se constituyeran en mercados para los productos industriales británicos, permaneciendo como simples productores de materias primas.

De esta forma, la subordinación ideológica de las naciones que aceptaron los postulados del libre comercio fue el primer eslabón de la cadena que las ataba y condenaba a un subdesarrollo político y económico endémico, más allá de que lograran mantener los atributos formales de la soberanía.

A partir de entonces, para que un proceso emancipatorio —emprendido por cualquier unidad política sometida a la subordinación ideológica británica— fuese exitoso debía partir de la ejecución de una «insubordinación fundante», es decir, de la puesta en marcha de una insubordinación ideológica consistente en el rechazo de la ideología de dominación difundida por Gran Bretaña —el libre comercio—, un rechazo que debía ir complementado con la aplicación de un adecuado impulso estatal (repetimos: no confundir con estatismo ni con populismo) que pusiese en marcha el proceso de industrialización.

Estados Unidos, quizá porque conocía la historia de su Madre Patria, fue la primera nación en realizar un proceso de «insubordinación fundante». A lo largo del siglo XIX le siguieron Alemania y Japón, que, gracias a sus respectivas «insubordinaciones fundantes», lograron industrializarse y convertirse en países autónomos. También en esa centuria Canadá y Australia desarrollaron su particular «insubordinación fundante» —aunque sin romper del todo los lazos políticos con Gran Bretaña—, en este caso pacífica, hasta convertirse en países plenamente desarrollados.

Inglaterra, Estados Unidos, Alemania, Francia, Italia, Japón, Canadá, Australia y, más tarde, Corea del Sur, tras haberse desarrollado a partir de políticas proteccionistas, se hicieron partidarios del libre comercio, porque —no lo olvidemos— proteccionismo y librecambio son dos momentos del devenir económico: con el proteccionismo se alcanza la prosperidad económica, y con el libre comercio se mantiene. Así lo ha demostrado la historia económica de las naciones. Todo lo demás es ideología.

Cuando Estados Unidos era un país subdesarrollado

A todos nos resulta difícil —casi imposible— pensar hoy que Estados Unidos fuera un país pobre, con una inflación desbocada, una emisión monetaria completamente descontrolada y agobiado por el peso de su deuda externa. Pero más difícil aún nos resulta pensar que no salieron de esa situación gracias a la varita mágica del mercado, la disciplina fiscal y el libre comercio, sino gracias al proteccionismo económico y a la varita mágica de la política, es decir, a través de un arduo proceso de «insubordinación fundante».

Esta es la realidad histórica que trataré de exponer en este capítulo, porque, aunque el pensamiento posmoderno lo niegue, la realidad sigue siendo la única verdad.

Hasta 1860, Estados Unidos poseía todas las características de un país subdesarrollado. Su balanza comercial era desfavorable y vivía de la exportación de materias primas sin elaborar. En la década de 1850, exportaba mercancías por valor de ciento cuarenta y cuatro millones de dólares e importaba por valor de ciento setenta y dos. En la década de 1860, las exportaciones sumaban trescientos treinta y tres millones de dólares, y las importaciones trescientos cincuenta y tres. Es decir, en el lapso comprendido entre 1815 y 1860 —exceptuando el año 1840—, las importaciones fueron siempre superiores a las exportaciones.

Durante todo ese periodo, Estados Unidos fue un país fuertemente endeudado. Se calcula que en 1860 los valores —títulos federales, estatales, ferroviarios y otros— en manos de extranjeros ascendían a unos cuatrocientos millones de dólares.

Como muchas repúblicas hispanoamericanas, numerosos estados de la Unión se dirigían a Londres para contraer empréstitos con la banca Baring Brothers:

> En 1839, luego de una crisis económica y bancaria, los estados de Misisipi y Luisiana entraron en cesación de pagos, y en 1842 siguieron el mismo camino los estados más prósperos de la Unión: Maryland y Pensilvania. Estos últimos y Luisiana se recuperaron del *default,* aumentando los impuestos, pero Misisipi siguió en quiebra hasta 1875. Ese año salió del *default,* pero no pagando sus deudas, sino mediante una enmienda constitucional por la cual se desentendió de sus obligaciones. Los bonistas afectados formaron en Londres una Junta de Tenedores de Títulos en *default* que nunca recuperó su dinero[9].

Si analizamos el contenido de las exportaciones de Estados Unidos de 1790 a 1860, vemos que exportaba los productos típicos que hoy exportan los «países subdesarrollados».

Importaciones y exportaciones de Estados Unidos por décadas[10]

Año	Total de exportaciones (en millones de dólares)	Total de importaciones (en millones de dólares)
1790	20.200.000	23.000.000
1800	70.972.000	91.253.000
1810	66.758.000	85.400.000
1820	69.692.000	74.450.000
1830	71.671.000	72.721.000
1840	123.609.000	98.259.000
1850	144.376.000	172.510.000
1860	333.576.000	353.616.000

Antes de la guerra civil estadounidense, el 50 % de las importaciones consistía en artículos manufacturados y listos para el consumo, y, como sucedía en cualquier país hispanoamericano, Inglaterra era su principal suministrador y absorbía casi la mitad de sus exportaciones, fundamentalmente de materias primas. En realidad, Estados Unidos era un país agrícola «mono-exportador» y «algodón-dependiente»: de hecho, en 1860 el algodón constituía el 60 % de las exportaciones de la nación.

A finales de 1850, las exportaciones estadounidenses de productos manufacturados tan solo llegaban al 12 % del total exportado y se dirigían principalmente a regiones más subdesarrolladas, cómo México, las Antillas, América del Sur, Canadá y China. Las materias primas constituían el principal valor exportador, con productos como el algodón, el arroz, el tabaco, el azúcar, la madera, el hierro y el oro. Destaquemos que después de 1849, gracias al descubrimiento de oro en California —región que, recordemos, había pertenecido a México hasta 1848—, Estados Unidos se convirtió en el primer productor mundial del metal precioso, lo que le permitió desarrollar un sistema ferroviario a gran escala que se convirtió en la base de su futura industrialización.

Pero no fue a través de la exportación de ninguna materia prima como Estados Unidos se convirtió en un país desarrollado y en una potencia mundial, sino que esto se logró gracias a su proceso de «insubordinación fundante», que comenzó el 11 de septiembre de 1789 con el nombramiento de Alexander Hamilton como secretario del Tesoro durante la Presidencia de George Washington, y que se consolidó una vez finalizada la Guerra de Secesión, el 9 de mayo de 1865.

Desde comienzos del siglo XVII, en el norte del actual territorio de Estados Unidos y al calor del hogar, laboriosas familias campesinas fabricaban clavos, útiles de labranza, duelas de barril, barricas de roble y recipientes para el tabaco, el ron, las melazas y la sal para conservar el pescado. Muchos de estos artículos eran exportados a las Antillas y permitían a los granjeros tener unos ingresos extra nada despreciables. La granja colonial fue, así, la cuna de la industria norteamericana, como la industria de la elaboración de bebidas (ron, cerveza y sidra), que tanto floreció en Nueva Inglaterra, o las primeras fundiciones importantes que aparecieron en 1640 en Massachusetts[11]. Atentar contra esa incipiente producción industrial equivalía a deteriorar seriamente no solo el nivel de vida de miles de familias, sino la mera posibilidad de sobrevivir.

Cuando la élite política británica se percató —a raíz de los informes que regularmente enviaban los gobernadores— del incipiente proceso de industrialización, decidió poner en marcha medidas dirigidas expresamente a impedir el desarrollo industrial de las Trece Colonias. Lo cierto es que Inglaterra comprendió pronto que la industrialización de las colonias podía llevar a su independencia económica y, posteriormente, a la reclamación de la autonomía política, lo que les permitiría ocupar un lugar destacado en el escenario internacional y, a la larga, desplazar a Gran Bretaña como primera potencia mundial. Fue por este motivo por lo que la metrópoli trató de boicotear el desarrollo de las nuevas empresas manufactureras que espontáneamente, y gracias al esfuerzo y sacrificio de los colonos, fueron surgiendo en Norteamérica[12].

No hay duda de que Gran Bretaña hizo lo posible por ralentizar el desarrollo industrial de sus colonias, y fueron los gobernadores británicos los encargados de impedir que las industrias familiares se transformaran en verdaderas empresas capaces de competir con las inglesas, que tenían en su contra el coste del transporte de las mercancías desde los puertos de la metrópoli hasta los puertos norteamericanos. En efecto, los gobernadores coloniales tenían instrucciones de «oponerse a toda manufactura y presentar informes exactos sobre cualquier indicio de la existencia de ellas»[13]; es decir, un verdadero «infanticidio» industrial planificado en Londres por el propio Parlamento británico. Así lo demuestran las palabras de lord Cornbury, gobernador de Nueva York entre 1702 y 1708, quien escribió a la Junta de Comercio el siguiente memorándum:

> Poseo informes fidedignos de que en Long Island y en Connecticut están estableciendo una fábrica de lana, y yo mismo he visto personalmente estameña fabricada en Long Island que cualquier hombre podría usar. Si empiezan a hacer estameña, con el tiempo harán también tela común y luego fina; tenemos en esta provincia tierra de batán y tierra pipa tan buenas como las mejores; que juicios más autorizados que el mío resuelvan hasta qué punto estará todo esto al servicio de Inglaterra, pero expreso mi opinión de que todas estas colonias [...] deberían ser mantenidas en absoluta sujeción y subordinación a Inglaterra; y eso nunca podrá ser si se les permite que puedan establecer aquí las mismas manufacturas que la gente de Inglaterra; pues las consecuencias serán que en cuanto vean que sin el auxilio de Inglaterra pueden vestirse no solo con ropas cómodas, sino también elegantes, y aquellos que ni siquiera ahora están muy inclinados a someterse al Gobierno pensarían inmediatamente en poner en ejecución proyectos que hace largo tiempo cobijan en su pecho[14].

Lord Cornbury describe a la perfección la esencia del imperialismo económico, y lo hace usando los mismos términos que dos siglos después utilizaría el gran teórico de la política internacional y profesor de la Universidad de Chicago Hans Morgenthau.

Pero había dos industrias que Gran Bretaña vigilaba con particular celo por considerarlas estratégicas y vitales para la economía: la textil y la siderúrgica. Así, se aprobó la ley de 1699, que prohibía los embarques de lana, hilados de lana o telas producidos en Norteamérica a cualquier otra colonia o país, y en 1750 se firmó otra norma que prohibía el establecimiento —en cualquiera de las Trece Colonias— de talleres laminadores de metal y de fundiciones de acero. En este sentido, el historiador Underwood Faulkner sostenía que

> [...] Inglaterra era ya uno de los principales países fabricantes de lanas y la mitad de sus exportaciones a las colonias la constituían artículos de ese material. Tan hostiles eran los productores de la metrópoli a la competencia que en la temprana fecha de 1699 se votó una ley de la lana, estableciendo que ningún artículo de lana podría ser exportado de las colonias o enviado de una colonia a otra [...]. Como consecuencia de esta legislación, la manufactura de telas para la venta declinó y los comerciantes en lana ingleses prolongaron durante un siglo su dominio sobre el mercado norteamericano[15].

Como vemos, los británicos no jugaban limpio ni con sus propios hijos...

A diferencia de la industria textil, la fabricación del hierro —que comenzó en 1643 con el horno de fundición de John Winthrop, cerca de Lynn (Massachusetts)— gozó durante algún tiempo de cierto margen de libertad, lo que permitió un crecimiento considerable hasta la década de 1750. Esto se explica porque

> [...] Inglaterra estaba necesitada de hierro, y hasta 1750 intereses encontrados habían impedido que se votara una legislación contraria a su elaboración en las colonias. Pero, en 1750, se acordó una ley para estimular la producción de la materia prima y obstaculizar la manufactura de objetos de hierro, estableciéndose que: 1) el hierro en barras podía importarse libre de derechos en el puerto de Londres; y el hierro en lingotes en cualquier puerto de Inglaterra; y 2) que no debía instalarse en las colonias ningún taller o máquina de laminar hierro o cortarlo en tiras, ni ninguna fragua de blindaje para trabajar con un martinete de báscula, ni ningún horno para fabricar acero[16].

Pero, más allá de estas medidas económicas restrictivas, es importante destacar un hecho de carácter político de gran relevancia, y es que las colonias eran tratadas como «ajenas» al territorio británico; es decir, no se incluían dentro de los límites de las barreras aduaneras británicas y, por tanto, sus exportaciones pagaban las tasas ordinarias de importación en los puertos ingleses.

En su análisis de la política británica respecto a sus colonias de América del Norte, el historiador británico Dan Lacy afirma que «estaba claro el propósito de la política británica de no considerar a las colonias como porciones de ultramar de un reino único, cuyo bienestar económico era estimado al igual que el de la Madre Patria. Al contrario, las consideraba comunidades inferiores cuya economía debía estar siempre al servicio de los intereses de Gran Bretaña»[17].

Mientras las colonias estuvieron poco pobladas, los colonos pudieron burlar las leyes británicas que frenaban el desarrollo económico, aunque a partir de 1763, cuando la población de las colonias llegó a ser equivalente a un cuarto de la población inglesa, Inglaterra fue mucho más severa en la aplicación de las leyes aprobadas y dirigidas a mantener el territorio colonial en el subdesarrollo y como simples productoras de materias primas.

La independencia política no da la libertad: la lucha por la independencia económica

No es difícil estar de acuerdo con el norteamericano Louis Hacker cuando afirma que el veto británico a la industrialización norteamericana fue, probablemente, el factor decisivo que explica el estallido, en 1775, de la Revolución norteamericana[18]. La lucha frontal entre Gran Bretaña y Estados Unidos, que comenzó cuando los soldados británicos intentaron capturar un depósito de armas en Concord, Massachusetts, y reprimir así la revuelta colonial, se extendió hasta 1783, fecha en la que se firmó el Tratado de Paz de París, por el cual Gran Bretaña reconoció la independencia de la nueva nación. Sin embargo, como veremos, la lucha soterrada entre Gran Bretaña y Estados Unidos se prolongó hasta la derrota definitiva —en la guerra civil norteamericana— del bando confederado, que, adscrito a la división internacional del trabajo y al libre comercio, era —indirectamente— el representante de los intereses políticos y económicos de Gran Bretaña en Norteamérica[19].

Cuando las Trece Colonias lograron la independencia política, Inglaterra no tuvo más remedio que ensayar la aplicación del «imperialismo cultural» para subordinarlas ideológicamente. El razonamiento británico era bastante sencillo: si los dirigentes de las Trece Colonias admitían la teoría de la división internacional del trabajo y aplicaban una política de libre comercio, se mantendrían en una situación de dependencia económica, convirtiendo la independencia política en un mero hecho formal. Este era el objetivo de la política británica tras la firma del Tratado de París de 1783, un objetivo que se vio cumplido en gran medida en los estados del sur de la flamante República.

Como bien explicó Harold Underwood Faulkner,

> [...] la revolución trajo la independencia política, pero de ninguna manera la independencia económica. Los productos norteamericanos que eran exportados a Europa durante el periodo colonial seguían teniendo a ese continente por mercado y al mismo tiempo se siguieron importando desde allí artículos manufacturados. Las manufacturas que habían surgido durante la Revolución fueron ahogadas por las mercaderías más baratas que volcaron los ingleses en el mercado norteamericano al restablecimiento de la paz [...]. Según todos los indicios, Norteamérica habría de caer nuevamente en una situación de dependencia, produciendo materias primas necesitadas por Europa y adquiriendo, a su vez, los artículos manufacturados que esta le proporcionaba. Parecía empresa imposible llegar a competir con Inglaterra en la producción y venta de estas mercaderías[20].

Empresa tanto más difícil si se tiene en cuenta que desde la ideología dominante también se sostenía que el destino de las recientemente independizadas Trece Colonias era el de convertirse en un país exclusivamente agrícola. En este sentido, el propio Adam Smith sostenía que la naturaleza misma había destinado a Norteamérica para la agricultura y desaconsejaba a sus líderes cualquier intento de industrialización: «Los Estados Unidos están, como Polonia, destinados a la agricultura»[21], escribió. Las ideas de Smith eran útiles al poder inglés, que pretendía conseguir a través de la persuasión —mecanismo típico del imperialismo cultural— lo que había tratado de impedir por la fuerza de la ley durante el período colonial. Importa tener en cuenta que Adam Smith publicó su famosa *Investigación sobre la naturaleza y causa de la riqueza de las naciones* el mismo año que se escribió la «Declaración de Independencia de los Estados Unidos». Esta «casualidad» no es un dato menor.

El primer impulso estatal

Fue en el curso de la guerra contra Inglaterra cuando surgió en las Trece Colonias una incipiente industria manufacturera, por lo que es posible afirmar que la industria norteamericana, en su primera fase de expansión, fue «hija» de la Guerra de Independencia[22]. Por una parte, la propia situación de guerra interrumpió el flujo de mercancías desde la metrópoli, lo que dio lugar a un proceso de sustitución de importaciones. Por otra parte, la situación de «insubordinación» puso fin a las restricciones del Parlamento dirigidas a impedir el desarrollo industrial limitando a las colonias a producir materias primas.

Pero, además, todos los gobiernos de las Trece Colonias —convertidas en nuevos estados independientes— llevaron a cabo una política de impulso estatal dirigida a promover el desarrollo industrial. Así, todas ellas intentaron estimular la fabricación de municiones, pertrechos de guerra y productos de primera necesidad, tales como tejidos de lana y lino, que hasta entonces se habían importado desde Inglaterra. Por ejemplo, en Connecticut, donde surgieron pequeñas fábricas de armas, en 1775 el estado ofreció «una prima de un chelín y seis peniques por cada llave de fusil que se fabricase, y de cinco peniques por cada equipo completo hasta el número de tres mil»[23], mientras que en Rhode Island y Maine se «concedieron primas a la manufactura del acero», y en Massachusetts se «ofreció primas por el sulfato extraído de yacimientos nativos, y Rhode Island por la pólvora»[24]. Tres años después, en 1778, el Congreso de Estados Unidos «hizo levantar talleres en Springfield donde se vaciaron cañones»[25].

El impulso estatal también fue clave en la fabricación de productos de primera necesidad. Por ejemplo, Connecticut prestó a «Nathaniel Niles, de Orwich, trescientas libras por un plazo de cuatro años para fabricar alambre para los dientes de las cardas», y Massachusetts «otorgó una prima de cien libras por las primeras mil libras de buen alambre de cardar para la venta, producido por cualquier molino de agua situado en su territorio con hierro proveniente de los estados norteamericanos»[26].

Este impulso estatal se vio acompañado por la actitud de una gran parte de la población, que, ya incluso durante los boicots que precedieron al estallido de las hostilidades, se había negado a comprar mercancías inglesas[27].

Por tanto, la sublevación y la independencia política preparaban las bases estructurales para la independencia económica que Inglaterra había tratado de impedir mediante la aprobación de unas leyes antiindustriales y la prédica de la división internacional del trabajo, con el objetivo de que la joven república dejara a la Madre Patria el privilegio de la fabricación de productos manufacturados. Por ello, la orientación económica que siguiese a la guerra era clave para determinar la posición del nuevo Estado en el escenario internacional; es decir, si devendría en un Estado industrializado y desarrollado, o vegetaría siendo un Estado agrícola y subdesarrollado.

Las primeras leyes proteccionistas

El fin de las hostilidades entre la república norteamericana y Gran Bretaña dio lugar a la importación masiva de productos manufacturados desde Europa a un coste mucho menor que las producidas localmente, lo que llevó a la ruina de la incipiente industria de Estados Unidos. Así, en 1784 la balanza comercial de la joven república arrojaba un resultado desastroso: las importaciones sumaban aproximadamente 3,7 millones de libras y las exportaciones tan solo setecientas cincuenta mil libras. Sin duda, el nuevo Estado vivía un proceso de desindustrialización, de endeudamiento y de caos monetario.

Para terminar de agravar la situación, el Parlamento británico aprobó la Ley de Navegación de 1783, por la cual «solo podían entrar en los puertos de las Antillas barcos construidos en Inglaterra y tripulados por ingleses, y que imponía pesados derechos de tonelaje a los barcos norteamericanos que tocaran cualquier puerto inglés»[28]. Esta medida se vio acompañada de otra ley, de 1786, «destinada a impedir el registro fraudulento de navíos norteamericanos», y de otra de 1787 que «prohibía la importación de mercancías norteamericanas a través de las islas extranjeras»[29].

En medio de la desastrosa situación económica producida por el fin de la guerra —agravada por la rivalidad entre los distintos estados de la Unión— apareció una corriente de pensamiento contrahegemónico, conducida por Alexander Hamilton, que abogaba por un desarrollo económico basado en el amparo por parte del Gobierno federal de la industria naciente mediante subsidios abiertos y aranceles de protección. El azar quiso que el presidente Washington —ante el rechazo de Robert Morris, conocido como el «financiador de la Revolución»— ofreciera el cargo de secretario del Tesoro a Hamilton, que el 4 de julio de 1789 impulsó la aprobación de la primera ley de impuestos con características tibiamente proteccionistas. En más de treinta de los ochenta y un artículos de los que constaba la ley se establecían derechos específicos; el resto se refería a gravámenes estimados según el valor. Pero el aspecto más importante de la ley era que imponía

> [...] diversos derechos para favorecer a las fábricas de acero y de papel de Pensilvania, a las destilerías de Nueva York y Filadelfia, a las manufacturas de vidrio de Maryland, a los trabajadores del hierro y destiladores de ron de Nueva Inglaterra. También fueron protegidos los productos derivados de las granjas mediante impuestos sobre los clavos, las botas y los zapatos, y la ropa de confección[30].

Los sectores que lidiaban por la independencia económica no tardaron en descubrir que los tibios aranceles de 1789 no ofrecían una verdadera protección a la industria naciente, y tras arduas disputas lograron que los aranceles fueran aumentados en 1790, 1792 y 1794. Sin embargo, estas subidas resultaron insuficientes debido a la oposición de los sectores políticos que —subordinados ideológicamente a Gran Bretaña— rechazaban los aranceles más altos, porque, en su opinión, los impuestos debían tener como objetivo producir ingresos y no proteger a la industria naciente.

La industria que más se benefició de las leyes de protección fue la naviera. Los armadores y constructores navales se encontraban entre los más ardientes defensores de la independencia, y las leyes para favorecerlos no encontraron gran oposición en el Congreso. La primera ley a favor de la industria naval se tomó el 4 de julio de 1789, y por ella se concedía un descuento del 10% en los derechos de importación a las mercancías que entraran en Estados Unidos en barcos construidos en el país y cuyos propietarios fueran ciudadanos norteamericanos. Con la segunda ley, firmada el 20 de julio de 1789, también se pretendía que el comercio naviero quedara exclusivamente en manos de ciudadanos norteamericanos, para lo cual se impuso un gravamen de seis centavos por tonelada a los barcos de construcción y propiedad estadounidense que entraran en los puertos del país, mientras que a los barcos de construcción norteamericana y propiedad extranjera se les cobraría treinta centavos por tonelada, y cincuenta a los de construcción y propiedad extranjera.

Conviene recordar que la joven república norteamericana no hacía más que seguir el ejemplo que le brindaba la historia inglesa y no lo que predicaban los «desinteresados» consejeros para el resto del mundo, dado que esas dos leyes aprobadas por el Congreso de Estados Unidos estaban inspiradas en las «Leyes de Navegación» votadas por el Parlamento británico en 1651 y en la «Ley para estimular e incrementar los embarques y la navegación» que, en 1660, reforzaba el «Acta de Navegación» de 1651. La norma de 1660 estipulaba que cualquier producto llevado hacia y desde Inglaterra debía ser transportado no solo en barcos tripulados por ingleses, sino construidos en Inglaterra o en las colonias inglesas.

Las leyes aprobadas por el Congreso de Estados Unidos establecieron también —aunque de manera informal— el monopolio del comercio de cabotaje para los barcos norteamericanos. Por ello se estipulaba que aquellos que se dedicaban al comercio costero solo pagarían derechos de tonelaje una vez por año, mientras que los barcos extranjeros debían pagarlos cada vez que arribasen a un puerto norteamericano.

En estas dos leyes está el origen de la poderosa marina mercante de Estados Unidos. Buena prueba de ello es que «el tonelaje registrado para el comercio exterior subió de 123.893 en 1789, a 981.000 en 1810. Las importaciones que eran transportadas en buques norteamericanos aumentaron durante el mismo periodo del 17,5% al 93%, y las exportaciones transportadas en barcos de la misma bandera del 30% al 90%»[31].

Alexander Hamilton: la primera insubordinación ideológica

Como acabamos de mencionar, el padre de la insubordinación ideológica norteamericana contra la teoría de la división internacional del trabajo y los principios del libre comercio, que se atrevió a desafiar a Adam Smith y al pensamiento hegemónico de su tiempo, fue el primer secretario del Tesoro de Estados Unidos, el joven Alexander Hamilton[32]. Tenía solo treinta y tres años cuando, el 11 de septiembre de 1789, George Washington lo nombró secretario del Tesoro y conductor, por tanto, del destino económico de Estados Unidos[33]. Hamilton diseñó un plan para construir una nación económicamente poderosa, cuyo núcleo duro era que Estados Unidos —como cualquier nación atrasada— debía proteger sus industrias nacientes de la competencia extranjera (es decir, de la británica). Desde el principio de su gestión, Hamilton comprendió que la superación del atraso económico de Estados Unidos dependía de una vigorosa contestación al pensamiento librecambista —que él mismo denominó «ideología de dominación»— para poder promover luego, gracias al impulso del Estado y a la adopción de un satisfactorio proteccionismo del mercado doméstico, una sólida política de industrialización.

En el informe sobre las manufacturas que Hamilton presentó al Congreso el 5 de diciembre de 1791 se afirmaba tajantemente que sin industrialización no era posible una independencia real y que la prosperidad solo podía alcanzarse a partir de una plena industrialización[34].

En su informe, Hamilton propuso una serie de medidas para alcanzar el desarrollo industrial, entre las cuales destacaban los aranceles protectores y las prohibiciones de importación; las subvenciones, la prohibición de exportación de materias primas clave; la liberalización de la importación y la devolución de aranceles sobre suministros industriales; las primas y patentes para inventos; la regulación de niveles de producto y el desarrollo de infraestructuras financieras y de transportes[35].

Para hacernos una idea de la complejidad de la situación a la que el secretario del Tesoro se enfrentaba baste con decir que Thomas Jefferson, a la sazón secretario de Estado, se opuso enérgicamente a su programa, aunque sí contó con el apoyo del presidente Washington. Sin embargo, el Congreso —dado que una parte importante de sus miembros habían sido formados en los principios del liberalismo económico y del libre comercio— decidió seguir tímidamente las audaces recomendaciones de Hamilton y, de hecho, muchos congresistas lo hicieron a regañadientes.

Reflexionando sobre el modelo económico propuesto por Hamilton, el economista coreano Ha-Joon Chang afirma irónicamente que, si el norteamericano hubiera sido ministro de Economía de un país en vías de desarrollo actual, «el FMI y el Banco Mundial se habrían negado, sin duda, a prestar dinero a su nación y estarían ejerciendo presiones para su destitución»[36]. El caso es que las ideas clave de Hamilton tuvieron que esperar hasta el fin de la Guerra de Secesión para ser íntegramente aplicadas, pero no hay duda de que «proporcionaron el proyecto para la política económica estadounidense hasta el final de la Segunda Guerra Mundial»[37].

El engrandecimiento económico de Estados Unidos

> Según todos los indicios, Norteamérica habría de caer nuevamente en una situación de dependencia, produciendo materias primas necesitadas por Europa y adquiriendo, a su vez, los artículos manufacturados que esta le proporcionaba. Parecía empresa imposible llegar a competir con Inglaterra en la producción y venta de estas mercaderías.
>
> Harold Underwood Faulkner

> Los países pobres de hoy día son aquellos en cuyos conflictos políticos y guerras civiles ha vencido el sur.
>
> Erik Reinert

La guerra de 1812: divergencia de intereses y subordinación ideológica

La insubordinación ideológica iniciada por Hamilton fue continuada por hombres como Henry Clay y Henry Carey. Curiosamente, este posicionamiento contó con el apoyo teórico de un economista alemán que el azar y la persecución política habían llevado hasta las costas de Estados Unidos: el profesor Friedrich List[38].

Como dijimos anteriormente, en el sector naval las primeras leyes de fomento y protección de la industria nacional norteamericana tuvieron un éxito completo. Sin embargo, los demás sectores industriales solo experimentarían un verdadero despegue durante la guerra de 1812, en la que Estados Unidos y Gran Bretaña volvieron a enfrentarse. Fue entonces cuando Estados Unidos vivió un acelerado proceso de sustitución de importaciones.

Los aranceles establecidos en 1789 y aumentados en 1790, 1792 y 1794 se habían mostrado insuficientes para garantizar un desarrollo industrial sostenido y las industrias sobrevivían a duras penas. Sin embargo, la interrupción de las importaciones provocada por la guerra de 1812 actuó como un eficaz disparador del proceso de industrialización[39]. El temor a que, una vez finalizada la guerra, se produjese una invasión de productos manufacturados británicos —todavía de mejor calidad y de menor precio que los producidos en Estados Unidos— hizo que surgiera, en los estados del norte de la Unión (Nueva York, Nueva Jersey, Pensilvania, Ohio y Kentucky), un poderoso movimiento a favor de la implantación de nuevos impuestos de carácter proteccionista.

Por el contrario, los estados del sur, que deseaban conseguir artículos manufacturados a bajo coste, seguían teniendo en Inglaterra su principal mercado y, como consecuencia, se oponían a cualquier tipo de medida proteccionista. El caso de la exportación de algodón es paradigmático y explica bien el posicionamiento de los estados del sur de Estados Unidos respecto al desarrollo de su proceso de industrialización.

Desde que Eli Whitney inventó en 1793 la desmotadora de algodón, esta materia prima se convirtió en el principal valor comercial del sur y en el producto de exportación más importante de Estados Unidos. La producción y la exportación de algodón crecieron sin parar: entre 1811 y 1815, el promedio anual de producción era de ochenta millones de libras esterlinas, y el de exportaciones, de 42,2 millones. Sin embargo, en el periodo comprendido entre 1821 y 1825, la producción saltó a doscientos nueve millones y las exportaciones a más de ciento cincuenta y dos millones de libras esterlinas.

A medida que las exportaciones de algodón crecían, los ciudadanos de los estados del sur iban teniendo cada vez más clara la idea de que podían crear con la lejana Inglaterra una asociación más provechosa y mucho más segura que la que tenían con los estados del norte. Pero la posición del sur no era solo una simple cuestión de interés egoísta, sino que la gran mayoría de la clase dirigente y de la élite intelectual sureña —en las que merecen citarse a Thomas Cooper, de la Universidad de Carolina del Sur, y a Thomas Dew y George Tucker, de la Universidad de Virginia, ambos subordinados culturalmente a Inglaterra— estaba convencida de que el futuro de Estados Unidos dependía de la agricultura y de que el desarrollo de la industria se producirían naturalmente y sin necesidad de estímulos artificiales.

La élite sureña creía que exportando materias primas e importando productos industriales baratos —en lugar de consumir productos industriales nacionales caros— todos los estadounidenses estarían en mejor situación económica que durante la guerra. En todo caso —argumentaban los intelectuales del sur—, el libre comercio ayudaría a mejorar la competitividad con las industrias del norte.

Por el contrario, a los hombres del pensamiento nacional norteamericano, como Henry Clay, Daniel Raymond Hezekiah o Mathew Carey, les parecía imposible que en el medio plazo los productos fabricados en Estados Unidos pudiesen competir en precio y calidad con los fabricados en Gran Bretaña, por lo que argumentaban que era necesario elevar los aranceles para que los productos importados no fuesen accesibles para los norteamericanos, que se verían «obligados» a comprar productos de fabricación interna. Entonces, puesto que las fábricas quedarían inundadas de pedidos, prosperarían, se expandirían, mejoraría la calidad de sus productos y todos los estadounidenses experimentarían una mejora de su situación socioeconómica. Henry Clay creía, además, que ese desarrollo económico libraría definitivamente a Norteamérica de su dependencia económica respecto a Gran Bretaña.

El temor de que el *dumping* de mercancías europeas puestas en circulación a raíz del fin de la guerra pudiera aplastar a las jóvenes industrias norteamericanas hizo que, en el Congreso, la balanza se inclinara a favor de los proteccionistas y que se aprobara la ley impositiva de 1816, que «imponía gravámenes que oscilaban entre un 7% y un 30%, concediendo especial protección a los algodones, lanas, hierro y otros artículos manufacturados cuya producción había estimulado la reciente guerra»[40]. Sin embargo, aunque la nueva ley era el resultado de un compromiso entre los representantes de los estados del norte y los del sur, resultaba insuficiente para proteger la industria norteamericana de la competencia de la eficiente industria inglesa. Por ello, la ley no puso fin al pulso mantenido entre proteccionistas y librecambistas.

La realidad era que la industria británica no solo era mucho más dinámica que la joven industria norteamericana, sino que, además, Inglaterra llevó a cabo una verdadera política de *dumping* para cortar en seco el desarrollo industrial estadounidense y conservar el mercado norteamericano. Así, inmediatamente después de que se restableciera la paz (1815), los industriales británicos, apoyados por el Gobierno, vendieron a pérdida sus productos en el mercado norteamericano con el propósito de eliminar la competencia de la industria nacional estadounidense. Por ejemplo, los artículos importados vendidos por los ingleses a precio de ganga llegaron en 1815 a los ciento diez millones de dólares, y en 1816, a los ciento cincuenta millones, lo que supuso la ruina y la quiebra de numerosas fábricas pequeñas, que se mostraron incapaces de competir con las inglesas. Como expresó Henry Brougham en el Parlamento británico en 1816: «Bien valía la pena tener una pérdida en la primera exportación con el objeto de, al inundar el mercado, sofocar en la cuna aquellas nacientes manufacturas de Estados Unidos que la guerra obligó a establecer»[41].

Los pensadores estadounidenses que no estaban subordinados ideológicamente a Inglaterra consiguieron, en 1818, que los niveles arancelarios sobre ciertas mercancías fueran más elevados, lo que permitió una mayor protección para la producción de hierro y que el derecho del 25 % sobre el algodón y los tejidos de lana continuara vigente hasta el año 1826.

Desde 1816 hasta 1833, el movimiento a favor del proteccionismo siguió ganando conciencias y los estados industriales del noreste presionaron al Gobierno federal para que efectuase nuevos incrementos en los aranceles. Sin embargo, los estados del sur, que seguían siendo fundamentalmente agrícolas, se mostraban cada vez más en contra de tales aumentos, pues preferían los productos manufacturados más baratos procedentes de Gran Bretaña, argumentando que los aranceles proteccionistas aumentaban la prosperidad del noreste industrial a expensas del oeste y del sur. Para ellos estaba claro que la producción agrícola del sur estaba financiando el desarrollo industrial del norte y, adscriptos fuertemente al principio del libre comercio y a la teoría de la división internacional del trabajo, consideraban absurdo fomentar el desarrollo industrial de Estados Unidos, ya que creían —tal y como habían leído en los escritos de Adam Smith— que el destino «natural» de Estados Unidos era la agricultura y la ganadería, y que cualquier ayuda estatal al desarrollo industrial llevaría al país a la ruina económica.

Surgieron, en consecuencia, dos bloques de poder cada vez más enfrentados. Uno luchaba por la industrialización y la democratización, mientras que el otro entendía que Estados Unidos debía seguir siendo un país esencialmente rural y esclavista.

El gran debate ideológico

En 1828 —fruto del debate intelectual entre librecambistas y proteccionistas, de la agitación de los intereses laneros, del azar y de un error de cálculo por parte de los seguidores del presidente Andrew Jackson—, el Congreso de Estados Unidos aprobó una nueva ley impositiva que elevó los aranceles a su nivel más alto. Los estados del sur rápidamente bautizaron la nueva norma como «Ley de las Abominaciones» y se prepararon para incumplirla. En 1833, el enfrentamiento quedó zanjado provisionalmente con una ley impositiva de compromiso, aunque puede afirmarse que el sur ganó la batalla por las leyes impositivas y, de hecho, desde esa fecha y hasta el estallido de la Guerra de Secesión, las tasas mostraron una constante tendencia a la baja.

La gran expansión comercial que tuvo lugar entre 1846 y 1857 —las exportaciones de algodón a Inglaterra pasaron de los cerca de setecientos millones de libras en 1845 a los casi mil millones en 1851— parecía dar la razón a los partidarios del librecambio. La impresión en los estados del norte de que estaban a punto de perder definitivamente la batalla política por el proteccionismo los llevó al convencimiento de que la disputa debía zanjarse por otros medios. La lucha contra la esclavitud fue la «herramienta» que le permitió al norte continuar su lucha por la independencia económica a través del enfrentamiento bélico.

Abraham Lincoln: el adalid del proteccionismo económico

La esclavitud no había sido un problema para los Padres Fundadores de la independencia norteamericana, que confiaban en su extinción gradual por el simple transcurso del tiempo. A comienzos de 1860, la abolición de la esclavitud ni mucho menos era la cuestión decisiva que enfrentaba a los estados del norte con los del sur —la corriente principal del pensamiento norteño ni siquiera era abolicionista—. Y es que, en efecto, la contradicción principal en el seno de la Unión era proteccionismo *versus* librecambio.

El 16 de mayo de 1860, en la ciudad de Chicago, la Convención Nacional del Partido Republicano eligió a Abraham Lincoln como candidato oficial para la Presidencia de Estados Unidos. Lincoln había iniciado su carrera política en el partido *whig*, formación claramente favorable al proteccionismo económico. Su padrino y mentor político había sido el carismático Henry Clay, que fue presidente de la Cámara de Representantes en varias ocasiones, además de senador por Kentucky y secretario de Estado entre 1825 y 1829.

Durante su dilatada carrera política, Clay fue un feroz opositor del sistema británico de libre comercio y predicó la necesidad de instaurar lo que denominaba «sistema americano», que consistía en establecer una alta protección arancelaria y llevar a cabo un gran programa de obras públicas que dotara a Estados Unidos de la infraestructura necesaria para el desarrollo del comercio y de la industria. Continuador de la insubordinación ideológica iniciada por Hamilton, Clay proponía una clara contestación al hegemónico pensamiento librecambista, identificándolo como una ideología de dominación, por lo que su intención era poner en marcha —con el impulso del Estado y un proteccionismo del mercado doméstico— una política eficaz de industrialización.

Durante la campaña electoral, Lincoln se vio obligado a mantener un perfil bajo respecto al asunto de los aranceles. Sin embargo, su principal asesor económico, el economista Henry Carey, desempeñó un papel intelectual clave, definiendo ideológicamente la contienda electoral como una lucha entre proteccionistas y librecambistas, entre patriotas y probritánicos. En sus intervenciones de campaña, Henry Carey sostuvo que «el libre comercio era parte del sistema imperialista británico que relegaba a Estados Unidos a un papel de exportador de materias primas»[42]. Y, junto con los candidatos republicanos de los estados proteccionistas, calificó despectivamente al Partido Demócrata como el «partido sureño-británico-antiarancelario de desunión»[43].

Importa destacar que Carey, probablemente el economista más famoso y de mayor prestigio de Estados Unidos en el siglo XIX, es hoy completamente desconocido para los estudiantes norteamericanos de Economía. Marx y Engels lo definieron como el «único economista estadounidense importante», y sus libros y folletos fueron traducidos al alemán, al ruso y al japonés. De finales de 1859 a principios de 1860 escribió una serie de cartas abiertas al economista y defensor del librecambio William Cullen Bryant, que tuvieron una importancia decisiva para asegurar la candidatura presidencial de Abraham Lincoln[44].

En las elecciones del 6 de noviembre de 1860, Lincoln obtuvo el 39,82% de los votos populares, aunque en el colegio electoral logró reunir a ciento ochenta electores contra los ciento veintitrés que sumaron sus opositores. Es decir, que, si nos fijamos en el voto popular, Lincoln perdió las elecciones y, si estas se plantearon como una puja entre proteccionistas y librecambistas, no cabe duda de que los votantes optaron por el libre comercio y el fin de las protecciones arancelarias a la industria norteamericana.

Es posible afirmar, por tanto, que el proteccionismo económico que Lincoln representaba y que su partido predicaba como política económica perdió en muchos estados de la Unión la batalla por la opinión pública.

ESTALLA LA GUERRA DE SECESIÓN (1861-1865)

¿El recientemente elegido presidente de Estados Unidos vio con claridad que tenía que optar entre aceptar el mandato popular a favor del libre comercio o imponer por la fuerza de las armas el proteccionismo económico? ¿Se inclinó Abraham Lincoln por la segunda opción? ¿Comprendió que el proteccionismo era la única forma de dejar de ser definitivamente una semicolonia británica e inventó una estrategia política para que los estados del sur se alzaran en armas contra la Unión y tener así la excusa de aplastarlos militarmente para imponer definitivamente el proteccionismo económico? ¿Comprendió Lincoln que la lucha contra la esclavitud haría que el sur se rebelara y procedió en consecuencia? ¿Tendió el presidente una trampa a los estados del sur y estos cayeron en ella sin darse cuenta? Las respuestas a cada una de estas preguntas es un «sí» rotundo[45].

El presidente Lincoln asumió su cargo el 4 de marzo de 1861. Ese mismo año, la Cámara de Representantes aprobó un nuevo aumento arancelario, el sur se rebeló y estalló la guerra. Como señaló el politólogo argentino Jorge Enea Spilimbergo, «los esclavistas del sur, enfrascados en el monocultivo algodonero de exportación, aspiraban al pleno disfrute de sus divisas, o sea, a surtirse de manufacturas inglesas, mejores y más baratas que las de la incipiente industria yanqui protegida»[46].

Lincoln era más proteccionista que antiesclavista. De hecho, «nunca había abogado antes por la abolición forzosa de la esclavitud; consideraba que los negros eran inferiores desde el punto de vista racial y estaba en contra de concederles el derecho de sufragio»[47]. Para él, la abolición de la esclavitud era un tema negociable con tal de mantener la unión de la nación y evitar el enfrentamiento fratricida. Lo único que Lincoln no estaba dispuesto a negociar era el establecimiento de un estricto sistema proteccionista que amparase a la joven e ineficiente industria norteamericana ante la competencia con la industria inglesa.

Proteccionismo y unidad nacional iban de la mano, y Lincoln sabía que una política proteccionista necesitaba —para ser exitosa— un gran mercado interno. Era consciente de que, sin el apoyo o sostén del mercado, no hay poderes consistentes en la historia. Por ello, el presidente, respondiendo a un editorial en la prensa que instaba a la inmediata emancipación de los esclavos, sostuvo contundentemente —en una carta a Horace Greeley de agosto de 1862—, cuando la lucha ya había comenzado:

> Si hay quienes no quieren salvar la Unión a menos que al mismo tiempo puedan salvar la esclavitud, no estoy de acuerdo con ellos. Si hay quienes no quieren salvar la Unión al menos que al mismo tiempo puedan destruir la esclavitud, no estoy de acuerdo con ellos. Mi objetivo supremo en esta lucha es salvar la Unión y no salvar o destruir la esclavitud. Si pudiese salvar la Unión sin liberar ningún esclavo, lo haría; y si pudiese salvarla liberando todos los esclavos, lo haría; y si pudiese hacerlo liberando algunos y dejando en paz a los demás, también lo haría. Lo que hago por la esclavitud y la raza de color lo hago porque creo que ayuda a salvar la Unión, y lo que dejo de hacer es porque creo que ayuda a salvar la Unión[48].

A fin de dejar a los estados del sur una puerta abierta que les permitiera sentarse a una mesa de negociación, Lincoln decretó la emancipación de los esclavos lo más tarde que pudo, esto es, en octubre de 1862.

Durante la guerra civil, Lincoln recibió del Congreso poderes que ningún presidente anterior había ejercido, como el manejo de fondos sin control del Congreso y la facultad de suspender el *habeas corpus*. El presidente ejerció plenamente esas facultades y procedió a ordenar el arresto de varios opositores políticos pertenecientes al Partido Demócrata, partidarios del libre comercio, y a miembros de grupos antibelicistas, sin necesidad de que se redactaran órdenes judiciales. Además, Lincoln procedió a limitar la libertad de expresión, a controlar la prensa y a censurar tanto a los grupos antibelicistas como a los partidarios del libre comercio.

El verdadero significado de la guerra

Durante la Guerra de Secesión, el norte peleaba por la industrialización y sus hombres más lúcidos comprendían que en esa lucha se resolvería la verdadera independencia política de la nación. Así, para la élite política del norte, Estados Unidos libraba una «segunda guerra de la independencia». Los hombres del norte eran conscientes de que una «reconciliación» —en los términos planteados por el sur— implicaba condenar a Estados Unidos a la producción de materias primas y, como consecuencia, a la subordinación económica respecto a la metrópoli británica.

Para evaluar la verdadera naturaleza de la guerra civil norteamericana es preciso tener en cuenta que el sur estaba incorporado al imperio «informal» británico y que, por tanto, la guerra era, en realidad, contra Inglaterra.

El 13 de mayo de 1861, Gran Bretaña se declaró neutral, lo que indicó al mundo que los ingleses tomaban partido por la Confederación, dado que, desde el punto de vista legal, la declaración de neutralidad implicaba que Inglaterra consideraba la crisis como una cuestión de guerra entre dos naciones y no como el «sofocamiento de una insurrección» por parte del Gobierno legítimo de una nación. De este modo Gran Bretaña podía seguir comerciando con ambos bandos y, en consecuencia, el sur podía seguir proveyendo de algodón a la industria textil británica[49].

Winfield Scott, general en jefe del ejército de Estados Unidos, entendió de inmediato que la Confederación debía ser «asfixiada» económicamente mediante el bloqueo de sus puertos. El presidente Lincoln captó rápidamente las virtudes de ese plan y ordenó un desesperado programa de construcciones navales que colateralmente supuso un importante impulso estatal para el desarrollo de la industria naviera. El bloqueo también iba dirigido a golpear al «enemigo lejano», es decir, a Gran Bretaña.

Tras la clara victoria confederada en la segunda batalla de Bull Run, el 2 de septiembre de 1862, Gran Bretaña no solo se ofreció a mediar en el conflicto, sino que estuvo a punto de declararse abiertamente a favor de la independencia de la Confederación, e incluso se planteó la posibilidad de usar su Armada para romper el bloqueo de la Unión.

El sur comprendió entonces que debía hacer algo que diese a Inglaterra el último impulso hacia su participación directa y activa en la guerra, e intentó una «ofensiva fulminante» que desembocó en la batalla de Antietan, el 18 de septiembre de 1862. El enfrentamiento terminó sin un ganador, pero Gran Bretaña lo interpretó como una victoria del norte y abandonó el proyecto de participar directamente en la guerra mediante la ruptura del bloqueo. Aun así, la antigua metrópoli mantuvo su intervención —indirectamente— a favor de los confederados, permitiendo, por ejemplo, que el sur construyera barcos de guerra en Inglaterra. El más famoso de ellos fue el Alabama, que destruyó el comercio de la Unión y que, junto a otros barcos corsarios construidos por los ingleses, prácticamente paralizó a la Marina mercante del norte. En realidad, solo el temor de perder Canadá y de encontrarse desabastecida de trigo y maíz inhibió a Gran Bretaña de participar directamente en la Guerra de Secesión[50].

Por todo lo dicho, y analizando el verdadero significado de la guerra civil norteamericana, el economista e historiador británico George Douglas Cole afirmaba:

> La lucha entre el norte y el sur, que explotó finalmente en la guerra civil, fue, en efecto, una lucha no solo entre los propietarios de esclavos y los empleadores de mano de obra libre, sino también entre los partidarios de la política librecambista, interesados principalmente en las exportaciones, y los partidarios del proteccionismo, que tenían interés principalmente en el mercado nacional[51].

Como sostenía Eric Hobsbawm, resulta evidente que «sean cuales fuesen sus orígenes políticos, la guerra civil norteamericana fue el triunfo del norte industrializado sobre el sur agrario; casi —incluso, podríamos decir— el paso del sur desde el imperio informal de Gran Bretaña, de cuya industria algodonera dependía económicamente, a la nueva y mayor economía industrial de Estados Unidos»[52]. En definitiva, es posible afirmar que la guerra civil que enfrentó a los estados del norte con los del sur no fue ni para la élite política del norte ni para su conducción política —Abraham Lincoln— una lucha de principios contra la esclavitud librada en nombre de la igualdad o de la libertad formales.

Como vemos, la victoria del norte sobre el sur supuso el triunfo definitivo de la «insubordinación fundante» norteamericana, y el pensamiento de Hamilton, List, Clay y Carey será el que marque la pauta de la política económica de todos los Gobiernos de la Unión durante casi cien años, dando como resultado el predominio del proteccionismo en Estados Unidos. La victoria del norte en la guerra civil aseguró que la política económica del país nunca más sería dictada por los aristocráticos plantadores del sur, que se habían aferrado a la división internacional del trabajo y a la teoría del libre comercio, sino por los industriales y políticos del norte, que comprendían que el desarrollo industrial sería en el futuro la verdadera base del poder nacional de Estados Unidos y el instrumento de su grandeza.

El caso es que al finalizar la guerra comenzó una nueva era de proteccionismo. Como acertadamente afirmó Cole:

> Los impuestos de emergencia que se habían aplicado durante la guerra civil no desaparecieron, y en 1864 el nivel promedio de los aranceles era tres veces más alto de lo que había sido bajo la ley de 1857. Desde entonces, un sistema altamente proteccionista que afectaba a cada vez mayor variedad de productos se convirtió en base firme de la política fiscal de Estados Unidos[53].

A partir del fin de la Guerra de Secesión, Estados Unidos vivió un acelerado proceso de industrialización. Ninguna economía progresó tan rápido como la norteamericana:

> Quizá el signo más claro de la rápida industrialización de Estados Unidos sea el aumento de la producción de carbón. En 1860, la producción total era inferior a quince millones de toneladas. Esa cifra se duplicó en la década siguiente, nuevamente se duplicó en la inmediata y otra vez más en la sucesiva, alcanzando cerca de ciento sesenta millones de toneladas en 1890. En 1910 era superior a quinientos millones de toneladas, y en 1920 llegó a más de seiscientos millones de toneladas. Mientras tanto, la producción de hierro en lingote se triplicó entre 1850 y 1870, y se quintuplicó entre 1870 y 1900. A principios del siglo sobrepasó a la producción inglesa, y en 1913 era casi tan grande como tres veces la producción inglesa y dos veces más grande que la alemana[54].

El argumento negrolegendario que se ha transmitido hasta nuestros días

Hacia mediados de 1850, la élite política e ideológica de los estados del sur —que con casi ocho millones de habitantes producían las tres cuartas partes de las exportaciones de Estados Unidos—, cansada de «financiar» el desarrollo industrial deficitario y no competitivo de los estados del norte, pretendía que Estados Unidos se adhiriera, definitivamente, al régimen de librecambio, lo que habría supuesto un golpe mortal al proceso de industrialización.

Si la élite política de los estados del norte no hubiese forzado la guerra civil como único modo de zanjar la disputa ideológica entre librecambio y proteccionismo —querella que, repetimos, el norte perdió políticamente—, es más que probable que Estados Unidos hubiese complementado su industrialización tardíamente y, a pesar de poseer un inmenso territorio, su poder y su posición en el sistema internacional no habrían sido muy diferentes de los que ostentan los grandes Estados periféricos, como, por ejemplo, Brasil.

Es preciso tener presente que cuando los norteamericanos consiguieron su independencia,

> [...] exhibieron marcadas muestras de renuncia a adoptar el meollo del programa de Adam Smith: el librecambio universal y que la conversión de Estados Unidos al liberalismo no ocurrió hasta que ellos mismos se convirtieron en el primer productor industrial del mundo y estaban en camino de convertirse asimismo en su principal exportador a expensas de los británicos[55].

Finalizada la Guerra de Secesión, la élite norteamericana triunfante no hizo más que repetir el proceso de desarrollo seguido por Gran Bretaña. Así, cuando el general Grant, después de dejar la Presidencia de Estados Unidos, participó en la Conferencia de Manchester, explicitó en su discurso que Estados Unidos seguía el «ejemplo» inglés y no la «prédica» inglesa:

> Señores: durante siglos Inglaterra ha usado el proteccionismo, lo ha llevado hasta sus extremos y le ha dado resultados satisfactorios. No hay duda de que a ese sistema debe su actual poderío. Después de esos dos siglos, Inglaterra ha creído conveniente adoptar el librecambio por considerar que ya la protección no le puede dar nada. Pues bien, señores, el conocimiento de mi patria me hace creer que, dentro de doscientos años, cuando Norteamérica haya obtenido del régimen protector lo que este puede darle, adoptará, libremente, el librecambio[56].

En 1875, los aranceles para productos manufacturados oscilaban entre el 35% y el 45%. En 1913 se produjo una reducción de los mismos, pero la medida fue revertida apenas un año más tarde, cuando estalló la Primera Guerra Mundial. En 1922, el porcentaje pagado sobre los bienes manufacturados de importación subió un 30%. En 1925, la tasa arancelaria promedio sobre los productos manufacturados era del 37%, y en 1931, del 48%.

Convertido tras la Segunda Guerra Mundial en la potencia industrial más grande del mundo, en la economía de más alta productividad, y coincidiendo con que tanto el aparato industrial europeo como el japonés estaban destruidos, Estados Unidos —como ya había predicho el presidente Ulises Grant—, después de haber obtenido del régimen protector todo lo que este pudo darle, adoptó el librecambio y se convirtió en el bastión intelectual del libre comercio, si bien todavía en el año 1960 mantenía un arancel promedio del 13%.

A modo de síntesis, es posible resumir las lecciones que se pueden extraer de la historia de Estados Unidos en la frase de Erik Reinert que hemos utilizado en este capítulo: «Los países pobres de hoy día son aquellos en cuyos conflictos políticos y guerras civiles ha vencido el sur»[57]. En las repúblicas hispanoamericanas, en las guerras civiles que de forma abierta o encubierta estallaron tras las independencias, triunfó el «sur», es decir, las posturas favorables al libre comercio. Todas las repúblicas se hicieron librecambistas y se convirtieron, primero, en simples productoras de materias primas para Gran Bretaña y, después, para cualquier otra potencia que se fuera industrializando. Y así ha sido hasta el día de hoy.

Como acabamos de demostrar, ni el desarrollo de Estados Unidos tiene que ver con la «herencia» que recibió de Gran Bretaña, ni el subdesarrollo de las repúblicas hispanoamericanas tiene que ver con la «herencia» que recibieron de España, sino con las políticas económicas adoptadas tras sus respectivas independencias. Mientras Estados Unidos decidió «insubordinarse» respecto a Gran Bretaña y aplicar una política de expansión y unidad territorial —junto con la decisión de proteger su industria naciente—, las repúblicas hispanoamericanas se fraccionaron en tantos pedazos como le fue posible hacer a Inglaterra y decidieron adoptar el libre comercio, convirtiéndose de ese modo en semicolonias británicas.

Es de esta conclusión de donde surge la razón por la cual hemos considerado necesario relatar someramente el fundamento real de la gestación de Estados Unidos: unidad territorial y protección de las industrias en su etapa naciente, y no su herencia cultural. Porque, precisamente, fueron las consignas contrarias a las estadounidenses las que triunfaron en la América hispana: fraccionamiento y librecambio.

En el Tribunal de la Historia se ha presentado el engrandecimiento territorial, económico y político de Estados Unidos como un hecho acusatorio contra España, pero, como hemos demostrado, se trata de una acusación falsa.

Epílogo
España no estuvo sola ni estará sola

Somos sus hijos cariñosos y ninguna bandera
debe estar como la suya tan cerca de nuestro corazón.

Manuel Ugarte

Estimado lector: debo confesarle que, sentado en el polvorín que es hoy Argentina, con una inflación diaria en los alimentos del 3 %, se me ha hecho difícil no solo escribir este epílogo, sino pensar en algo que no sea qué hacer para que mi familia sobreviva económicamente. Argentina está atravesando una de las peores crisis de su historia, porque por primera vez a las recurrentes dificultades económicas se le suma el problema de la inseguridad, que hace que los argentinos, sobre todo los que menos tienen, sean víctimas de robos, violaciones y asesinatos diarios que siempre quedan impunes. Esta situación la atravesamos por culpa de una casta política corrupta que, en lugar de crear trabajo, se ha dedicado a repartir planes sociales y que, en lugar de garantizar la seguridad del pueblo, se ha centrado en defender a los delincuentes. Todos fuimos testigos estupefactos de cómo dos malvivientes asesinaron a una niña de once años para robarle su mochila[1].

Sin embargo, no son mejores las noticias que me llegan de la Madre Patria. En el momento en el que escribo estas líneas, España se encuentra en peligro de muerte y parece que los separatistas de distinto pelaje se han apoderado del

Gobierno. Cierto es que desde hace años los nacionalismos periféricos adoctrinan a los niños en las escuelas sobre una historia falsificada que siembra en sus corazones el odio a España y a la lengua común. Este hecho axial hace que España cabalgue, casi inexorablemente, hacia su fragmentación territorial. Están sembrando odio en la nacionalidad común y, sin duda, cosecharán tempestades.

Aparentemente, nada de esto tiene que ver con los temas tratados en este libro; sin embargo, no debemos olvidar que en la leyenda negra se halla el origen de que la Madre Patria pueda separarse en tres, cuatro o más pedazos. España, al haber interiorizado la leyenda negra, camina hacia su balcanización, hacia su fragmentación territorial, porque muchos, demasiados, españoles adoctrinados —en colegios y universidades— por militantes políticos disfrazados de profesores creyeron que España fue un monstruo que durante trescientos años devastó América. Y los nacionalismos periféricos encontraron en esa idea la excusa para decir que no quieren formar parte de ese monstruo que devoró a América y también a Cataluña[2].

No obstante, en la lucha por establecer la verdad histórica y derrotar a la leyenda negra, España nunca ha estado sola. Son muchas las voces que a lo largo de la Historia se han levantado en Hispanoamérica para defender a la Madre Patria. Resuenan hasta nuestros días los discursos de Hipólito Yrigoyen, Augusto César Sandino, Juan Domingo Perón, Eva Perón, Víctor Raúl Haya de la Torre, Pedro Albizu Campos, Arturo Umberto Illia, José Enrique Rodó, Pedro Henríquez Ureña, Manuel Gálvez, Ricardo Levene, Vicente Sierra, José Vasconcelos, Manuel Ugarte, Rubén Darío, Alberto Ezcurra, Víctor Andrés Belaúnde, Juan José Hernández Arregui, Carlos Pereyra, Jorge Sábato, Leonardo

Castellani, Cayetano Bruno, José Toribio Medina, Arturo Jauretche, Silvio Zavala, Guillermo Furlong, Pedro Godoy, Rómulo Carbia o Jorge Abelardo Ramos, entre otros[3]. Y nos atrevemos a decir que hasta el mismísimo comandante Fidel Castro debería ser incluido en esta lista, porque su antihispanismo fue solo de compromiso, producto de su alianza con la Unión Soviética, como quedó demostrado el 28 de julio de 1992, cuando sostuvo lo siguiente:

> Queremos seguir siendo esta maravillosa mezcla de españoles, de indios, de africanos. Nos sentimos privilegiados por eso. Es lo que nos dio la historia. Es lo que nos dio Dios, para los creyentes. Es lo que nos dio Santiago, hace dos mil años, y eso queremos seguir siendo, eso y parte del alma de España[4].

Todos ellos comprendieron —algunos más temprano, otros más tarde— que el descubrimiento de América fue un acontecimiento trascendental y que Hispanoamérica le debe a España su ser. Por ello, Eva Perón exclamó:

> La epopeya del descubrimiento y la conquista es, fundamentalmente, una epopeya popular. Somos, pues, no solo hijos legítimos de los conquistadores, sino herederos directos de su gesta y de la llama de eternidad que ellos transportaron por sobre los mares [...]. Este es mi homenaje al Día de la Raza, día del pueblo que nos dio el ser y que nos legó su espiritualidad[5].

Y también por ello Augusto César Sandino afirmó:

> Yo veía antes, hace tiempo, con protesta la obra colonizadora de España; pero hoy la veo con profunda admiración.

España nos dio su lengua, su civilización y su sangre. Nosotros más bien nos consideramos como españoles indios de América[6].

Todos ellos entendieron que con la creación de la Hispanidad, América recibió los valores de la cultura grecorromana católica, y no solo sus clases ilustradas, sino también los sectores populares se hicieron legatarios del pensamiento de Sócrates, Platón, Aristóteles, Cicerón, San Agustín y Santo Tomás. Todos ellos comprendieron que Hispanoamérica le debe su unidad sustancial a España, de manera que de Madrid a Kiev o de Granada a Berlín hay más distancia psicológica, sociológica y cultural que de Lima a Sevilla o de Buenos Aires a Salamanca. Todos ellos se dieron cuenta de que los pueblos que se extienden desde los Pirineos a Acapulco y desde California a Tierra del Fuego conforman en sustancia un solo pueblo, un único pueblo, aunque, como resultas de la leyenda negra, hayan perdido la conciencia de su unidad de destino.

Es por ello que el insigne orador y político peruano Víctor Andrés Belaúnde[7], en el banquete ofrecido por el Gobierno español en el Hotel Ritz el 7 de julio de 1927, con motivo del V Congreso de la Prensa Latina, levantó su voz para pronunciar las siguientes palabras:

> Al volver a esta amada tierra, después de larga ausencia, que no disminuyó, sino que aumentó mi amor a ella, tengo hoy la sensación de hallarme frente al generoso espíritu de la raza hispana, que resume y encarna Madrid, la ciudad incomparable [...]. ¿Cómo puede haber latinismo sin España? ¿Cómo se puede hablar, definir y exaltar la cultura latina sin la colaboración del pueblo que la defendió en ocho siglos de

lucha gloriosa, que la hizo triunfar en Lepanto y que le deparó el teatro de su acción futura? Porque bien sabéis que el porvenir de la latinidad está en Hispanoamérica, e Hispanoamérica es una creación de España.

El genio latino, feliz conjunción del pensamiento griego, el derecho romano y el cristianismo, entraña la afirmación del valor supremo del espíritu y del sentido ético de la vida, frente a la filosofía utilitaria anglosajona y la exaltación germánica del instinto vital. El ideal latino es hoy algo más que una tendencia literaria o una orientación de cultura; es una necesidad imperiosa de estos tiempos; pues si él desapareciera o se atenuara, quedaría anulada la esencia de la civilización occidental.

En esta obra latina le toca a España un papel principalísimo. Ningún pueblo ha representado mejor que España su espíritu en lo pasado; ningún pueblo puede hacer en lo porvenir, por ese espíritu latino, lo que solo España está en aptitud de realizar, por su misión providencial de madre y maestra de otras naciones [...]. El destino ha establecido una solidaridad estrecha entre la suerte de España y la suerte de la América española [...]. Yo he venido a este Congreso a hacer un acto de fe, de fe absoluta en el porvenir de España, y, por lo mismo, de fe absoluta en el porvenir de la América española; he venido a proclamar con todas las fuerzas de mi alma esta unidad tanto más bella y tanto más fecunda cuanto que no está encarnada en marcos de interés o de fuerza. Yo sé que materialmente nos divide el océano, pero que por encima de él existe, indivisible y grande, una sola Patria espiritual: Nuestra Madre España[8].

Hoy, sin embargo, no hay un solo político hispanoamericano que levante su voz para defender a España. Actualmente, la leyenda negra —es decir, la falsa historia de la conquista española de América escrita por los enemigos históricos de España e Hispanoamérica— parece haber ganado la batalla cultural, determinando conciencias, costumbres y prejuicios. Pero los tiempos están maduros para la restauración de la verdad. Y esa restauración ya está en marcha.

Agradecimientos

A mis amigos Roberto Vitali y Román Fellippelli, que me ayudaron en la corrección de este libro.

A María Elvira Roca Barea, Alfonso Guerra, Carmen Iglesias, Almudena de Maeztu, Borja Díez de Rivera, Beatriz Paredes, Agustín de Diego Vallejo, Mai Rivas, Gustavo Bueno Sánchez, Inés Carbajal, Vicente Miró, María Maier, José Luis López-Linares, Lourdes Cabezón López, Cristóbal Espín Gutiérrez, Alejandra Bernad Herrera, Miguel de Bertodano, Pilar de Arístegui, Miguel Ayuso, Elena Postigo Solana, Javier Díez de Rivera, Miguel Borrallo, Javier Tafur, Carlos Cremades Carceller, Humberto Gaciappo, Pedro Rodríguez, Carmen Sánchez, Fernando Navarro García, Melchor Ordóñez, Santiago Armesilla, Alicia Melchor, Juan Matías Santos, Javier Barraycoa, Miguel Ángel Vázquez, Lola Gutiérrez Sánchez, Alberto Abascal, Ángel Benzal Pintado, Diego de la Guardia, Ernesto Ladrón de Guevara, Gonzalo Carmona, Noelia Alejandra Martín Abad, Alberto Gil Ibáñez, José Javier Esparza, José Antonio Fúster, Luis Gorrochategui, Javier Portella, Helena Bazán, Hermann Tertsch, Dalmacio Negro Pavón, Félix Postigo, Álex Rosal, Pedro Insua, Frigdiano Álvaro

Durántez Prados, Carlos Espinosa de los Monteros y Bernaldo de Quirós.

Tampoco quiero olvidarme de Ana Zabía, Alfonso Bullón de Mendoza, Jaime Teba, Ramón Garay Despujol, José Pardo de Santayana, Piedad Aguirre, Alfredo García de Tuñón, Javier Batalla, Manuel Martín, Luis Abraira, Antonio Herraiz, Pedro Goenega, Jaime de la Lastra, José Benavides Córdoba, Joaquín Egea, Carmen Gallego, Ramón Tamames, Óscar Rivas, Pablo Drake, Yesurún Moreno, José Luis Orella, Joaquín Villanueva, Antonio Mascali, Concha de la Serna, Daniela Musicco, Juan Melgar, Mayte Spínola, Pilar Arroyo, Ana de Quinto, Pablo Victoria, José Alberto Concha, Luis Miguel Medina, Ramón Díez de Rivera, Ignacio de la Torre, Pedro Mejías, Carlos Corugedo, Iván Espinosa de los Monteros, Antonio Hernández Mancha, Juan Luis Cañero, Jaime Rocha, Marta Eva Castellanos, Leticia Espinosa de los Monteros, Carlos Abella, Pablo Rivas, José Luis Martínez Dalmau, Juan Miguel Becerra, Manuel Montero, Inmaculada Fernández, Miguel Henrique Otero, Inma Castilla de Cortázar, Gabriela Chávez, Emilia Zaballos, Inés Murueta-Goyena, Luis Bay, Fernando Lostao, Joaquín del Pino, Manuel Olmedo Checa, María José Navarro, Antonio Armada, Paloma Gamboa, Ernesto Aspe, José Miguel Lombardía, Yopi Balboa, Patricia Larrinaga, Juan del Río, Remedios Nieto del Río, Marta Belzuz, Antonio Miranda, Ricardo Miranda, Alicia Pardo, Gabriel Calvo Zarraute, David Cebrián, Ana Rosa Semprún, Lola Cruz y a todos los otros amigos que me ayudaron, desinteresadamente, y con una gran generosidad, a dar a conocer mis obras y mi pensamiento en España.

NOTAS

PRÓLOGO

[1] Utilizamos el concepto de «oligarquía financiera internacional» como sinónimo de «imperialismo internacional del dinero», cuya definición tomamos de la realizada por el papa Pío XI en 1931 en su *Carta Encíclica Quadragessimo Anno.* En ese documento, el pontífice caracterizaba al «imperialismo internacional del dinero» como un poder real y concreto surgido de la concentración de la riqueza mundial en unas pocas manos. Los hombres que conforman ese nuevo imperialismo, afirmaba Pío XI, «teniendo en sus manos el dinero y dominando sobre él, se apoderan también de las finanzas y señorean sobre el crédito, y por esta razón administran, diríase, la sangre de la que vive toda la economía, y tienen en sus manos, así como el alma de la misma, de tal modo que nadie puede ni aun respirar contra su voluntad». Ver en http://w2.vatican.va/content/pius-xi/es/encyclicals/documents/hf_p-xi_enc_19310515_quadragesimo-anno.html.

El concepto de «imperialismo internacional del dinero» como entidad política que subordina a los Estados fue retomado y ratificado por Juan XXIII, el 15 de mayo de 1961, en su encíclica *Mater et Magistra,* donde afirmaba: «A la libertad de mercado ha sucedido la hegemonía económica, a la avaricia del lucro ha seguido la desenfrenada codicia de predominio; así toda la economía ha llegado a ser horriblemente dura, inexorable, cruel, determinando el servilismo de los poderes públicos a los intereses de grupo, y desembocando en el imperialismo internacional del dinero». Ver en http://w2.vatican.va/content/john-xxiii/es/encyclicals/documents/hf_j-xxiii_enc_15051961_mater.html. A su vez, en la encíclica *Populorum Progressio,* Paulo VI sostenía:

«Por desgracia [...] ha sido construido un sistema que considera el lucro como motor esencial del progreso económico; la concurrencia, como ley suprema de la economía; la propiedad privada de los medios de producción, como un derecho absoluto, sin límites ni obligaciones sociales correspondientes. Este liberalismo sin freno, que conduce a la dictadura, justamente fue denunciado por Pío XI como generador del imperialismo internacional del dinero». Ver en http://w2.vatican.va/content/paul-vi/es/encyclicals/documents/hf_p-vi_enc_26031967_populorum.html.

2 Arturo Jauretche sostiene que «decir que un individuo o un grupo es de medio pelo señala una posición equívoca en la sociedad; la situación forzada de quien trata de aparentar un estatus superior al que en realidad posee. Con lo dicho está claro que la expresión tiene un valor históricamente variable según la composición de la sociedad donde se aplica [...]. Medio pelo es [entonces] el sector que dentro de la sociedad construye un estatus sobre una ficción en la que las pautas vigentes son las que corresponden a una situación superior a la suya, que es la que se quiere simular. Es esta ficción lo que determina ahora la designación y no el nivel social ni la raza [...]. El medio pelo está constituido por aquellos que intentan fugar de su situación real en el remedo de un sector que no es el suyo y que considera superior. Esta situación, por razones obvias, no se da en la clase alta porque es el objeto de imitación; tampoco en los trabajadores ni en el grueso de la clase media. El equívoco se produce en el ambiguo perfil de una burguesía en ascenso y en sectores ya desclasados de la alta sociedad», Arturo Jauretche, *El medio pelo en la sociedad argentina. Apuntes para una sociología nacional,* Peña Lillo editor, Buenos Aires, 1984, págs. 18 y 19.

3 El imperialismo cultural es la más sutil y, en caso de llegar a triunfar por sí sola, la más exitosa de las estrategias que las grandes potencias pueden llevar a cabo para la preservación y expansión de su poder. A través del imperialismo cultural, las grandes potencias no pretenden la conquista de un territorio o el control de la vida económica, sino el control de las «mentes de los hombres» como herramienta para la modificación de las relaciones de poder: «Si se pudiera imaginar —afirma Hans Morgenthau— la cultura y, más particularmente, la ideología política de un Estado A con todos sus objetivos imperialistas concretos en trance de conquistar las mentalidades de todos los ciudadanos que hacen la política de un Estado B, observaríamos que el primero de los Estados habría logrado una victoria más que completa y habría establecido su dominio sobre una base más sólida que la de cualquier conquistador militar o amo económico. El Estado A no necesitaría amenazar con la fuerza militar o usar presiones económicas para lograr sus fines. Para

ello la subordinación del Estado B a su voluntad se habría producido por la persuasión de una cultura superior y por el mayor atractivo de su filosofía política», Hans Morgenthau, *Política entre las naciones. La lucha por el poder y la paz,* Grupo Editor Latinoamericano, Buenos Aires, 1986, pág. 86.

Capítulo 1. ¿De dónde venimos? De Atenas, Roma y Jerusalén

[1] Véase John Boardman, Jasper Griffin y Oswyn Murray (comps.), *The Oxford History of Greece and the Hellenistic World,* Oxford University Press, Oxford, 1991. Véase también C. M. Bowra, *The Greek Experience,* Mentor Book, Nueva York, 1959; Jacob Burckhardt, *Historia de la cultura griega,* Iberia, Barcelona, 1947, y Paul Cartledge, *The Greeks,* Oxford University Press, Oxford, 1993.

[2] Véase Fustel de Coulanges, *A cidade Antiga,* Universidad de Brasilia, Brasilia, 1966; Jean Delorme, *La Grèce Primitive et archaique,* Armand Colin, París, 1992, y Chester G. Starr, *The Origins of Greek Civilization,* Norton, Nueva York, 1991.

[3] Homero celebrando el triunfo de los griegos sobre los troyanos se convirtió en el fundador de la cultura griega.

[4] Helio Jaguaribe, *Un estudio crítico de la historia,* tomo 1, FCE, México D. F., 2001, pág. 322.

[5] Ibid., pág. 323.

[6] Ibid., págs. 322 y 323.

[7] Ibid., pág. 323.

[8] Ibid.

[9] Diógenes Laercio, *Vidas de los filósofos más ilustres,* Perlado, Buenos Aires, 1940.

[10] Helio Jaguaribe, *Un estudio crítico de la historia,* ob. cit., pág. 324.

[11] Ibid.

[12] William K. Chambers Guthrie, *Historia de la filosofía griega,* vol. IV, Gredos, Madrid, 1988.

[13] Helio Jaguaribe, *Un estudio crítico de la historia,* ob. cit., pág. 325.

[14] El 29 de junio de 1914, el papa Pío X, estableció —a través de un *motu proprio* conocido como *Doctoris Angelici*— que el tomismo, es decir el pensamiento filosófico elaborado por santo Tomás de Aquino a partir de la filosofía de Aristóteles, era la filosofía oficial de la Iglesia católica. En dicho

documento, el papa afirmaba: «Con un ingenio casi angélico, desarrolló y acrecentó toda esta cantidad de sabiduría recibida de los que le habían precedido, la empleó para presentar la doctrina sagrada a la mente humana, para ilustrarla y para darle firmeza[v]; por eso, la sana razón no puede dejar de tenerla en cuenta, y la Religión no puede consentir que se la menosprecie. Tanto más cuanto que si la verdad católica se ve privada de la valiosa ayuda que le prestan estos principios, no podrá ser defendido buscando, en vano, elementos en esa otra filosofía que comparte, o al menos no rechaza los principios en que se apoyan el materialismo, el monismo, el panteísmo, el socialismo y las diversas clases de modernismo. Los puntos más importantes de la filosofía de santo Tomás no deben ser considerados como algo opinable, que se pueda discutir, sino que son los fundamentos en los que se asienta toda la ciencia de lo natural y de lo divino», San Pío X, *Doctoris Angelici. Sobre el estudio de la doctrina de santo Tomás de Aquino,* 29 de junio de 1914. Disponible en http://es.catholic.net/op/articulos/14616/doctoris-angelici.html#modal. Consultado el 2 de diciembre 2022.

[15] Leonardo Castellani, *Elementos de metafísica,* D.A.L.I.A., Buenos Aires, 1951.

[16] Véase Robin Barrow, *Atheniam Democracy,* Nelson, Londres, 1973, y Claude Mossé, *Histoire d'une démocratie: Athènes,* Seuil, París, 1971.

[17] Pierre Briant, *Histoire de l'empire perse. De Cyrus à Alexandre,* Fayard, París, 1996.

[18] Patrice Brun, *La bataille de Marathon,* Larousse, París, 2009.

[19] Pierre Briant, *Darius: les Perses et l'Empire,* Gallimard, París, 1992.

[20] Las Termópilas es un paso ineludible en el trayecto entre el norte y el sur de Grecia, que se extiende desde Lócrida, en Tesalia, entre el monte Eta y el golfo Maliaco. En 480 a. C., el paso era una senda estrecha de cerca de doce kilómetros de ancho situada en la parte inferior del desfiladero. El punto más estrecho del paso, donde los espartanos esperaron al ejército persa, habría sido, probablemente, de menos de cien metros de ancho.

[21] Peter Green, *Les guerres médiques,* Taillandier, París, 2008.

[22] Juan Domingo Perón, *La comunidad organizada y otros discursos académicos,* Machaca Güemes, Buenos Aires, 1973, págs. 180 y 181.

[23] En este sentido, véase A. R. Burn, *Pericles and Athens,* Collier, Nueva York, 1948; François Châtelet, *Périclès et son siècle,* Complexe, Bruselas, 1982, y Mario Attilio Levi, *Péricles,* Universidad de Brasilia, Brasilia, 1991.

[24] Raymond Burgard, *L'expédition d'Alexandre et la conquête de l'Asie,* Gallimard, París, 1937.

[25] Pierre Jouguet, *L'impérialisme macédonien et l'hellénisation de l'Orient,* Albin Michel, París, 1926.

[26] Peter Green, *Alexander of Macedon,* Universidad de California, Berkeley, 1970.

[27] Werner Keller, *Les Étrusques,* Fayard, París, 1976.

[28] Véase Michel Meslin, *L'Homme Romain,* Hachette, París, 1978, y Frederik Poulsen, *Vida y costumbres de los romanos,* Revista de Occidente, Madrid, 1950.

[29] Helio Jaguaribe, *Un estudio crítico de la historia,* ob. cit., pág. 408.

[30] Léon Homo, *Les Institutions Politiques Romaines,* Albin Michel, París, 1970.

[31] Claude Nicolet, *Le métier de citoyen dans la Rome républicaine,* Gallimard, París, 1976.

[32] Gaetano De Sanctis, *Storia dei Romani,* tomo II, Fratelli Bocca, Turín, 1970.

[33] Miguel Ángel Mira Guardiola, *Cartago contra Roma: las guerras púnicas,* Aldebarán, Madrid, 2000.

[34] Juan Domingo Perón, *La comunidad organizada y otros discursos académicos,* ob. cit., pág. 182.

[35] Christian Meier, *César,* Seuil, París, 1989.

[36] Paul Martin, *Antoine et Cléopâtre,* Albin Michel, París, 1995.

[37] Juan Domingo Perón, *La comunidad organizada y otros discursos académicos,* ob. cit., pág. 182.

[38] Helio Jaguaribe, *Un estudio crítico de la historia,* ob. cit., pág. 409.

[39] Ibid., pág. 418.

[40] Helio Jaguaribe, «Mercosur y las alternativas de ordenamiento mundial», en *Octubre Sudamericano,* diciembre de 2000, págs. 29, 30, y 31.

[41] Helio Jaguaribe, *Un estudio critico de la historia,* ob. cit., pág 442.

[42] Gustavo Bueno, «¡Dios salve la Razón!», *El Catoblepas,* núm. 84, febrero de 2009, pág. 2. Disponible en https://nodulo.org/ec/2009/n084p02.htm. Consultado el 2 de diciembre de 2022.

[43] Gustavo Bueno, «El puesto del Ego trascendental en el materialismo filosófico». Disponible en file:///C:/Users/User/Downloads/gb_El%20Ego%20trascedental_2016_pagina_306%20(1).pdf. Consultado el 20 de diciembre de 2022.

[44] Andreas Alföldi, *Costantino tra paganesimo e cristianesimo,* La Terza, Roma, 1976.

[45] A. H. M. Jones, *Constantine and the Conversion of Europe,* Collier Book, Nueva York, 1962.

[46] J. Bidez, *La Vie de l'Empereur Julien,* Les Belles Lettres, París, 1965.

[47] Véase Colin Imber, *El Imperio otomano, 1350-1650,* Vergara, Buenos Aires, 2004, y Robert Mantran, *Histoire de l'Empire Ottoman,* Fayard, París, 1989.

[48] La decisión de construir la basílica de Santa Sofía fue tomada por el emperador Justiniano I el 23 de febrero de 532 y fue inaugurada por el emperador y el patriarca Eutiquio, con mucha pompa, el 27 de diciembre de 537. Hasta 1453 sirvió como catedral ortodoxa bizantina, de rito oriental, de Constantinopla. Fue la sede del patriarca de Constantinopla y la basílica más importante de la Iglesia ortodoxa bizantina durante casi mil años.

[49] Donald M. Nicol, *The Last Centuries of Byzantium. 1261–1453,* Cambridge University Press, Cambridge, 1972, pág. 389.

[50] Véase Donald M. Nicol, *The end of the Byzantine Empire,* Hodder Arnold, Londres, 1979, pág 90, y Steven Runciman, *The Fall of Roman Empire,* Cambridge University Press, Cambridge, 1965, pág. 147.

[51] Véase David Nicolle, *Constantinople, 1453: The end of Byzantium,* Osprey Publishing, Londres, 2000; J. R. Melville Jones, *The siege of Constantinople 1453: Seven contemporary accounts,* Adolf M. Hakkert, Ámsterdam, 1972, y Roger Crowley, *Constantinopla, 1453: el último gran asedio,* Ático de los Libros, Barcelona, 2018.

[52] Helio Jaguaribe, *Un estudio crítico de la historia,* ob. cit., pág. 444.

Capítulo 2. España: de la voluntad de ser a la voluntad de hacer

[1] Pedro Albizu Campos nació el 12 de septiembre de 1891 en la localidad portorriqueña de Ponce y falleció el 21 de abril de 1965 en San Juan de Puerto Rico. De padre criollo, descendiente de venezolanos de origen español y madre mulata descendiente de esclavos africanos, fue el más importante líder político y teórico del independentismo portorriqueño. Estudió en las mejores universidades de Estados Unidos: Ingeniería Química en la Universidad de Vermont, y Derecho, en la de Harvard. Durante la Primera Guerra Mundial sirvió en el Ejército de Estados Unidos durante cuatro años consecutivos. En 1921 regresó a Puerto Rico para trabajar como abogado, pero, a pesar de tener un futuro prometedor en la profesión, decidió consagrar su vida a la lucha por la independencia de Puerto Rico de Estados Unidos. En 1936 fue apresado por la fuerza de ocupación colonial estadounidense y fue condenado a once años de prisión, siendo trasladado para cumplir su pena a la

cárcel de Atlanta. Regresó a Puerto Rico en 1947 con su moral intacta y continuó su lucha por la independencia de Puerto Rico. Fue nuevamente encarcelado en 1950, indultado por el gobernador de Puerto Rico, Luis Muñoz Marín, en 1953, y vuelto a encarcelar en 1954.

Durante su confinamiento comenzó a tener importantes quemaduras en su cuerpo y, desde la prisión, Albizu denunció que estaba siendo sometido a intensas radiaciones. El doctor Orlando Dumy, presidente de la Asociación de Cáncer de Cuba, confirmó que las quemaduras que sufría se debían a la radiación a la que había sido expuesto. Las autoridades norteamericanas se defendieron diciendo que Albizu estaba delirando y no le brindaron ninguna atención médica. Indultado el 15 de noviembre de 1964, falleció el 21 de abril de 1965. A su entierro asistió una multitud de proporciones jamás vista en Puerto Rico.

En 1994, bajo la Administración del presidente Bill Clinton, el Departamento de Energía reveló y reconoció que entre los años 1950 y 1970 había llevado a cabo experimentos con radiación en seres humanos en las cárceles sin el consentimiento de los prisioneros. Pedro Albizu Campos, el más íntegro e importante político e intelectual de la historia de Puerto Rico, fue una de las víctimas de aquellos experimentos. Pagó cara su inquebrantable voluntad de conseguir la independencia portorriqueña. Durante toda su carrera política e intelectual, defendió la obra de España en América y fustigó a los pensadores negrolegendarios, acusándolos de estar al servicio del imperialismo yanqui, y hasta el último minuto de su vida defendió la herencia católica y española de Puerto Rico. En España, casi nadie lo conoce y, en Puerto Rico, los más jóvenes ya han olvidado su nombre. Rescatarlo del olvido es un deber de todo hombre de bien. España le debe un gran homenaje. La frase que hemos utilizado para encabezar el capítulo corresponde al discurso que Pedro Albizu Campos dio, el 12 de octubre de 1933, para reivindicar la conquista española de América en San Juan de Puerto Rico.

[2] Helio Jaguaribe, *Un estudio crítico de la historia,* ob. cit., tomo 2, pág. 405.

[3] Ibid., pág. 406.

[4] Ibid.

[5] La abadía de Saint-Denis está situada en el mismo lugar donde, en el año 270, el primer obispo de París, san Denis (Dionisio) y sus acompañantes fueron martirizados y enterrados. La pequeña capilla allí construida se convirtió en un famoso lugar de peregrinación durante los siglos V y VI. En 630, el rey Dagoberto fundó el monasterio para los monjes benedictinos, donde años más tarde fue formado Pipino el Breve.

[6] Helio Jaguaribe, *Un estudio crítico de la historia,* ob. cit., tomo 2, pág. 372.

[7] Ibid., pág. 379.

[8] Miguel Cruz, «Presencia de Carlomagno en la cultura campesina del Tucumán», *Gladius,* núm. 19, Buenos Aires, 27 de diciembre de 1990, pág. 123.

[9] Ángela Pellicciari, *Una historia única: de Zaragoza a Guadalupe,* Bendita María, Madrid, 2021, pág. 15.

[10] Cada año, en Argentina, miles de fieles participan de la peregrinación al santuario de la Virgen de Luján. Los peregrinos llevan sus peticiones y agradecimientos a la Virgen y reafirman su fe en un trayecto que se extiende por unos sesenta kilómetros a pie. La primera peregrinación a Luján fue el 8 de diciembre de 1854. El 29 de octubre de 1893, el sacerdote Federico Grote, fundador de los Círculos Católicos de Obreros, fue el primero en organizar una peregrinación compuesta principalmente por trabajadores, que prometieron volver año tras año para pedir protección. En 2013, meses después de la designación de Jorge Mario Bergoglio como papa Francisco, la peregrinación a Luján contó con más de dos millones de participantes, lo que supuso el récord de visitantes.

[11] Ángela Pellicciari, *Una historia única,* ob. cit., pág. 21.

[12] Víctor Viciedo, «San Isidoro de Sevilla y el sentimiento de España». Disponible en https://clubjaimeprimero.org/content/san-isidoro-de-sevilla-y-el-sentimiento-de-espana. Consultado el 2 de enero de 2023.

[13] Fueron los propios historiadores árabes los primeros en describir detalladamente el incendio de la Biblioteca de Alejandría, entre ellos, el sabio Abu-l-Hasan Ali Yusuf Ibn al-Qifti (1172-1248), originario de la pequeña población de al-Qift, la antigua Coptos, al norte de Luxor, en el Alto Egipto. Abu-l-Hasan Ali Yusuf Ibn al-Qifti da cuenta del incendio de la Biblioteca de Alejandría en su principal obra, *Ijbar ul-Ulamá (Información de los Sabios),* y aunque contiene algunos errores históricos importantes, es difícil dudar de la honestidad intelectual del autor y de la seriedad de su trabajo. Con el paso del tiempo, y cuando el mundo árabe tuvo otra sensibilidad para con los temas culturales, numerosos historiadores trataron de borrar las huellas y las pruebas del incendio de la más grande biblioteca que el mundo había conocido hasta ese momento. En esa labor fueron acompañados por no pocos intelectuales occidentales —siempre indulgentes a la hora de juzgar la conquista árabe del norte de África e implacables a la hora de juzgar la conquista española de América—, entre ellos Eusèbe Renaudot (1646-1720), Edward Gibbon (1737-1794), Gustavo Le Bon (1841-1931), Alfred Joshua Butler

(1850-1936), Hipólito Escolar Sobrino (1919-2009) y Bernard Lewis (1916-2018). Hoy en día, sin embargo, es preciso destacar que corren ríos de dinero —desde Arabia Saudita— para financiar cualquier investigación y publicación que tienda a afirmar lo que algunos investigadores e historiadores a sueldo, tanto en Occidente como en Oriente, han dado en llamar el «mito de la quema de la biblioteca alejandrina por los árabes musulmanes».

[14] Claudio Sánchez-Albornoz, *España, un enigma histórico,* Edhasa, Barcelona, 1977, tomo 1, pág. 309.

[15] Colmar von der Goltz (1843-1916), en su libro *La nación en armas* (*Das Volk in Waffen,* literalmente, «El pueblo en armas»), publicado en 1883, plantea que una nación debe movilizar todos sus recursos humanos, económicos e ideológicos de los que dispone para poder imponerse en un enfrentamiento bélico moderno.

[16] Claudio Sánchez-Albornoz, *España, un enigma histórico,* ob. cit., pág. 310.

[17] Ibid., págs. 310 y 311.

[18] Ibid., págs. 318 y 319.

[19] Ibid., pág. 319.

[20] Ibid., pág. 15.

[21] Miguel Ayuso, *La Hispanidad como problema. Historia, cultura y política,* Consejo de Estudios Felipe II, Madrid, 2018, pág. 19.

[22] Claudio Sánchez-Albornoz, *La Edad Media española y la empresa de América,* Ediciones Cultura Hispánica, Madrid, 1983, pág. 126.

[23] No se conoce la fecha exacta del nacimiento de Colón y se discute sobre su nacionalidad, llegando algunos a afirmar que era gallego, portugués o judío. Lo más probable es que naciera en Génova en el año 1446 y que sus padres fuesen Domenico Colombo, cardador de lana, y Susana Fontanarossa.

[24] Jacques de Mahieu, *Colón llegó después. Los templarios en América,* Ediciones Sieghels, Buenos Aires, 2012.

[25] María Lara Martínez, en *Enclaves templarios,* Edaf, Madrid, 2013, lanza la hipótesis de que, alrededor de 1307, habría llegado a México una flota compuesta por docenas de barcos, en la que los templarios habrían escapado de la persecución del rey francés Felipe IV, y que desapareció sin dejar rastros.

[26] Benedicto XIII, de nombre secular Pedro Martínez de Luna y Pérez de Gotor, más conocido como «el Antipapa», ejerció su pontificado desde el 28 de septiembre de 1394 hasta el 12 de marzo de 1403. Nacido en Illueca, localidad de la actual provincia de Zaragoza, en el reino de Aragón, el 25 de noviembre de 1328, era miembro de la familia Luna, uno de los principales linajes aragoneses. Por esa razón se le llamó también «el papa aragonés».

[27] Fray Ángel Ortega Pérez (1871-1933), fraile franciscano del monasterio de La Rábida, publicó entre 1925 y 1926 un libro titulado *La Rábida. Historia documental crítica,* en cuatro volúmenes, que constituye la más importante obra escrita sobre la historia de este lugar. Véase Ángel Ortega, *La Rábida: Historia documental crítica,* tomo I: «Épocas Legendario-tradicional e Histórica Antigua», Imprenta y Editorial de San Antonio, Sevilla, 1925.

[28] Ibid., tomo II: «Época colombina [I]: La Rábida, Colón y el Descubrimiento de América, 1485-1506».

[29] Terminada la guerra de Granada, los Reyes Católicos emprenden una decidida ofensiva sobre la ciudad argelina de Orán, que toman el 22 de noviembre de 1494 para volverla a perder al poco tiempo. Pocos años después, tras la muerte de Isabel, el cardenal Cisneros financió, con las rentas del Arzobispado de Toledo, del que era titular, las campañas para reconquistar Malzaquivir, Cazaza, el Peñon de Vélez de Gomera, Tenes, Tedeles, Tremecén y Mostaganem, posesiones que costaría bastante retener en los siguientes siglos. En 1509, las tropas españolas, bajo el mando del cardenal Cisneros y de Pedro Navarro, retoman la ciudad de Orán. Durante la Guerra de Sucesión española, Orán fue abandonada, circunstancia que aprovecharon los turcos para ocuparla entre 1708 y 1732. En ese año, el conde de Montemar, a la orden de Felipe V, reconquistó la ciudad al frente de una expedición española. Manuel Sánchez Márquez, *Historia sintética de España, defensora de la Cristiandad,* Gladius, Buenos Aires, 2000.

[30] Charles F. Lummis, *Exploradores españoles del siglo XVI. Vindicación de la acción colonizadora española en América,* Edaf, Madrid, 2017, pág. 62.

[31] Ibid.

[32] Las «Capitulaciones» le otorgaban a Colón: 1) el título vitalicio y hereditario de almirante de las islas y tierras firmes que descubriese; 2) el título de virrey y gobernador de las islas y tierras descubiertas; 3) el diezmo de los tesoros que hallase y del tráfico comercial en mercaderías; y 4) el título de juez de las causas que ocurriesen con motivo del tráfico de mercaderías.

[33] Archivo General de Simancas, Contaduría Mayor, 1.ª época, leg. 134, s. folio, citado por Manuel Sánchez Márquez, *Historia sintética de España,* ob. cit., pág. 35.

[34] José María Iraburu, *Hechos de los apóstoles de América,* Editorial San Francisco, Mar del Plata, 2021, págs. 29 y 30.

[35] Ibid., pág. 30.

[36] Ibid., pág. 35.

[37] Ibid., pág. 36.

[38] Chantal Caillavet, «Antropofagia y frontera: el caso de los Andes septentrionales», Institut Français d'Études Andines. Disponible en https://books.openedition.org/ifea/2864?lang=es. Consultado el 10 de enero de 2022.

[39] John Lynch, *Dios en el Nuevo Mundo,* Crítica, Buenos Aires, 2012, pág. 31.

[40] Charles F. Lummis, *Exploradores españoles del siglo* XVI*...,* ob. cit., págs. 67 y 68.

[41] Enrique de Gandía, «El fin de la Edad Media y el descubrimiento de América», *Nosotros,* núm. 31, octubre de 1938, págs. 287, 289, 293 y 294.

[42] Charles F. Lummis, *Exploradores españoles del siglo* XVI*...,* ob. cit., pág. 58.

[43] Rowan Gavin Paton Menzies —teniente comandante submarinista, en retiro, de la Real Armada Británica—, siguiendo la tradicional política inglesa de desprestigiar a España y negarle la más mínima gloria, sostiene que el almirante chino-musulmán Zheng He circunnavegó la Tierra antes que Juan Sebastián Elcano y que, en ese viaje, en el año 1421, descubrió América. Esta hipótesis ha encontrado poco apoyo en el mundo académico serio y los historiadores más reconocidos consideran que esas afirmaciones son puramente especulativas y no se basan en hecho alguno. Entre los pocos ensayistas y aficionados a la historia que consideran que Menzies probó la llegada de los chinos a América antes de que lo hiciera Colón se encuentra el argentino-mexicano Enrique Dussel, para fundamentar, desde el punto de vista histórico, la llamada «teoría poscolonial», una forma novedosa que encontró para recrear su tradicional odio a España. Tanto ayer como hoy, las teorías de los hispanofóbicos iberoamericanos encuentran su origen en Inglaterra.

[44] Alberto Buela, «El enemigo histórico de Hispanoamérica es el anglosajón». Disponible en http://unidosxperon.blogspot.com/2014/05/el-enemigo-historico-de-hispanoamerica.html. Consultado el 25 de noviembre de 2019.

[45] Essad Bey, *Mahoma. Historia de los árabes,* El Nilo, Buenos Aires, 1946, págs. 321, 325 y 326.

[46] Jorge Abelardo Ramos, *Historia de la nación Latinoamericana,* Dirección de Publicaciones del Senado de la Nación, Buenos Aires, 2006, pág. 34.

[47] Véase la nota 5 del capítulo 4.

[48] Véase Jean Dumont, *La incomparable Isabel la Católica,* Encuentro, Madrid, 1992, y William Prescott, *Historia de los Reyes Católicos,* Argonauta, Buenos Aires, 1947.

[49] Ángela Pellicciari, *Una historia única,* ob. cit., pág. 81.

[50] «La no existencia, en Castilla, de la ley sálica confirió a Isabel la Católica —jurídica y políticamente— un poder igual al de su esposo Fernando. Por otra parte, el talento extraordinario y la habilidad diplomática de Isabel le dieron un ascendiente sobre su esposo y la convirtieron en una mujer excepcional para su tiempo y para su ambiente. Si hubiese sido una mujer débil, fácil de entregarse a favoritos o a confesores, todo su poder y su talento habrían desaparecido en una alcoba o en un confesonario. Pero ella fue fiel a su marido y medida con el clero. En ningún momento el clero la dominó, sino que, por lo contrario, la Iglesia y la Inquisición fueron para ella instrumentos políticos. Toda su vida Isabel fue la gobernadora. El espíritu de Isabel la Católica ha sido comparado con el de Juana de Arco. En la comparación sale perdiendo la doncella de Orleans», Enrique de Gandía, «El fin de la Edad Media y el descubrimiento de América», ob. cit., pág. 286.

[51] Vicente Sierra, *Historia de la Argentina*, tomo 1, Unión de Editores Latinos, Buenos Aires, 1956, pág. 27.

[52] Rufino Blanco Fombona, *El conquistador español del siglo XVI,* Mundo Latino, Madrid, 1922, págs. 61, 210 y 211.

Capítulo 3. La conquista del territorio que hará realidad la Hispanidad

[1] Arturo Jauretche nació el 13 de noviembre de 1901 en la localidad bonaerense de Lincoln y murió el 25 de mayo de 1974 en la ciudad de Buenos Aires. Fue el más importante sociólogo argentino, aunque jamás fue reconocido como tal por el mundo académico, dominado en Argentina por profesores e investigadores colonizados culturalmente por el liberalismo británico, por el marxismo soviético y, a día de hoy, por el progresismo rosa financiado por la oligarquía financiera internacional. Entre sus obras más importantes pueden citarse *El Plan Prebisch: retorno al coloniaje* (1956), *Los profetas del Odio y la colonización pedagógica* (1957), *Ejército y Política, patria grande o patria chica* (1958), *Política nacional y revisionismo histórico* (1959), *Prosa de hacha y tiza* (1960), *Forja y la Década Infame* (1962), *Filo, contrafilo y punta* (1964), y su obra cumbre, *El medio pelo en la sociedad argentina. Apuntes para una sociología nacional* (1966). Tuvo también una intensa vida política acompañando al presidente Hipólito Yrigoyen y luego a Juan Domingo Perón. La cita de Jauretche está tomada del libro de Norberto Galasso titulado *Jauretche. Biografía de un argentino,* Colihue, Buenos Aires, 2014, pág. 139.

[2] Claudio Sánchez-Albornoz, *La Edad Media española y la empresa de América,* Ediciones de Cultura Hispánica, Madrid, 1983, pág. 26.

[3] Charles F. Lummis, *Exploradores españoles del siglo XVI...,* ob. cit., pág. 47.

[4] Juan Domingo Perón, *La comunidad organizada y otros discursos académicos,* ob. cit., pág. 139.

[5] Bernal Díaz del Castillo, *Historia verdadera de la conquista de la Nueva España,* Porrúa, México D. F., 2007, pág. 24.

[6] William Prescott, *Historia de la conquista de México,* Compañía General de Ediciones, México D. F., 1953, pág. 31.

[7] La cifra total de la población actual de México fue tomada de la página oficial del Banco Mundial, estimada por dicha institución en 2020. Disponible en https://datos.bancomundial.org/indicator/SP.POP.TOTL?locations=MX. Consultado el 30 de marzo de 2022.

[8] Ibid., pág. 136.

[9] Juan José Sebreli, *El asedio a la modernidad,* Sudamericana, Buenos Aires, 1992, págs. 277-283.

[10] Charles F. Lummis, *Exploradores españoles del siglo XVI...,* ob. cit., pág. 85.

[11] Sobre la conquista del imperialismo azteca, véase Raúl Bolaños, *Historia Patria,* EPSA, México D. F., 1994; Miguel León Portilla, *El reverso de la conquista,* Joaquín Motriz, México D. F., 1982; H. Alvarado Tezozomoc, *Crónica mexicana,* Leyenda, México D. F., 1944; Bernal Díaz del Castillo, *Historia verdadera de la conquista de la Nueva España,* ob. cit; Hernán Cortés, *Cartas de Relación de la Conquista de México (Cartas y relaciones al emperador Carlos V),* Espasa-Calpe, Buenos Aires, 1989; Andrés de Tapia, *Relación de la conquista de México,* en Colección de Documentos para la Historia de México, Icazbalceta, tomo II, México D. F., 1920; Francisco de Aguilar, *Historia de la Nueva España,* 2.ª ed., copiada y revisada por Alfonso Teja Zabre, Ediciones Botas, México D. F., 1938.

[12] Charles F. Lummis, *Exploradores españoles del siglo XVI...,* ob. cit., págs. 85 y 86.

[13] El pueblo quiché es uno de los pueblos mayas nativos del altiplano guatemalteco. En tiempos precolombinos, los quichés establecieron uno de los estados más poderosos de la región.

[14] De la familia de los mayas, son también llamados zutuhiles, zotoniles o tz'utuji. En 1524, ante la inminencia del enfrentamiento con los españoles y tlascaltecas, los tzutujiles realizaron los rituales de invocación a sus oráculos y decidieron aceptar la soberanía del emperador Carlos V y el cristianismo como religión. Así se fundó el pueblo de Santiago Atitlán, bajo la

advocación del santo guerrero de los españoles, el caballero Santiago Matamoros.

[15] De la familia de los mayas son también llamados cachiquel, cakchiquel, caqchikel o kaqchiquel. Los kaqchiqueles eran enemigos de los quichés.

[16] Charles F. Lummis, *Exploradores españoles del siglo XVI...*, ob. cit., pág. 222.

[17] Ibid., pág. 223.

[18] Juan José Sebreli, *El asedio...*, ob. cit., pág. 272.

[19] Pedro de Cieza de León, *Crónica del Perú. El señorío de los Incas*, Biblioteca Ayacucho, Caracas, 2005.

[20] Charles F. Lummis, *Exploradores españoles del siglo XVI...*, ob. cit., pág. 236.

[21] Ibid., pág. 241.

[22] Ibid., pág. 240.

[23] Ibid., pág. 238.

[24] José Carlos Mariátegui, *7 ensayos de interpretación de la realidad peruana*, Amauta, Lima, 1994, págs. 169-170.

[25] Charles F. Lummis, *Exploradores españoles del siglo XVI...*, ob. cit., pág. 241.

[26] Ibid., pág. 241.

[27] Ibid., pág. 243.

[28] Juan José Sebreli, *El asedio...*, ob. cit., pág. 272.

[29] Charles F. Lummis, *Exploradores españoles del siglo XVI...*, ob. cit., pág. 253.

[30] Ibid.

[31] Ibid.

[32] Ibid., pág. 254.

[33] «La conquista del Imperio Inca: la verdadera historia». Disponible en https://www.youtube.com/watch?v=9tUEi3whCgo. Consultado el 1 de diciembre de 2019.

Capítulo 4. El legado cultural de España en América

[1] El concepto «pueblo-continente» fue acuñado por el pensador peruano Antenor Orrego (1892-1960), de enorme cercanía, política e intelectual, con el líder político Víctor Raúl Haya de la Torre. Orrego afirmaba: «De

París a Berlín o a Londres, hay más distancia psicológica que de México a Buenos Aires, y hay más extensión histórica, política y etnológica que entre el Río Bravo y el Cabo de Hornos. Mientras que en Europa la frontera es, hasta cierto punto, natural, porque obedece a un determinado sistema orgánico y biológico, en América Latina es una simple convención jurídica, una mera delimitación caprichosa que no se ajusta ni a las conveniencias y necesidades políticas, ni a las realidades espirituales y económicas de los Estados. Mientras que en Europa, con frecuencia, los pueblos originan y construyen los Estados, en América, el pueblo es una gran unidad y los Estados son meras circunscripciones artificiales. Mientras pueblo y Estado en Europa son casi sinónimos, porque hacen referencia a las mismas realidades, porque esta es la traducción política y jurídica del estado económico, físico y anímico de aquel, en América latina pueblo y Estado tienen un sentido diferente y, a veces, hasta antagónico, porque Estado es una simple delimitación o convención que no designa una parcela substancial de la realidad.

Las diferencias entre los pueblos de Indoamérica son tan mínimas y tenues que no logran nunca constituir individualidades separadas, como en el Viejo Mundo. De norte a sur, los hombres tienen el mismo pulso y la misma acentuación vitales. Constituyen en realidad un solo pueblo unitario de carácter típico, específico, general y ecuménico [...]. Somos, pues, los indoamericanos el primer PUEBLO-CONTINENTE de la historia y nuestro patriotismo y nacionalismo tienen que ser un patriotismo y un nacionalismo continentales», Antenor Orrego, *Pueblo-Continente. Ensayos para una interpretación de la América Latina,* Continente, Buenos Aires, 1957, págs. 73-75.

[2] Jorge Abelardo Ramos (1921-1994) nació el 23 de enero de 1921 en la ciudad de Buenos Aires. Fue uno de los más brillantes intelectuales que inspiraron el pensamiento nacional hispanoamericano. Influido desde muy joven por el pensamiento de León Trotski y por la leyenda negra, fue paulatinamente abandonando ambas influencias y en los últimos años de su vida se convirtió en un defensor de la obra de España en América. En 1949, a los veintiocho años, publicó su primer libro, *América Latina: un país.* En 1954 publicó *Crisis y resurrección de la literatura argentina,* una crítica a Jorge Luis Borges no destinada a discutir sus cualidades literarias, sino la filosofía política que inspiraba al ya famoso escritor. En 1957 publicó *Revolución y contrarrevolución en la Argentina,* y en 1968 *Historia de la Nación Latinoamericana.*

Sin embargo, a nuestro entender su producción intelectual más brillante y original se encuentra en sus artículos publicados entre 1983 y 1990 en las revistas *Patria Grande* y *Marcha.* Es en este periodo cuando Ramos logra desprenderse del pensamiento negrolegendario y comienza a valorar primero y a reivindicar después la gesta de España en América. Es justamente la producción intelectual que Ramos realiza entre 1982 y 1990 la que es ocultada por los propagadores de la leyenda negra.

[3] Jorge Abelardo Ramos, *De octubre a septiembre,* Peña Lillo, Buenos Aires, 1959, pág. 123.

[4] Jorge Abelardo Ramos, «El campo de batalla del imperialismo», *Marcha,* año I, núm. 12, 23 de octubre de 1986, pág. 13.

[5] El tema del término «Latinoamérica» como creación del imperialismo cultural francés lo he tratado extensamente en mi obra *Madre Patria.* Expondré ahora solo un breve resumen que no excusa la lectura de lo escrito en dicha obra para quien quiera, sinceramente, discutir con seriedad este tema.

El concepto «América hispánica» fue usado y aceptado por todos los hispanoamericanos desde antes del proceso de independencia y hasta prácticamente 1852, coincidiendo con la creación del segundo Imperio francés. Fue el ideólogo de Napoleón III, el político y economista francés Michel Chevalier (1806–1879), en su libro *Cartas sobre América del Norte,* publicado en 1836, el primer intelectual en elaborar el concepto de una América culturalmente «latina» en contraposición a una América «anglosajona».

Sin embargo, Chevalier no utilizó en su libro la expresión «América Latina». Claramente influidos por Chevalier y Poucel, una parte sustancial de las élites hispanoamericanas que, culturalmente, eran profrancesas y consideraban París como la Meca de la cultura universal, «comenzaron a utilizar el adjetivo "latino" asociado al nombre "América" en los inicios de la década de 1850, y generalmente en el marco de viajes a Francia».

Así lo hicieron el poeta dominicano Francisco Muñoz del Monte (1800-1875) y el ensayista chileno Santiago Arcos Arlegui (1822-1874), quienes, bajo la influencia del pensamiento de Chevalier, manifestaban que en América «la raza latina» estaba sufriendo la agresión de la «raza anglosajona». El 22 de junio de 1856, el escritor chileno Francisco Bilbao Barquín (1823-1865), en una conferencia que dictó en París titulada «Iniciativa de la América. Idea de un Congreso Federal de las Repúblicas», afirmó la existencia de una «raza latinoamericana». Influido por el pensamiento de Chevalier, Bilbao sostenía que dos razas, dos culturas, dos civilizaciones se encuentran en un combate mortal por dominar el mundo, de un lado la cultura sajona/materialista, y del otro la cultura latina/espiritual. Bajo esa misma influencia francesa, el 15 de febrero de 1857, el ensayista y poeta colombiano José María Torres Caicedo (1830-1889), que antes siempre había empleado la expresión «América Española», fue el primer escritor en el mundo en utilizar «América Latina» en su poema intitulado «Las dos Américas», publicado en París en la revista *El Correo de Ultramar.* Desde 1864, Torres Caicedo se instaló en París y se convirtió en el encargado de dirigir la parte política de dicha revista (publicada en español entre 1842 y 1886), que se había transformado sutilmente, desde 1852, en el órgano de propaganda de la política cultural de Napoleón III y del imperio francés. A partir de 1864, José María Torres Caicedo, el padre del término «América Latina», no solo vivió en Francia, sino que vivió de Francia. Va de suyo, aunque ni Torres Caicedo ni Bilbao lo sostengan expresamente, que solo Francia, la única nación poderosa del mundo latino, podía defender en América a la raza latina frente a la demoledora marcha de la raza sajona hacia el sur. Desde 1858, Torres Caicedo solo utilizará la expresión «América Latina». En 1861, cuando la expedición francesa a México se hallaba en su última fase de preparación, en la *Revue des Races latines* se utilizó por primera vez —en una revista escrita en francés— la expresión «América Latina». Resulta evidente que Francia aspiraba a borrar y a eliminar del vocabulario de los hispanoamericanos, en la medida de lo posible, los términos «Hispanoamérica», «América Hispánica» y «América Española». Las élites hispanoamericanas, subordinadas culturalmente por la leyenda negra de la conquista española de América, compartían ese objetivo.

El Gobierno francés se mostró generoso con los hispanoamericanos que colaboraban con su estrategia cultural y no se molestaba con aquellos que mantenían una postura crítica con respecto a la ocupación francesa de México. Los franceses tenían claro que lo decisivo era la batalla por el nombre. En 1861, Torres Caicedo publicó un panfleto titulado *Bases para la formación de una Liga Latino Americana,* y en 1865 un libro que llevaba por nombre *Unión Latino Americana.* En 1875 presidió el I Congreso Internacional de Americanistas, que se desarrolló entre el 18 y el 22 de julio en el prestigioso Palacio Ducal en la ciudad de Nancy, en Francia.

Ya en la década de 1960, Arturo Ardao —como recientemente lo hace Mónica Quijada— defendió el origen latinoamericano —y no francés— de la expresión «América Latina». Y tienen razón, pero más importante que el origen es entender a qué fines sirvió y sirve dicha expresión dentro de la estrategia política del imperialismo cultural francés y del imperialismo cultural norteamericano. Curiosamente, cuando Francia fue derrotada en México, Estados Unidos se propuso alcanzar el mismo objetivo cultural —desterrar los términos «Hispanoamérica» o «América Española»— que se había propuesto Francia. De manera que Estados Unidos continuó la batalla por el cambio del nombre. En las universidades norteamericanas comenzará entonces a ser hegemónico el concepto «América Latina». ¿Cuál fue la razón del éxito de la política cultural primero francesa y luego norteamericana? No hay que buscar la explicación en rebuscadas hipótesis que existen solo en la cabeza de los académicos sin criterio político. La verdad es mucho más simple. La razón del éxito hay que buscarla en los prejuicios que había engendrado la leyenda negra en los hispanoamericanos. Aun los más antiimperialistas, como Manuel Ugarte, tenían vergüenza de llamarse «hispanoamericanos», aunque en muchos casos, como el del propio Ugarte, amaran a España. En Hispanoamérica, las modas intelectuales, hasta el día de hoy, han venido impuestas desde Francia, Inglaterra o Estados Unidos.

[6] Charles F. Lummis, *Exploradores españoles del siglo XVI...,* ob. cit., págs. 76 y 77.

[7] Vittorio Messori, *Leyendas negras de la Iglesia,* Planeta, Barcelona, 2000, pág. 28.

[8] Juan Domingo Perón, *La comunidad organizada y otros discursos académicos,* ob. cit., pág. 141.

[9] Clarence H. Haring, *El Imperio hispánico en América,* Peuser, Buenos Aires, 1958, pág. 265.

[10] Victoria Oliver Muñoz, «La Biblioteca del Colegio Máximo de San Pablo de Lima (1568-1767): Análisis bibliográficos y socioculturales», tesis doctoral, Universidad Complutense de Madrid, 1988.

[11] Https://www.orbehispanico.es/universidades.html.

[12] Ibid.

[13] «Evo Morales, en Rosario (Argentina) participa de una clase magistral en la Universidad Pública». Disponible en https://www.youtube.com/watch?v=u0iqOAgvc7k. Consultado el 31 de marzo de 2023.

[14] Véase Julio Estrada, *La música de México,* 5 vols., UNAM, México D. F., 1984, y Gabriel Saldívar, *Historia de la música en México,* INBA, México D. F., 1934.

[15] Fernando Rodríguez de la Torre, «Antonio de Salazar». Disponible en https://dbe.rah.es/biografias/70776/antonio-salazar. Consultado el 20 de diciembre de 2022.

[16] Ibid.

[17] Ibid.

[18] Fernando Rodríguez de la Torre, «Manuel de Sumaya». Disponible en https://dbe.rah.es/biografias/74187/manuel-de-sumaya. Consultado el 30 de marzo de 2023.

[19] Mal llamada «mexicana», decimos, porque de mexicana solo tenía el nombre, dado que fue una revolución antinacional y antipopular al servicio del imperialismo norteamericano, como veremos en este mismo libro.

[20] Javier Olivera Ravasi, *La contrarrevolución cristera,* Parresía, Buenos Aires, 2021, pág. 131.

[21] «Desde mi llegada a Salta —afirma Carrizo—, en julio de 1928, me puse al habla con la gente del pueblo; pregunté a hombres y mujeres de todas las edades y de las distintas condiciones sociales. No se han escapado a mi interrogatorio ni el gobernador de la provincia con los ministros, ni los eclesiásticos, militares, artesanos, agricultores, mendigos y presos; a todos les he preguntado por los cantos populares que supieran y tal como me ocurrió en Catamarca y Jujuy, me pasó en Salta, algunos sabían trovas populares muy interesantes, otros nada [...]. Siempre he preferido recoger personalmente los versos, aunque para ello tuviera que viajar muchas leguas, como lo he hecho, por regiones inhospitalarias [...].

Los estancieros de Salta fueron mis mejores colaboradores, porque me dejaban hablar con sus peones. En la Pampa Grande, el señor Jaime Gómez no solamente me brindó todo género de facilidades, sino que me franqueó el trato con los obreros en sus horas de trabajo, y puedo asegurar que en los días que estuve allí, aquellos no trabajaban nada, pues yo me sentaba al lado de las parvas de pasto seco y los peones no se movían de mi lado, hasta no dictarme la última copla que recordaban. En Cafayate, con los obreros de los señores Michel Torino; en La Banda Grande, con los de don Ricardo Dávalos; en El Churcal, con los de don Balvín Díaz; en El Cóndor (Rosario de la Frontera), con los de don Abel Mónico, pasó igual cosa; los paisanos, llevados por la curiosidad y el interés, dejaban sus trabajos y se venían a mí», Juan Alfonso Carrizo, *Cancionero popular de Salta,* Baiocco, Buenos Aires, 1935. Disponible en file:///C:/Users/User/Downloads/cancionero-popular-de-salta--0.pdf. Consultado el 2 de febrero de 2023.

[22] Ignacio Tejerina Carreras, «Acerca del orden criollo». Disponible en https://bitacorapi.blogia.com/2006/121901-acerca-del-orden-criollo-de-mi-amigo-alberto-buela.php. Consultado el 2 de febrero de 2023.

[23] «La influencia española en la poesía de Salta fue tan grande y tan hondas raíces echó en la tradición del pueblo que, como he dicho al describir mi itinerario, no es raro hallar, aun en los más escondidos caseríos montañeses, los cantares de la Madre Patria. En Amaicha (de Salta), Gualfín y Jasimana, que son lugarejos sin mayores vinculaciones con el resto de Salta, y cuyos habitantes llevan una vida por demás solitaria, recuerdan, como hemos visto, el *Romance de Blanca Flor y Filomena,* y muchas coplas españolas. La misma antigüedad de la tradición poética española nos la revelan los romances del *Milagro de san Antonio* y el de la *Dama y el rústico pastor,* que han sido conservados en su integridad, lo que no ocurre en España, pese a las diligencias he-

chas por los grandes maestros Menéndez y Pelayo y R. Menéndez Pidal», Juan Alfonso Carrizo, *Cancionero popular de Salta,* ob. cit.

[24] Miguel Cruz nació en Tucumán el 19 de abril de 1947. Entre sus obras destacan: *De los vicios a las virtudes, Camino de juventud, Palabras para un hijo, Primaveras de plomo, Tobías, Una historia de amor con ángeles* y *Una Biblia para mis ahijados.*

[25] Miguel Cruz, «Presencia de Carlomagno en la cultura campesina del Tucumán», *Glauius,* núm. 19, Buenos Aires, 1990, pág. 128.

[26] Ibid.

[27] Ibid., pág. 129.

[28] Ibid., pág. 130.

[29] Ibid., pág. 129.

[30] Ibid., pág. 126.

[31] Ibid., págs. 129 y 130.

[32] Ibid., pág. 130.

[33] Ibid., págs. 130 y 131.

[34] Juan Domingo Perón, *La comunidad organizada y otros discursos académicos…,* ob. cit., págs. 183 y 184.

Capítulo 5. La liberación espiritual de América: la evangelización

[1] Jean Dumont, *La primera liberación de América,* Verbo, Buenos Aires, 1986, pág. 74.

[2] María Isolina Comas, «Los *runatinya:* los tambores inca de piel humana de hombre desollado». Disponible en https://notinor.com/jujuy/los-runatinya-los-tambores-inca-de-piel-humana-de-hombre-desollado/. Consultado el 3 de enero de 2022.

[3] Ibid.

[4] *Historia general de la República del Ecuador,* tomo I, capítulo 3: «Usos y costumbres de las antiguas tribus indígenas del Ecuador». Disponible en http://www.cervantesvirtual.com/obra-visor/historia-general-de-la-republica-del-ecuador-tomo-primero--0/html/0012f708-82b2-11df-acc7-002185ce6064_14.html. Consultado el 20 de enero de 2020.

[5] Carlos Cuervo Márquez, citado por Felipe González Ruiz, «La antropofagia en los indios del continente americano», *Revista de las Españas,* año VII, núms. 75-76, Madrid, 1932, págs. 545-548. Disponible en https://

www.filosofia.org/hem/dep/rde/re075545.htm#:~:text=Basta%20un%20ejemplo%3A%20en%20el,fueron%20rechazados%20con%20notables%20p%C3%A9rdidas. Consultado el 5 de abril de 2022.

[6] José María Iraburu, *Hechos de los apóstoles,* ob. cit., pág. 187.

[7] Ibid., pág. 187.

[8] Ibid., págs. 187 y 188.

[9] José Vasconcelos, *Breve historia de México,* Continental, México D. F., 1959, págs. 147-149.

[10] John Lynch, *Dios en el Nuevo Mundo,* ob. cit., pág. 28.

[11] José María Iraburu, *Hechos de los apóstoles...,* ob. cit., pág. 135.

[12] Juan Zorrilla de San Martín, *Historia de América,* Nascimento, Santiago de Chile, 1950, págs. 47-49.

[13] Marvin Harris, *Caníbales y reyes,* Salvat, Barcelona, 1986, págs. 126-128.

[14] Rafael Breide Obeid, *Política y sentido de la Historia,* Gladius, Buenos Aires, 2020, pág. 166.

[15] Ibid.

[16] Ibid.

[17] Ibid., pág. 167.

[18] Ibid.

[19] Ibid.

[20] Ibid.

[21] Ibid.

[22] Ibid., pág. 170.

[23] Ibid., pág. 171.

[24] John Lynch, *Dios en el Nuevo Mundo,* ob. cit., pág. 27.

[25] Citados por Jean Dumont, «La primera liberación de América», *Verbo,* núm. 267, Buenos Aires, octubre de 1986, pág. 84.

[26] Ibid.

[27] Ibid.

[28] Durante su discurso del miércoles 23 de agosto de 2023, el pontífice dijo que el Evangelio debe transmitirse en la lengua materna y que durante la colonización se intentó imponer un «modelo europeo» por «intereses mundanos [...] sin respetar a los pueblos indígenas». Disponible en https://www.infobae.com/america/mundo/2023/08/23/el-papa-francisco-dijo-que-la-evangelizacion-en-america-se-hizo-sin-respetar-a-los-pueblos-indigenas/. Consultado el 24 de agosto de 2023.

[29] Dumont se graduó en Historia y Filosofía en la Universidad de Lyon y en Derecho en París. Su especialidad era la Historia de la Iglesia. También estudió Historia social y religiosa española de los siglos XV y XVI. Entre sus

obras pueden citarse: *Proce Contradictoire de l'Inquisition Espagnole* (1983), *L'Église au Risque de l'Histoire* (1984, reeditado en 2002 con prólogo de Pierre Chaunu), *La Révolution Française ou Les Prodiges du Sacrilège* (1984), *L'Incomparable Isabelle la Catholique* (1992), *La Vraie Controverse de Valladolid* (1995) y *Lepante, l'Histoire Étouffée* (1997).

[30] Jean Dumont, «La primera liberación de América», ob. cit., pág. 86.

[31] José María Iraburu, *Hechos de los apóstoles...*, ob. cit., pág. 17.

[32] Julián Heras, *500 años de fe. Historia de la evangelización de América latina,* Sin fronteras, Lima, 1985, pág. 12.

[33] Ibid.

[34] Ibid., pág. 14.

[35] Ibid.

[36] Ibid.

[37] José María Iraburu, *Hechos de los apóstoles...*, ob. cit., pág. 171.

[38] Ibid., pág. 179.

[39] Ibid., pág. 178.

[40] «Dos cartas de Robert Louis Stevenson, calvinista, sobre el impacto de una misa y un elogio a España». Disponible en https://www.religionenlibertad.com/cultura/16617/dos-cartas-de-robert-louis-stevenson-calvinista-sobre-el-impacto-de.html. Consultado el 15 de marzo de 2023.

[41] Ibid.

[42] Pablo Yurman, *Instantes decisivos de la historia argentina,* Imago Mundi, Buenos Aires, 2018, pág. 24.

[43] Ibid.

[44] Luiz Alberto Moniz Bandeira, *La formación de los estados en la cuenca del Plata: Argentina, Brasil, Uruguay, Paraguay,* Norma, Buenos Aires, 2006, págs. 37 y 38.

[45] Pablo Yurman, *Instantes decisivos de...*, ob. cit., pág. 24.

[46] José María Iraburu, *Hechos de los apóstoles...*, ob. cit., pág. 208.

[47] Ibid., pág. 212.

[48] Ibid., pág. 213.

[49] Ibid., pág. 214.

[50] Ibid., pág. 220.

[51] Ibid.

[52] Ibid., pág. 223.

[53] Alberto Caturelli, «La Virgen María y la evangelización de América», *Gladius,* núm. 19, Buenos Aires, 25 de diciembre de 1990, pág. 27.

[54] Ibid., pág. 28.

[55] Ibid.

[56] Ibid., pág. 29.

[57] Ibid., pág. 21.

[58] Ángela Pellicciari, *Una historia única,* ob. cit., pág. 56.

[59] Alberto Caturelli, «La Virgen María y la evangelización de América», ob. cit., pág. 38.

[60] Antenor Orrego, *Pueblo Continente. Ensayos para una interpretación de América Latina,* Continente, Buenos Aires, 1957, págs. 73-75.

Capítulo 6. México: de cómo un territorio español desarrollado se convirtió en un país subordinado a Estados Unidos

[1] El Electorado de Hannover, conocido también como Principado de Brunswick-Luxemburgo, fundado en 1708, fue un antiguo estado alemán.

[2] El Electorado de Sajonia, fundado el 10 de enero de 1536, fue un antiguo estado alemán constituido a partir del Ducado de Sajonia-Wittenberg tras la Dieta de Núremberg, con la que el emperador alemán Carlos IV estableció la organización del Sacro Imperio Romano Germánico por medio de la Bula de Oro de 1356.

[3] El llamado real de a ocho, dólar español, peso duro o, simplemente, duro, acuñado desde mediados del siglo XVI, fue la moneda más importante del mundo hasta entrado el siglo XIX. Su gran prestigio fue el principal valor utilizado para los grandes pagos y las operaciones financieras en las que por primera vez se iban a ver implicados los diversos continentes. Sobrevivió a la disolución del imperio español en América y fue moneda de curso legal en Estados Unidos nada menos que hasta 1857.

[4] En su propiedad de Mount Vernon, Washington llegó a tener ciento veintitrés esclavos.

[5] En ese combate, conocido como la batalla de Fort Washington, cincuenta y nueve colonos rebeldes murieron en acción y dos mil ochocientos treinta y siete fueron tomados como prisioneros de guerra. Después de la dura derrota, las tropas británicas persiguieron al ejército del general George Washington a través de Nueva Jersey y Pensilvania, y los británicos consolidaron su control sobre el importante puerto de Nueva York y el este de Nueva Jersey.

[6] Manuel Lucena Giraldo, *Premoniciones de la independencia de Iberoamérica: las reflexiones de José de Ábalos y el conde de Aranda sobre la situación de la América española a finales del siglo XVII,* Doce Calles, Madrid, 2003.

[7] «Memorial de 1783 atribuido al conde de Aranda». Disponible en https://archivos.juridicas.unam.mx/www/bjv/libros/8/3637/9.pdf. Consultado el 10 de diciembre de 2022.

[8] Ibid.

[9] Ibid.

[10] Juan José Hernández Arregui, *Nacionalismo y liberación,* ob. cit., págs. 86-89.

[11] Ibid., pág. 88.

[12] Juan José Hernández Arregui, *¿Qué es el ser nacional?,* Peña Lillo, Buenos Aires, 2005, pág. 45.

[13] Juan José Hernández Arregui, *Nacionalismo y liberación,* ob. cit., pág. 83.

[14] Alberto Methol Ferré, *El Uruguay como problema,* Banda Oriental, Montevideo, 1971, pág. 51.

[15] Esta afirmación es cierta incluso en el caso de la Unión de las Repúblicas Socialistas Soviéticas (URSS), donde, paradójicamente, el socialismo científico —que predicaba y practicaba un ateísmo militante— era vivido como una fe. El marxismo soviético era en realidad una «religión invertida». «El marxismo —afirma Alfredo Sáenz— es enemigo frontal de la religión [...]. Su filosofía es esclava del tiempo presente. No medita jamás sobre el sentido del sufrimiento y de la muerte [...]. Sin embargo, su lucha no es la de un ateo escéptico, sino la de un creyente invertido, la del que cree [...], pero en la antirreligión».

Resulta evidente también que cuando el comunismo dejó de ser vivido como una fe religiosa, cuando los miembros del partido dejaron de ser hombres de fe socialista, dejaron de ser revolucionarios para convertirse en burócratas (en miembros de la nomenclatura) y la URSS comenzó, entonces, a desintegrarse. Es preciso aclarar que esa «Fe fundante» bolchevique era contraria a la esencia misma de la nación rusa y, por tanto, profundamente antipopular, pues se oponía a la fe profesada por la mayoría del pueblo. Ese carácter antipopular no solo condenaba a los bolcheviques al uso permanente de la fuerza para mantenerse en el poder, sino que, además, condenaba ese intento de construcción de poder nacional al fracaso, por estar siempre enfrentado a las mayorías populares y a la esencia misma de la nación rusa. Alfredo Sáenz, *Rusia y su misión en la historia,* tomo 2: «La experiencia soviética y la supervivencia de Rusia», Gladius, Buenos Aires, 2011, pág. 142.

[16] Jorge Abelardo Ramos, «La relación Iglesia-Estado», *Politicón,* Buenos Aires, agosto de 1986.

[17] Alberto Methol Ferré, «La Iglesia en América Latina: La historia contemporánea (1945-1986)», *Nexo,* núm. 10, diciembre de 1986, pág. 51.

[18] Helio Jaguaribe apunta con precisión que «en el curso de la historia de Estados Unidos, la religión básica calvinista de los colonos fundadores se fue confundiendo con el patriotismo americano. Por tanto, una de las explicaciones de por qué el americano es tan religioso es porque la religión americana no es tan solo metafísica, no es una religión relacionada únicamente con la fidelidad a Dios; es una religión relacionada con la patria, es una religión en la cual, a través de Dios, en verdad se cultiva también la tradición de los colonos fundadores, cosa que constituye aquello que para ellos parece ser el carácter intrínsecamente bueno de la sociedad americana: "Nosotros somos intrínsecamente buenos, intrínsecamente virtuosos y nuestra religión es una demostración de esto". A través de la religión se enfatiza esta virtualidad, estas virtudes que el pueblo americano se atribuye a sí mismo, y esto me causa una interesante reflexión de equivalencia, de semejanza, con lo que pasó en Bizancio, donde el cristianismo bizantino, en el curso del tiempo, se identificó con el amor a la patria. Entonces el cristianismo justificaba, daba legitimidad al patriotismo, y el patriotismo daba empuje al cristianismo. Algo semejante ocurre en Estados Unidos», entrevista personal del autor a Helio Jaguaribe, Rosario, octubre de 2004.

[19] La fusión entre religión y patriotismo fue una característica fundamental de la civilización bizantina. Jaguaribe precisa aún más el concepto en su obra *Un estudio crítico de la historia,* donde afirma que «en Bizancio, cristianismo y patriotismo generaron un proceso dinámico de recíproca legitimación y estímulo. Quedó interrelacionada la promoción de los valores bizantinos y la de los cristianos. La asombrosa recuperación de poderío militar y la reconquista de los territorios perdidos por Heraclio, cuando Bizancio había quedado severamente debilitado, fueron logradas como cruzada cristiana e impulsadas por una profunda fe que se convirtió en una importante motivación en las triunfales empresas emprendidas por la dinastía macedónica y por los tres primeros Comneno», Helio Jaguaribe, *Un estudio crítico de la historia,* ob. cit., pág. 502.

[20] Http://constitucionweb.blogspot.com.ar/2010/04/discurso-de-despedida-de-washington-al.html.

[21] Alexis Tocqueville, *De la démocratie en Amérique,* Gallimard, París, 1961, pág. 130.

[22] Incluso Jefferson, Paine y otros líderes deístas o no creyentes se vieron obligados a invocar la religión para justificar la Guerra de Independencia. Dado el humus cultural de la nación norteamericana, resulta una constante que los dirigentes políticos deban calificar al enemigo como la encarnación del Mal.

[23] Samuel Huntington, *¿Quiénes somos? Los desafíos a la identidad nacional estadounidense,* Paidós, Buenos Aires, 2004, pág.109.

[24] Pierre Melandri, «In God We Trust!», *Vingtième Siècle,* núm. 19, julio-septiembre de 1988, pág. 7.

[25] Ibid., pág. 6.

[26] Yves-Henri Nouailhat, «La Cour Suprême et la séparation de l'Église et de l'État», *Vingtième Siècle,* núm. 19, julio-septiembre de 1988, pág. 83.

[27] Pierre Melandri, «In God We Trust!», ob. cit., pág. 5.

[28] Alexis Tocqueville, *De la démocratie en Amérique,* vol. I, Gallimard, París, 1961, págs. 304-305.

[29] Yves-Henri Nouailhat, «La Coeur Suprême...», ob. cit., pág. 83.

[30] Alexis Tocqueville, *De la démocratie en Amérique,* ob. cit., pág. 309.

[31] Pierre Melandri, «In God We Trust!», ob. cit., pág. 8.

[32] Yves-Henri Nouailhat, «La Coeur Suprême...», ob. cit., pág. 80.

[33] En 1962 la situación cambió totalmente cuando la Corte Suprema expidió un dictamen prohibiendo las plegarias en las escuelas públicas. Como consecuencia lógica de esta prohibición, se produjo, en 1963, la supresión de la lectura de la Biblia. El cambio fue vivido de forma dramática por gran parte de la población estadounidense y fue considerada por los grupos más fundamentalistas como una nueva conspiración contra Estados Unidos.

[34] Esta premisa fue expuesta en forma explícita por el juez Douglas en 1952, durante el Caso Zorach *vs.* Clausen.

[35] Alfredo Sáenz, *La gesta de los cristeros,* Gladius, Buenos Aires, 2012, págs. 26-28.

[36] En diciembre de 1822, el general Antonio López de Santa Anna proclamó la República y, en marzo de 1823, Iturbide se vio obligado a abdicar. Se exilió en Europa y casi un año después, el 18 de julio de 1824, regresó a México, ignorando que se le había declarado traidor a la patria. Al llegar Iturbide, por temor a que se desatara una reacción popular a su favor, fue detenido inmediatamente. El forjador de la independencia fue fusilado el 19 de julio. Iturbide tenía cuarenta y un años de edad. En 1838 sus restos mortales fueron trasladados a Ciudad de México e inhumados con honores en la capilla de San Felipe de Jesús en la catedral metropolitana.

[37] Seguimos, para realizar esta semblanza, el libro de José Fuentes Mares, *Poinsett. Historia de una gran intriga,* Jus, México D. F., 1958, y la obra de Guillermo Gallardo, *Joel Robert Poinsett, agente norteamericano (1810-1814),* Emecé, Buenos Aires, 1984.

[38] Jorge Óscar Sulé, *Iberoamérica y el indigenismo,* Fabro, Buenos Aires, 2011, pág. 9.

[39] Victoriano Salado Álvarez, *Poinsett y algunos de sus discípulos,* Jus, México D. F., 1968.

[40] Para entender cabalmente la importancia estratégica de la labor realizada por Joel Robert Poinsett se hace necesario describir brevemente la carrera política de por lo menos algunos de los más importantes líderes mexicanos formados en las reuniones que el agente especial del Gobierno de Estados Unidos organizaba en su residencia. Entre los hombres influidos por el embajador destacan los siguientes: José Miguel Ramón Adaucto Fernández y Félix, más conocido como Guadalupe Victoria, primer presidente de México (1824-1829) y, antes, diputado por Durango y miembro del Supremo Poder Ejecutivo; Vicente Ramón Guerrero Saldaña, que fue miembro del Supremo Poder Ejecutivo entre 1823 y 1824, luego ministro de Guerra y Marina, en 1828, y que ocupó la Presidencia de México desde el 1 de abril de 1829 hasta el 17 de diciembre de ese mismo año; Lorenzo de Zabala, que en 1824 integró el Congreso Constituyente, siendo después presidente del mismo, gobernador del Estado de México en 1827, ministro de Hacienda en el Gobierno de Vicente Guerrero en 1829, y que apoyó al movimiento separatista texano y fue nombrado diputado del Congreso de la República de Texas y luego primer vicepresidente de la República de Texas. Lo políticamente relevante de Lorenzo de Zabala, hombre formado por Poinsett para justificar la eliminación de toda la herencia española, fue la aparición de su libro *Ensayo histórico de las revoluciones de México desde 1808 a 1830,* cuya primera edición fue realizada, en 1832, por la imprenta Elliot y Palmer de Nueva York.

Aunque Zabala fue un traidor a su patria, aquella obra fue tomada como fuente indiscutida por muchos historiadores mexicanos. En él, Lorenzo de Zabala —como han hecho la mayoría de los políticos e historiadores mexicanos hasta el día de hoy— destila un odio visceral a España, sin criticar jamás a Estados Unidos, que ya preparaba la independencia de Texas, producida en 1835, y su futura anexión por el Gobierno de Washington, que tuvo lugar en 1845. «¿Qué es el pueblo español en el día, delante de los pueblos civilizados?», se pregunta De Zabala. A lo que responde: «Un país de anatema y de maldición; un país en que no es permitido pensar, ni mucho menos decir lo que se siente; un país en que los extranjeros no pueden internarse sin temer ser perseguidos por una policía obscura y suspicaz o tal vez insultados por un pueblo supersticioso excitado por los frailes». Por último, Manuel Gómez Pedraza y Rodríguez, que fue presidente de México entre 1832 y 1833.

[41] Una vez instalado en México, Poinsett desempeñó un papel fundamental en la sanción, el 20 de diciembre de 1827, de la primera «Ley General de Expulsión», promulgada bajo el Gobierno de Guadalupe Victoria, que, recordemos, había sido formado por Poinsett. Dicha ley establecía la expulsión de todos los españoles residentes en México en un periodo de tiempo de

seis meses. En esta segunda estadía, Poinsett ejerció también su influencia sobre Miguel Ramos Arizpe, en aquel momento ministro de Justicia del Gobierno de Guadalupe Victoria, y, posteriormente, del de Manuel Gómez Pedraza.

[42] Véase Marcelo Gullo, *Nada por lo que pedir perdón. La importancia del legado español frente a las atrocidades cometidas por los enemigos de España,* Espasa, Barcelona, 2022, págs. 69 y 70.

[43] Véase José Bravo Ugarte, *La guerra a México de Estados Unidos: 1846-1848,* Colegio de México, México D. F., 1951; Stephen A. Carney, *The occupation of Mexico. May 1846-July 1848. U. S. Army campaigns of the Mexican War,* Didatic Press, San Diego, 2015; Miguel Ángel González Quiroga, «La guerra entre Estados Unidos y México», en *Revista de Historia de la Universidad Autónoma de Nuevo León,* núm. 9, 2012, págs. 20-29; Douglas Meed, *The Mexican War 1846-1848,* Osprey Publishing, Londres, 2002; Leticia Martínez Cárdenas, César Morado Macías y J. Ávila Ávila, *La guerra México-Estados Unidos. Su impacto en Nuevo León, 1835-1848,* Senado de la República, México D. F., 2003; Ramón Alcaraz, *Apuntes para la historia de la guerra entre México y los Estados Unidos,* Forgotten Books, Londres, 2018, y René Chartrand, *Santa Anna's Mexican Army, 1821-1848,* Osprey Publishing, Oxford, 2004.

[44] «Lo más vergonzoso —afirma Vasconcelos— de los tratados fue la forma de compra de tierras que se les dio desde el momento en que se aceptaba la indemnización de quince millones de pesos. Por quince millones de pesos vendimos a la esclavitud a nuestros hermanos de Nuevo México y de California sin consultarlos. Mucho más honroso habría sido aceptar que el vencedor tomase lo que quisiese, pero sin manchar a la patria con el oro de una conquista que se acepta y se valúa. Pero ¿quién podía entender de honor en una patria que tenía por héroe a un Santa Anna?», José Vasconcelos, *Breve historia de México,* ob. cit., pág. 349.

[45] Kevin Starr, *California: A History,* The Modern Library, Nueva York, 2005.

[46] José Vasconcelos, *Breve historia de México,* ob. cit., pág. 385.

[47] Ibid.

[48] Ibid., pág. 396.

[49] Ibid., pág. 397.

[50] Ibid., págs. 408 y 409.

[51] Ibid., págs. 432 y 433.

[52] John Lynch, *Dios en el Nuevo Mundo,* ob. cit., pág. 319.

[53] Ibid.

[54] Ibid.

[55] Ibid., pág. 320.

[56] José Vasconcelos, *Breve historia de México,* ob. cit., pág. 477.

[57] Ibid., págs. 476 y 477.

[58] Ibid., pág. 483.

[59] Ibid.

[60] Ibid.

[61] John Lynch, *Breve historia de México,* ob. cit., pág. 320.

[62] José Vasconcelos, *Breve historia de México,* ob. cit., pág. 486.

[63] José María Iraburu, *Hechos de los apóstoles…,* ob. cit., pág. 425.

[64] José Vasconcelos, *Breve historia de México,* ob. cit., pág. 486.

[65] John Lynch, *Dios en el Nuevo Mundo,* ob. cit., pág. 321.

[66] Cecilio Emilio Valtierra nació el 22 de noviembre de 1898 en la hacienda de Jalpa de Cánovas, de 32.126 hectáreas de extensión, ubicada en el estado de Guanajuato. Fue el segundo hijo del que fuera talabartero de la hacienda. Como era la costumbre en el campo mexicano, Cecilio aprendió el oficio de su padre y vivió de este hasta la desaparición de la hacienda en los años cincuenta del siglo XX. Fue cristero y, aunque no tomó las armas, se desempeñó como informante y sirvió de enlace entre las guerrillas cristeras y los párrocos de la zona limítrofe entre los Altos de Jalisco y el Bajío. Falleció a finales de la década de los setenta. Sus recuerdos de la Guerra Cristera, aparecidos en la revista *David* a lo largo de la segunda mitad de los años cincuenta, los escribió con pluma y tinta en un cuaderno de líneas azules y, aunque escritos con errores de ortografía —como el cambio de la s por la z—, son de una redacción correctísima en cuanto a la sintaxis, con sorprendentes pasajes con cierta vena literaria.

[67] José María Iraburu, *Hechos de los apóstoles…,* ob. cit. pág. 426.

[68] Ibid., págs. 426 y 427.

[69] Ibid., págs. 427 y 428.

[70] «Carta enciclica *i niquis afflictisque* del sumo pontífice Pío XI a los venerables hermanos patriarcas, primados, arzobispos, obispos y otros ordinarios del local que tienen paz y comunión con la sede apostólica». Disponible en https://www.vatican.va/content/pius-xi/it/encyclicals/documents/hf_p-xi_enc_19261118_iniquis-afflictisque.html. Consultado el 3 de enero de 2023.

[71] Ibid.

[72] José María Iraburu, *Hechos de los apóstoles…,* ob. cit., pág. 430.

[73] John Lynch, *Dios en el Nuevo Mundo,* ob. cit., pág. 325.

[74] Ibid., pág. 326.

[75] Mirtea Elizabeth Acuña Cepeda, *Cristeras, las mujeres en combate. Las cristeras, una página olvidada de la historia,* Academia Española, Saarbrucken, 2012, pág. 30.

[76] Ibid., pág. 28.

[77] Ibid., pág. 29.

[78] Ibid., pág. 30.

[79] Alfredo, Sáenz, prólogo del libro de Javier Olivera Ravasi, *La contrarrevolución cristera,* Parresía Ediciones, 2021, Buenos Aires, pág. 4.

[80] Alfredo Sáenz, «Arquetipos cristianos. Anacleto González Flores». Disponible en http://www.gratisdate.org/texto.php?idl=57&a=775. Consultado el 2 de febrero de 2023.

[81] Alfredo, Sáenz, prólogo de *La contrarrevolución cristera,* de Javier Olivera Ravasi, ob. cit., pág. 4.

[82] En uno de sus más célebres discursos, Anacleto González Flores afirma: «Muchos católicos desconocen la gravedad del momento y, sobre todo, las causas del desastre. Ignoran cómo los tres grandes enemigos, el protestantismo, la masonería y la revolución, trabajan de manera incansable y con un programa de acción alarmante y bien organizado. Estos tres enemigos están venciendo al catolicismo en todos los frentes, a todas horas y en todas las formas posibles. Combaten en las calles, en las plazas, en la prensa, en los talleres, en las fábricas, en los hogares. Trátase de una batalla generalizada, tienen desenvainada su espada y desplegados sus batallones en todas partes. Esto es un hecho. Cristo no reina en la vía pública, en las escuelas, en el Parlamento, en los libros, en las universidades, en la vida pública y social de la Patria. Quien reina allí es el demonio. En todos aquellos ambientes se respira el hálito de Satanás.

Y nosotros ¿qué hacemos? Nos hemos contentado con rezar, ir a la iglesia, practicar algunos actos de piedad, como si ello bastase para contrarrestar toda la inmensa conjuración de los enemigos de Dios. Les hemos dejado a ellos todo lo demás, la calle, la prensa, la cátedra en los diversos niveles de la enseñanza. En ninguno de esos lugares han encontrado una oposición seria. Y si algunas veces hemos actuado, lo hemos hecho tan pobremente, tan raquíticamente, que puede decirse que no hemos combatido. Hemos cantado en las iglesias, pero no le hemos cantado a Dios en la escuela, en la plaza, en el Parlamento, arrinconando a Cristo por miedo al ambiente. Reducir el catolicismo a plegaria secreta, a queja medrosa, a temblor y espanto ante los poderes públicos cuando estos matan el alma nacional y atasajan en plena vía la Patria, no es solamente cobardía y desorientación disculpable, es un crimen histórico religioso, público y social, que merece todas las execraciones… Las almas sufren de empequeñecimiento y de anemia espiritual. Nos hemos convertido en mendigos, renunciando a ser dueños de nuestros destinos. Se nos ha desalojado de todas partes, y todo lo hemos abandonado. Hasta ahora casi todos los católicos no hemos hecho otra cosa que pedirle a Dios que Él haga, que Él obre, que Él realice, que haga algo o todo por la suerte de la Iglesia en nuestra Patria. Y por eso nos hemos limitado a rezar, esperando que Dios obre. Y todo ello bajo la máscara de una presunta "prudencia".

Necesitamos la imprudencia de la osadía cristiana. Los católicos de México (y de todo el orbe) han vivido aislados, sin solidaridad, sin cohesión firme y estable. Ello alienta al enemigo al punto de que hasta el más infeliz policía se cree autorizado para abofetear a un católico, sabiendo que los demás se encogerán de hombros. Más aún, no son pocos los católicos que se atreven a llamar imprudente al que sabe afirmar sus derechos en presencia de sus perseguidores. Es necesario que esta situación de aislamiento, de alejamiento, de dispersión nacional, termine de una vez por todas, y que a la mayor brevedad se piense ya de una manera seria en que seamos todos los católicos de nuestra Patria no un montón de partículas sin unión, sino un cuerpo inmenso que tenga un solo programa, una sola cabeza, un solo pensamiento, una sola bandera de organización para hacerles frente a los perseguidores», «Arquetipos cristianos. Anacleto González Flores», ibid.

[83] Ibid., pág. 7.

[84] *La raza cósmica. Misión de la raza Iberoamericana. Argentina y Brasil* es un ensayo publicado en Madrid en 1925 y en París en 1928 por el filósofo y académico mexicano José Vasconcelos Calderón, secretario de Educación Pública entre 1921 y 1924 y candidato a presidente en las elecciones de 1929. Los hispanoamericanos —sostiene Vasconcelos— tienen sangre de las cuatro razas primigenias del mundo: la roja (amerindios), la blanca (europeos), la negra (africanos) y la amarilla (asiáticos): la mezcla entre todas ellas dará como resultado la aparición, en el futuro, de una quinta y última, la más perfecta y sublime de todas las razas: la «raza cósmica», trascendiendo las gentes del viejo mundo. De tal suerte que Hispanoamérica será, según Vasconcelos, la suma de toda la humanidad y el punto culminante de su historia. Hispanoamérica, que para Vasconcelos, como para Rodó, incluye a Brasil, es donde se combina la Hispanidad europea, síntesis de celtas, romanos y germanos, con el espíritu contemplativo del indio americano, la sensualidad del africano y el sentido de unidad colectiva del asiático.

[85] José Vasconcelos, *La raza cósmica. Misión de la raza iberoamericana*, Agencia Mundial de Librería, París, 1928, págs. 4 y 5.

[86] «José Anacleto González Flores y ocho compañeros». Disponible en https://www.vatican.va/news_services/liturgy/saints/ns_lit_doc_20051120_anacleto-gonzalez_sp.html. Consultado el 1 de febrero de 2023.

[87] Véase Cecilio E. Valtierra, *Mis memorias y actuación en pro del movimiento libertador en Jalpa de Cánovas, Guanajuato,* Universidad Nacional Autónoma de México, Instituto de Investigaciones sobre la Universidad y la Educación, México D. F., 2017; Luis Rubio Hernansáez, *Zacatecas bronco: introducción al conflicto cristero en Zacatecas y norte de Jalisco, 1926-1942,* Universidad Autónoma de Zacatecas, Zacatecas, 2008; Alejandro Arteaga Martínez, *La guerra cristera según Jaime Chabaud: historia, ficción, intertextualidad,* Anagnórisis, México D. F., 2013; Marco Fabrizio Ramírez Padilla, *La guerra de religión en México (1926-1929),* Palabra de Clío, México D. F., 2014, y «Las batallas cristeras, un tema muy controversial». Disponible en https://elprovincia.com/cultural/la-guerra-cristera-un-tema-muy-controversial-primeras-batallas/. Consultado el 1 de diciembre de 2022.

[88] José María Iraburu, *Hechos de los apóstoles…,* ob. cit., pág. 436.

[89] Ibid.

[90] Ibid., pág. 437.

[91] Ibid., pág. 436.

[92] John Lynch, *Dios en el Nuevo Mundo,* ob. cit., pág. 325.

[93] Ibid.

[94] «José Anacleto González Flores y ocho compañeros». Disponible en https://www.vatican.va/news_services/liturgy/saints/ns_lit_doc_20051120_anacleto-gonzalez_sp.html. Consultado el 3 de febrero de 2023.

[95] Fue el gobernador Francisco Múgica el que tuvo el «honor» de ordenar la persecución religiosa y el terrorismo de Estado contra el pueblo católico. Fue Múgica también el que mandó cambiar el nombre de la ciudad capital del estado de Tabasco, que por ese entonces era el de San Juan, por el de Villahermosa que lleva actualmente.

[96] Véase Isabel Guadalupe Chávez Zamora, «Tomás Garrido Canabal. Del líder carismático al líder institucional», tesis en la Universidad Nacional Autónoma de México, mayo de 1984. Disponible en http://132.248.9.195/pmig2019/0027118/Index.html. Consultado el 23 de enero de 2023; Carlos Martínez Assad, *El laboratorio de la Revolución: El Tabasco garridista,* Siglo XXI, México D. F., 1981; Manuel González Calzada, *Tomas Garrido (al derecho y al revés),* Publicaciones y Ediciones Especiales, México D. F., 1940; Baltasar Dromundo, *Tomás Garrido. Su vida y su leyenda,* Guarania, México D. F., 1976; Diógenes López Reyes, *Historia de Tabasco,* Gobierno de Tabasco, Villahermosa, 1980; Alan Kirshner, «Tomás Garrido Canabal y el movimiento

de los Camisas Rojas», *SEP-Setentas,* núm. 267, 1976, y Pepe Bulnes, *Gobernantes de Tabasco. 65 años de episodios nacionales, 1914-1979,* ed. del autor, México D. F., 1979.

97 El uniforme de los brigadistas estaba compuesto de camisa roja, pantalón negro y boina roja.

98 Isabel Guadalupe Chávez Zamora, *Tomás Garrido,* ob. cit., pág. 66.

99 Carlos Pereyra, citado por Alfredo Sáenz, «Arquetipos cristianos. Anacleto González Flores». Disponible en http://www.gratisdate.org/texto.php?idl=57&a=775. Consultado el 2 de febrero de 2023.

100 José María Iraburu, *Hechos de los apóstoles…,* ob. cit., pág. 437.

101 Ibid., pág. 439.

102 Ibid.

103 Ibid., pág. 440.

104 Ibid., pág. 442.

105 John Lynch, *Dios en el Nuevo Mundo,* ob. cit., pág. 324.

106 Ibid., pág. 326.

107 Ibid., pág. 327.

Capítulo 7. Estados Unidos: de cómo una colonia subdesarrollada se convirtió en una potencia mundial

1 Manuel Oliveira Lima nació en Recife, capital de Pernambuco (Brasil), en 1867. Cuando tenía seis años, su familia se trasladó a Lisboa, donde transcurrió su formación primaria y secundaria. Posteriormente, estudió en la Universidad de Lisboa, donde consiguió su título de doctor en Filosofía y Letras en 1888. En 1890, con tan solo veintitrés años, ingresó en el cuerpo diplomático brasileño y fue nombrado agregado adjunto en Lisboa. Cumplió funciones diplomáticas en Berlín, Washington, Londres, Tokio, Perú, Venezuela y Bruselas. Una vez jubilado, decidió residir en Washington, donde falleció en 1928. Entre sus obras destacan *Pernambuco, seu desenvolvimento histórico, Aspectos da literatura colonial, Sete anos de República, O movimento da Independencia, Memória sobre o descobrimento do Brasil, America latina e America inglesa, Nos Estados Unidos* y *No Japão.*

2 Manuel Oliveira Lima, conferencia en la Universidad de Harvard, citado por Carlos Pereyra, *La obra de España en América,* M. Aguilar Editor, Madrid, 1930, pág. 280.

[3] Émile Boutmy nació en París en 1835. Abogado y doctor en Derecho, profesor de Derecho Público y de Historia Comparada de las Civilizaciones, en 1872, junto a René Stourm y Hippolyte Taine, fundó la École Libre des Sciences Politiques, de la que fue director hasta su muerte en 1906. Defendió siempre la autonomía de las Ciencias Políticas como disciplina científica, frente a otros intelectuales, como Claude Bufnoir, que la consideraban una rama del Derecho. El principal anfiteatro del Instituto de Estudios Políticos de la Universidad de París, inaugurado en 1936, lleva su nombre.

[4] Émile Boutmy, *Éléments d'une Psychologie politique du Peuple américain: la nation, la patrie, l'État, la religion,* Hachete BnF, París, 2022, pág. 279.

[5] Ibid., págs. 279-282.

[6] Vittorio Messori, *Leyendas negras de la Iglesia,* ob. cit., pág. 28.

[7] Denominamos «impulso estatal» a todas las políticas realizadas por un Estado para crear o incrementar cualquiera de los elementos, tangibles o intangibles, que conforman el poder de ese Estado. De manera general podemos afirmar que entran dentro del concepto todas las acciones llevadas a cabo por una unidad política dirigidas a animar, incitar, inducir o estimular el desarrollo o el fortalecimiento de cualquiera de los elementos, materiales o espirituales, que integran el poder nacional. De manera restrictiva, también usamos el concepto para referirnos a todas las acciones llevadas a cabo por un Estado dirigidas a poner en marcha las fuerzas necesarias para superar el estado de subordinación y el subdesarrollo.

Un ejemplo paradigmático de «impulso estatal» fue el «Acta de Navegación» inglesa de 1651 y sus sucesivas reformas. Para nosotros, una evidencia histórica es que el impulso estatal ha sido siempre lo que ha permitido convertir el poder en potencia de un Estado en poder en acto. En realidad, del estudio profundo de la historia de la política internacional se desprende que, en el origen del poder nacional de los principales Estados que conforman el sistema internacional, se encuentra siempre el impulso estatal. Esto es así porque el poder nacional no surge espontáneamente del simple desarrollo de los recursos nacionales. Además, en los Estados débiles y, por tanto, subordinados, la necesidad del impulso estatal se ve acrecentada porque los Estados que más poder tienen tienden a inhibir la realización del potencial de los Estados subordinados para que no se altere la relación de fuerzas en detrimento suyo. Véase al respecto Marcelo Gullo, *Relaciones internacionales. Una teoría crítica desde la periferia sudamericana,* Biblos, Buenos Aires, 2018.

[8] El primer intento de desarrollar la fabricación de tejido de lana alterando deliberadamente los principios del libre comercio y el libre mercado fue llevado a cabo por Eduardo III (1327-1377), que prohibió, lisa y llana-

mente, la importación de tejidos de lana. Es importante destacar que, después de Eduardo III, esa orientación de la economía inglesa fue continuada por sus sucesores, que procedieron, en 1455, a prohibir la introducción de tejidos de seda a fin de favorecer a los artesanos ingleses. Años más tarde, para desplazar a los negociantes italianos y flamencos, se prohibió a los extranjeros exportar lana. En 1464 —como destaca Henri Pirenne—, la monarquía prohibió la entrada de paños del continente, anunciando así la política decididamente proteccionista que pocos años más tarde llevará a cabo Enrique VII, a partir de 1489. No cabe duda de que, desde Enrique VII, el proteccionismo económico se convirtió en una verdadera política de Estado.

Enrique VII e Isabel I usaron el proteccionismo, las subvenciones, la distribución de derechos de monopolio, el espionaje industrial patrocinado por el Gobierno y otros medios de intervención gubernamental para desarrollar la industria manufacturera de la lana de Inglaterra, a la sazón el sector más avanzado tecnológicamente de Europa. En 1565, Isabel I renovó y reformuló la prohibición de exportar ovinos vivos establecida por Eduardo III, penando con un año de cárcel y la amputación de la mano izquierda a todo aquel súbdito que violara la prohibición. En caso de reincidencia, la legislación permitía la aplicación de la pena de muerte.

Finalmente, en 1578, Isabel estimó que Gran Bretaña estaba ya en condiciones de procesar toda su producción de lana y procedió, en consecuencia, a prohibir totalmente la exportación de lana virgen. Isabel I, además de fomentar la industria manufacturera de la lana, promovió la totalidad de la economía nacional inglesa protegiendo a la naciente industria de la metalurgia, del azúcar, del cristal, del jabón, del alumbre y de la sal. Isabel desarrolló el mercado interno para la naciente industria, estableciendo salarios mínimos, dictando diversas leyes protectoras de los campesinos y proporcionando trabajo a los pobres. Durante los cuarenta y cinco años que duró su reinado, Inglaterra gozó de una extraordinaria prosperidad económica.

[9] Julio Severes, *Por qué crecieron los países que crecieron,* Edhasa, Buenos Aires, 2010, pág. 116.

[10] Cuadro elaborado por Harold Underwood Faulkner, *Historia económica de los Estados Unidos,* Nova, Buenos Aires, 1956.

[11] Véase R. M. Tryon, *Household, Manufactures in the United States, 1640-1860,* Universidad de Chicago, Chicago, 1917.

[12] Sobre el veto británico a la industrialización de las Trece Colonias y las políticas establecidas por Gran Bretaña para impedir el desarrollo industrial, véanse las obras de C. M. Andrews, *The Colonial Background of the American Revolution,* Universidad de Yale, New Haven, 1924; G. L. Beer, *The*

Old Colonial System, 1660-1754, Macmillan, Nueva York, 1912; Hugh Egerton, *A Short History of British Colonial Policy,* Methuen, Londres, 1924; J. W. Horrocks, *A Short History of Mercantilism,* Methuen, Londres, 1924, y Gustav Schmoller, *The Mercantile System and Its Historical Significance,* Smith, Nueva York, 1931.

[13] Tan solo a modo de ejemplo recordemos que durante el reinado de los Estuardo se prohibió la emigración de obreros calificados a las colonias de América y «en 1765, el Parlamento volvió a aplicar en forma mucho más estricta la vieja prohibición sobre la emigración de obreros capacitados. En 1774 dio un paso más amplio al prohibir la exportación de modelos y planos mecánicos y de las mismas máquinas. Después de la Revolución, estas medidas se hicieron más extensas y se aplicaron con mayor rigor», William Miller, *Nueva Historia de los Estados Unidos,* Nova, Buenos Aires, 1961, pág. 165.

[14] Harold Underwood Faulkner, *Historia económica…,* ob. cit., pág. 134.

[15] Ibid., pág. 135.

[16] Ibid.

[17] Dan Lacy, *El significado de la Revolución norteamericana,* Troquel, Buenos Aires, 1969, pág. 49.

[18] Louis Hacker, «The First American Revolution», *Columbia University Quarterly,* núm. XXVII, 1935, págs. 259-295.

[19] Los ensayistas socialistas o marxistas nunca lograron comprender que los colonos norteamericanos llevaron a cabo la primera guerra de liberación nacional contra el imperialismo británico. León Trotsky fue uno de los raros intelectuales de izquierda que percibió claramente este hecho cuando afirmó que «el Gobierno británico no solo hizo todo lo posible, a finales del siglo XVIII, para retener a Estados Unidos bajo la categoría de colonia, sino que más tarde, durante los años de la guerra civil, apoyó a los esclavistas del sur contra los abolicionistas del norte, esforzándose, en beneficio de sus intereses imperialistas, en hundir a la joven República en un estado de atraso económico y desunión nacional», León Trotsky, *Escritos latinoamericanos,* CEIP, Buenos Aires, 2007, pág. 92.

[20] Harold Underwood Faulkner, *Historia económica…,* ob. cit., pág. 277.

[21] Adam Smith, citado por Friedrich List, *Sistema Nacional de Economía Política,* Aguilar, Madrid, 1955, pág. 97.

[22] Véase la obra de R. A. East, *Business Enterprise in the American Revolutionary Era,* Universidad de Columbia, Nueva York, 1938.

[23] Harold Underwood Faulkner, *Historia económica…,* ob. cit., pág. 162.

[24] Ibid.

[25] Ibid.

[26] Ibid.

[27] Durante el transcurso de la guerra, «mucha gente se comprometió a no comer oveja o cordero y a no comprarles a los carniceros que los vendieran para que se pudiera emplear la lana para ropa. Los cultivadores del sur empleaban a sus vecinos blancos más pobres dándoles a hilar o tejer, o levantaban ellos mismos talleres de telares y enseñaban a sus esclavos ese trabajo. Aun los más ricos iban vestidos con telas caseras», ibid., pág. 163.

[28] Ibid., pág. 167.

[29] Ibid.

[30] Ibid., pág. 181.

[31] Ibid., pág. 253.

[32] Alexander Hamilton nació el 11 de enero de 1757 en una pequeña isla del Caribe en las Indias Occidentales en la localidad de Charlestown. En el otoño de 1773, comenzó a estudiar en el King's College —hoy Universidad de Columbia—, aunque, cuando se produjo la ocupación de Nueva York por las tropas británicas, el College tuvo que cerrar sus puertas y Hamilton no pudo graduarse. Durante la guerra fue ayudante de campo de George Washington y tuvo una destacada participación en el decisivo asalto a Yorktown.

[33] Ha-Joon Chang, *¿Qué fue del buen samaritano? Naciones ricas, políticas pobres,* Universidad Nacional de Quilmas, Buenos Aires, 2009, pág. 77.

[34] «El Secretario del Tesoro, en cumplimiento del mandato del 15 de enero de 1790 de esa Cámara de Representantes, ha dedicado su atención [...] al asunto de las manufacturas, y particularmente a los medios para fomentar las que tiendan a tornar a Estados Unidos independientes de otras naciones en su abastecimiento militar y de bienes esenciales. Y así, respetuosamente, presenta el siguiente informe. La conveniencia de alentar las manufacturas en Estados Unidos, que no ha mucho se consideraba muy cuestionable, parece ahora reconocerse bastante generalmente [...]. La importación de bienes manufacturados invariablemente despoja de su riqueza a los pueblos meramente agrícolas. Compárese la situación de los países manufactureros de Europa con la de los que solo se dedican a la agricultura, y se verá una disparidad sorprendente. No solo la riqueza, sino la independencia y la seguridad de un país parecen estar íntimamente ligadas a la prosperidad de las manufacturas». Al elaborar su informe, Hamilton tiene presente la experiencia concreta de Inglaterra y es el primero en darse cuenta de que una cosa era lo que Inglaterra efectivamente había realizado —y realizaba— en materia de política económica para industrializarse y progresar industrialmente y otra lo que propagaban Adam Smith y otros voceros. Hamilton conocía bien la historia de Gran Bretaña y por eso sabía que Inglaterra se presentaba al

mundo como la patria del libre comercio, cuando en realidad era la cuna del proteccionismo económico. Es por eso que, en las partes más sustanciales del informe elaborado por Hamilton, puede leerse: «Habiéndose ya examinado plenamente los atractivos de impulsar las manufacturas en Estados Unidos, así como las principales objeciones que comúnmente se les contraponen, conviene considerar a continuación los medios por los cuales se efectuarán, antes de pasar a especificar los renglones que deben impulsarse en el actual estado de cosas, y las medidas particulares que fuera aconsejable adoptar respecto a cada uno.

Para formarse un mejor juicio de los medios a los que puede recurrir Estados Unidos, será útil examinar los que se han aplicado venturosamente en otros países. Los principales son los siguientes:

I. Aranceles proteccionistas; es decir, aranceles a los artículos extranjeros rivales de los productos nacionales que se pretende fomentar. Los aranceles de este tipo obviamente equivalen a un virtual subsidio a la fabricación nacional, pues al aumentar los sobrecargos a los artículos foráneos, le permiten al manufacturero nacional vender más barato que sus competidores extranjeros. No hace falta abundar sobre lo apropiado de este tipo de incentivos...

II. Prohibición de artículos rivales, o aranceles equivalentes a una prohibición. Este es un medio distinto y eficaz de alentar las manufacturas nacionales, pero en general solo conviene aplicarlo cuando las manufacturas del caso hayan alcanzado tal grado de desarrollo y estén en tantas manos que se garantice una competencia adecuada, así como un abastecimiento suficiente y en términos razonables. Considerando que la política de darle monopolio de su mercado interno a sus propios manufactureros es la que prevalece en las naciones manufactureras, casi pudiera decirse que en Estados Unidos se impone, en todas las instancias apropiadas, una política similar, por los principios de la justicia distributiva, y en todo caso por el deber de asegurar ventajas recíprocas para sus ciudadanos.

III. Veto a la exportación de materias primas necesarias para las manufacturas.

IV. Subsidios pecuniarios. Este ha resultado ser uno de los medios más eficaces de fomentar las manufacturas, y, en opinión de algunos, el mejor. Contra los subsidios existe algún prejuicio, nacido de la apariencia de que constituyen una dádiva de fondos públicos sin justificación inmediata, y del supuesto de que sirven para enriquecer a ciertas clases a expensas de la comunidad. Pero ninguna de estas objeciones resiste un examen concienzudo. No hay propósito en el que puedan invertirse más provechosamente los fondos públicos que el desarrollo de una nueva rama de la industria; ninguna consideración más valiosa que un aumento permanente del acervo de trabajo productivo.

V. Premios. Estos son de naturaleza similar a los subsidios, aunque se distinguen de ellos en ciertos rasgos importantes. Concebidos como gratificaciones a la vez lucrativas y honoríficas, los premios van dirigidos a diversas pasiones; tocan tanto las cuerdas de la emulación como del interés. Así, constituyen una forma muy económica de estimular la iniciativa de toda una comunidad [...]. Mucho se ha logrado en Gran Bretaña empleando este medio; Escocia, en particular, le debe en gran parte el prodigioso mejoramiento de sus condiciones. De una institución similar en Estados Unidos, con fondos y apoyo del Gobierno de la Unión, cupiera esperar grandes beneficios.

VI. Exención arancelaria a las materias primas de las manufacturas.

VII. Fomento de nuevos inventos y descubrimientos en Estados Unidos, e introducción de los que se hagan en otros países, particularmente los relativos a la maquinaria. Este es uno de los más útiles e indudables auxilios que se le pueden dar a las manufacturas. Los medios usuales de otorgarlo son las recompensas pecuniarias y, por algún tiempo, los privilegios exclusivos.

VIII. Normas prudentes para la inspección de bienes manufacturados. Este medio no es de los menos importantes para promover la prosperidad de las manufacturas. En algunos casos, ciertamente, es de los más esenciales. Ayudar a impedir el fraude contra los consumidores internos y los consumidores externos (importadores) y a mejorar la calidad y a conservar el carácter de las manufacturas nacionales», Alexander Hamilton, «Informe sobre el asunto de las manufacturas». Disponible en: https://larouchepub.com/spanish/other_articles/2006/hamilton.htm. Consultado el 20 de enero de 2023.

[35] Ha-Joon Chang *¿Qué fue del buen samaritano?,* ob. cit., pág. 77.

[36] Ibid., pág. 78.

[37] Ibid., pág. 79.

[38] Fue en Estados Unidos donde Friedrich List —formado en la escuela de Adam Smith— descubrió los puntos débiles de la teoría de «la división internacional del trabajo» y las ventajas de la aplicación del proteccionismo económico. «Mi destino —afirmó List— me condujo a Estados Unidos, dejé aquí todos mis libros; no hubieran servido más que para extraviarme. El mejor libro sobre economía política que se puede leer en este país moderno es la vida [...]. Solo allí me hice una idea clara del desarrollo gradual de la economía de los pueblos [...]. Yo he leído este libro ávidamente y con asiduidad, y he tratado de coordinar las consecuencias que de él he obtenido con el resultado de mis estudios, experiencias y reflexiones anteriores». De vuelta a Europa, List predicó en Alemania la doctrina económica que había aprendido

en Estados Unidos y, en gran medida, fueron estas ideas las que le permitieron a Alemania convertirse en un país industrial. Pero el dato de la intervención de List en el debate entre proteccionistas y librecambistas también es relevante, porque los argumentos del alemán tuvieron una considerable acogida y reforzaron la posición de los sectores proteccionistas, que contaron a partir de entonces con un esbozo de teoría para defender sus ideas en el propio ámbito de Estados Unidos.

En este sentido, el propio List afirmaba que «encontrándome en relación con los hombres de Estado de la Unión más destacados [...] se supo que yo me había ocupado anteriormente de economía política. Entonces (1827), y a causa de haber sido vivamente atacados con motivo del arancel los fabricantes norteamericanos y los defensores de la industria nacional por los partidarios del librecambio, el señor Ingersoll me invitó a exponer mis opiniones sobre esta cuestión. Lo hice, y con algún éxito [...]. Las doce cartas en que yo exponía mi sistema han sido no solamente publicadas en la *Gaceta Nacional,* de Filadelfia, sino reproducidas por más de cincuenta periódicos de provincias, editadas en forma de folleto por la Sociedad para el Fomento de las Manufacturas, con el título de *Outlines of a New System of Political Economy,* y divulgadas en millares de ejemplares. Recibí felicitaciones de los hombres más prestigiosos del país, como son el venerable James Madison, Henry Clay, Edouard Levingston...», Friedrich List, *Sistema Nacional de Economía Política,* Aguilar, Madrid, 1955, pág. XXVI.

[39] Véase la obra de V. S. Clark, *History of Manufactures in the United States, 1607-1860,* Carnegie Institution, Washington, D. C., 1916, y H. J. Carman, *Social and Economic History of the United States,* Heath, Boston, 1930. También resulta de interés la obra de Anna Clauder, *American Commerce as Affected by the Wars of the French Revolution and Napoleon, 1793-1812,* Universidad de Pensilvania, Philadelphia, 1932.

[40] Harold Underwood Faulkner, *Historia económica...,* ob. cit., pág. 193.

[41] William Miller, *Nueva Historia de los Estados Unidos,* Nova, Buenos Aires, 1961, pág. 153.

[42] Ha-Joon Chang, *Retirar la escalera. La estrategia del desarrollo en perspectiva histórica,* Catarata, Madrid, 2004, pág. 74.

[43] Ibid.

[44] Estas cartas fueron luego publicadas con el título de *Crisis financiera: sus causas y sus efectos.* En la primera carta, fechada el 27 de diciembre de 1859, Carey afirma que «los últimos cincuenta años de historia de la Unión pueden resumirse de esta manera: hemos tenido tres periodos de protección, en 1817, 1834 y 1847, que dejaron al país en un estado de la mayor prosperidad, y día a

día y a gran velocidad creció la demanda de mano de obra, con una constante tendencia al crecimiento del comercio, de la estabilidad de la acción social —es decir, de la combinación de la producción y el intercambio de bienes dentro de la nación— y de la libertad de los hombres con necesidad de ofrecer su trabajo. Tuvimos tres periodos de ese sistema que tiende a la destrucción del comercio interno y que se conoce como libre comercio —ese sistema que predomina en Irlanda, la India, Portugal y Turquía, y que defienden los periodistas británicos—, que llevó, cada uno, a crisis como las que usted tan bien ha descrito, a saber, en 1822, 1842 y 1857. En cada caso han dejado al país en una parálisis similar a la que ahora existe. En todos ellos, los intercambios han languidecido cada vez más, la acción social se ha vuelto cada vez más irregular y los hombres que han tenido que ofrecer su trabajo se han convertido, cada vez más, en meros instrumentos en las manos de aquellos que tenían comida y ropa con que comprarlos».

El 17 de enero de 1860, Carey dirigió a Cullen Bryant una tercera carta en la que le preguntaba: «¿Por qué las crisis siempre ocurren en tiempos de libre comercio? ¿Por qué nunca ocurren en épocas proteccionistas? Para responder, le ruego que se fije en la India, donde, desde la destrucción total de sus industriales, el pequeño propietario casi ha desaparecido para ser reemplazado por el desdichado arrendatario que pide prestada la poca semilla que puede darse el lujo de usar, al 50, 60 o 100% [de interés] anual y, al final, se ve arrastrado a la rebelión por los cobros excesivos de los prestamistas y del Gobierno. Y mire después esas regiones de Rusia donde no hay fábricas, y descubra en el libro librecambista de M. Tegoborski su afirmación de que, donde no hay diversificación del empleo, es preferible la condición del esclavo a la del trabajador libre. De ahí, vaya a Turquía, encontrando allí una universalidad de deuda no superada en ninguna otra parte. Mire después a México, y descubra al pobre trabajador, abrumado por las deudas, que pasa a la servidumbre. Ahora vea, por favor, a Europa Central y Septentrional, y ahí encontrará un cuadro completamente diferente: una creciente y constante competencia por la adquisición de mano de obra, con un aumento constante en el comercio; un constante incremento en el poder de abaratar la gran mercadería de la que he hablado; y, como consecuencia necesaria, una constante disminución en la necesidad de contraer deuda.

¿Por qué existen diferencias tan marcadas? Porque en estas últimas naciones toda la política del país tiende a emanciparlo del sistema británico de libre comercio, mientras que en la India, Irlanda, Turquía y México cada día se sujeta más a él». El 7 de febrero de 1860, Carey se dirigió nuevamente a Cullen Bryant afirmando: «La pobreza, la esclavitud y el crimen, como vio, siempre siguen a todas partes al sistema británico de libre comercio, del cual usted ha sido, por mucho tiempo, su más caro defensor. Y, por el contrario, disminuyen siempre y en todo lugar cuando, conforme al consejo de los más notables economistas europeos, se resiste eficazmente a ese sistema. Ahora, nosotros mismos estamos en el decimocuarto año de un período de libre comercio. El resultado está a la vista», Henry Carey, «Crisis financiera: sus causas y sus efectos». Disponible en http://www.schillerinstitute.org/newspanish/institutoschiller/literatura/HenryCareySistAme.html. Consultado el 12 de agosto de 2022.

45 «La pequeña oligarquía sureña que dominaba la vida económica, política y social del sur dominaba también el Gobierno federal. Durante los treinta y dos años transcurridos entre la elección de Jackson y la de Lincoln, tuvo bajo su dominio a la Presidencia y al Senado por espacio de veinticuatro años, a la Suprema Corte por espacio de veintiséis y a la Cámara de Representantes por espacio de veintidós. Durante este lapso redujo los impuestos hasta que dejaron de constituir una pesada carga; suprimió los subsidios a la marina mercante que habían permitido a los armadores del norte hacer frente a la intensa competencia de Gran Bretaña; impidió que se ampliaran los subsidios federales para promover adelantos internos, salvo cuando estos constituían un beneficio directo para el sur [...]. En 1860, los republicanos habían ganado la Presidencia, pero los demócratas seguían controlando el Congreso. Sin embargo, el sur esclavista interpretó los resultados de 1860 como un augurio del fin de su dominio sobre la nación. No restaba sino la alternativa de la sumisión política y económica o la secesión. El sur eligió la segunda», Harold Underwood Faulkner, *Historia económica...,* ob. cit., págs. 369 y 371.

46 Jorge Enea Spilimbergo, *La cuestión nacional en Marx,* Octubre, Buenos Aires, 1974, pág. 121.

47 Ha-Joon Chang, *Retirar la escalera...,* ob. cit., pág. 69.

48 Jorge Enea Spilimbergo, *La cuestión nacional...,* ob. cit., pág. 117.

49 Importa políticamente el hecho de que «los comerciantes de Liverpool contribuyeron a sacar balas de algodón de los puertos que mantenía bloqueados la Armada de la Unión para construir buques de guerra para la Confederación y para proporcionar al sur pertrechos militares y crédito económico. Tanto el Club Sureño de Liverpool como la Asociación Central para el Reconocimiento de los Estados Confederados se dedicaron a promover la agitación social en pro de una separación definitiva [...]. Y Liverpool no era la única localidad que pensaba de ese modo. En Manchester, el Club Sureño y la Asociación para la Independencia del Sur promovían acciones de

agitación social en favor de los confederados [...]. En el verano de 1862, al desplazarse a Londres, el cónsul estadounidense en Alejandría, William Thayer, envió a Seward un informe en el que se señalaba que el reconocimiento de la Confederación es una idea muy presente en el ánimo de las élites políticas británicas», Sven Beckert, *El imperio del algodón. Una historia global,* Crítica, Barcelona, 2015, págs. 315-317.

[50] En este sentido, Sven Beckert afirma que «Gran Bretaña debía ponderar tanto el destino que podía corresponder a sus provincias canadienses como la creciente dependencia del país de las importaciones de trigo y maíz que le llegaban de las regiones septentrionales de Estados Unidos», Sven Beckert, *El imperio del algodón,* ob. cit., pág. 316.

[51] G. D. H. Cole, *Introducción a la historia económica,* FCE, Buenos Aires, 1985, pág. 95.

[52] Eric Hobsbawm, *La era del capital, 1848-1875,* Planeta, Buenos Aires, 1998, pág. 89.

[53] G. D. H. Cole, *Introducción a la historia...,* ob. cit., pág. 96.

[54] Ibid., pág. 99.

[55] George Lichtheim, *El imperialismo,* Alianza, Madrid, 1972, pág. 62.

[56] Citado por Arturo Jauretche, *Manual de zonceras argentinas,* Peña Lillo Editor, Buenos Aires, 1884, pág. 205.

[57] Erik Reinert, *La globalización de la pobreza. Cómo se enriquecieron los países ricos y por qué los países pobres siguen siendo pobres,* Crítica, Barcelona, 2007, pág. 83.

Epílogo. España no estuvo sola ni estará sola

[1] Para colmo de males, y como ironía de la historia, el exjuez Eugenio Zaffaroni, el principal promotor de la teoría jurídica que sostiene el absurdo de que los delincuentes son víctimas de la sociedad y que propone encubiertamente la supresión del derecho penal, viene de ser premiado por el papa Francisco, quien lo ha nombrado directivo del Instituto para la Investigación y Promoción de los Derechos Sociales Fray Bartolomé de las Casas, organismo que tiene finalidades académicas, docentes y de formación sobre la temática de los derechos sociales, la migración y el colonialismo. Disponible en https://www.perfil.com/noticias/politica/el-papa-francisco-designo-al-ex-juez-eugenio-zaffaroni-al-frente-de-un-instituto-vaticano.phtml. Consultado el 20 de agosto de 2023.

[2] Para profundizar sobre la relación entre la leyenda negra y el separatismo catalán puede consultarse mi libro *Madre Patria* y leerse estas dos entrevistas: «España está hoy en peligro de muerte» (disponible en https://www.larazon.es/andalucia/20210611/b4qzqpi3i5er7pnd53yafk73aq.html) y «España camina hacia la balcanización» (disponible en https://www.diariodesevilla.es/entrevistas/Espana-camina-balcanizacion_0_1596741716.html).

[3] En mi libro *Madre Patria* ya me explayé sobre el pensamiento de los políticos e intelectuales que en Hispanoamérica denunciaron la leyenda negra y defendieron la obra de España en América.

[4] Disponible en https://www.youtube.com/watch?v=ldataAbdRG0. Consultado el 1 de agosto de 2023.

[5] Eva Perón, *Escribe Eva Perón,* Biblioteca del Congreso de la Nación, Buenos Aires, 2019, pág. 36.

[6] Augusto César Sandino (1895-1934) nació en la pequeña localidad de Niquinohomo, en la República de Nicaragua. Su madre fue una humilde campesina india llamada Margarita Calderón, que trabajó toda su vida como empleada doméstica. Su padre fue el criollo Gregorio Sandino, un productor de café, propietario de una finca de mediano tamaño. A los diecisiete años, Sandino fue testigo de la primera intervención de las tropas estadounidenses en Nicaragua. Esa experiencia marcó profundamente su personalidad. En 1921 emigró a Honduras y Guatemala, donde trabajó en las plantaciones de la United Fruit Company para luego trasladarse a México, donde trabajó en las empresas de petróleo estadounidenses que operaban en la región. En México fue profundamente adoctrinado en el pensamiento negrolegendario. En 1926 regresó a Nicaragua. Entre 1927 y 1933 dirigió la resistencia nicaragüense contra el ejército de ocupación estadounidense, consiguiendo que las tropas norteamericanas salieran del país.

El 21 de febrero de 1934, Sandino fue asesinado por Anastasio Somoza García, jefe director de la Guardia Nacional. Importa destacar que Sandino, durante su juventud, fue un devoto partidario de la leyenda negra de la conquista española de América. Sin embargo, en su madurez —cuando logró desprenderse de la colonización cultural— se convirtió en un ferviente defensor de la obra de España en América, como queda de manifiesto en la entrevista que le realizó Ramón de Belausteguigoitia en febrero de 1933. Al respecto, véase Ramón de Belausteguigoitia, «Conversaciones con Sandino». Disponible en https://www.elortiba.org/old/sandino.html. Consultado el 20 de febrero de 2022.

[7] Víctor Andrés Belaúnde nació en la ciudad peruana de Arequipa el 15 de diciembre de 1883 y falleció en Nueva York el 14 de diciembre de 1966.

Jurista, diplomático, político, intelectual, filósofo y escritor, tuvo también una activa participación en la vida política, llegando a ser congresista de la República de Perú, por el departamento de Arequipa, en la Asamblea Constituyente que desarrolló su labor entre 1931 y 1933. Fue fundador y primer presidente de la Sociedad Peruana de Filosofía (1940), rector de la Pontificia Universidad Católica de Perú (1946-1947), presidente de la Asamblea General de las Naciones Unidas entre 1959 y 1960, presidente del Consejo de Seguridad de las Naciones Unidas, en tres periodos, y ministro de Relaciones Exteriores de Perú. Como militante político, fue uno de los principales promotores de la defensa del sufragio femenino en su país. Escribió veinticinco libros, y más de quinientos artículos, lo que es una muestra de su fecunda actividad intelectual. Destacan *La filosofía del Derecho y el método positivo* (1904), su tesis doctoral, *El Perú antiguo y los modernos sociólogos* (1908), *Ensayos de psicología nacional* (1912), *La crisis presente* (1914), *Meditaciones peruanas* (1917), *La desviación universitaria* (1917), *La realidad nacional* (1930), escrito como respuesta a los *7 ensayos de interpretación de la realidad peruana* de José Carlos Mariátegui, *El Cristo de la Fe y los Cristos literarios* (1936), *Peruanidad* (1942), *La síntesis viviente* (1950), *Inquietud, serenidad, plenitud* (1951), *El planteamiento del problema nacional* (1962), *Memorias* (3 vols., 1960-1962; 2 vols., 1967) y *Veinte años de Naciones Unidas* (1966).

Importa precisar que Belaúnde —coetáneo de José Carlos Mariátegui (1894-1930) y de Víctor Raúl Haya de la Torre (1895-1979), con quienes polemizó— fue el más importante intelectual del pensamiento católico peruano durante todo el siglo XX. La idea central de su pensamiento puede resumirse en la afirmación de que la historia de Perú comienza a desplegarse a partir de la conquista, porque el Tawantinsuyu (el imperio inca) era una formación estatal no nacional. Para Belaúnde la síntesis misma de la nacionalidad es el mestizo, que constituye la mayoría de la población, y sostiene que la tesis racista-indigenista «no es la afirmación de la nacionalidad, sino su desintegración o ruptura». En su opinión, en cada cultura hay una forma o una esencia que está constituida por valores superiores, y son estos valores espirituales los que asumen y transfiguran los elementos que constituyen la corporeidad de una nación. Los valores espirituales son los que en última instancia definen la materia de lo nacional. El origen de la nacionalidad peruana está fijado en la conquista y la evangelización, que, asimilando los elementos de las sociedades autóctonas, han producido esa «síntesis viviente» que es la esencia de la nacionalidad. Así, para Belaúnde el núcleo del «alma nacional» peruana es el catolicismo.

Siguiendo el pensamiento del notable historiador inglés Christopher Dawson, Belaúnde aseveraba que es el impulso religioso el que proporciona la cohesión que unifica la sociedad y la cultura. Esto lo lleva a defender el papel fundamental que tuvo la fe católica en la formación de Perú y de la conciencia nacional desde el siglo XVI, y a afirmar que el cristianismo está en la base de la formación cultural del Perú barroco y mestizo. Importa aclarar que fue la evangelización, que se realizó en lengua quechua, la que permitió que se diera un encuentro entre dos culturas, la andina y la española, y que «en la historia y sociología peruanas constituye el capítulo fundamental la transformación religiosa que se opera en el imperio de los incas. Esta transformación es el verdadero origen de la peruanidad».

Hay que precisar que el enfoque político de Víctor Andrés Belaúnde se derivó de una concepción católica que consideraba a la persona humana como el valor esencial de la sociedad, por encima de la nación, el Estado o el mercado. Desde esta perspectiva, Belaúnde criticó severamente tanto el fascismo como el marxismo y el individualismo liberal. Véase Ricardo Cubas Ramacciotti, «Víctor Andrés Belaúnde y el debate intelectual en torno a la realidad peruana». Disponible en file:///C:/Users/User/Downloads/carlosarrizabalaga,+4+VAB+y+el+debate+intelectual+-+Ricardo+Cubas%20(3).pdf. Consulado el 2 de mayo de 2023.

[8] Disponible en https://www.filosofia.org/hem/dep/abc/9270708.htm. Consultado el 17 de agosto de 2023.

Bibliografía

Acuña Cepeda, Mirtea Elizabeth, *Cristeras, las mujeres en combate. Las cristeras, una página olvidada de la historia,* Academia Española, Saarbrucken, 2012.

Aguilar, Francisco de, *Historia de la Nueva España,* Ediciones Botas, México D. F., 1938.

Albert, Michel, *Capitalismo contra capitalismo,* Seuil, París, 1991.

— «El otro capitalismo», entrevista de Marcelo Gullo, en «Informe de Coyuntura Regional del CEPEA», núm. 17, Rosario, 2002.

Alcalá-Zamora, Niceto, *Nuevas reflexiones sobre las leyes de Indias,* Kraft, Buenos Aires, 1944.

Alcaraz, Ramón, *Apuntes para la historia de la guerra entre México y los Estados Unidos,* Forgotten Books, Londres, 2018.

Alföldi, Andreas, *Costantino tra paganesimo e cristianesimo,* La Terza, Roma, 1976.

Altamira y Crevea, Rafael, *España en América,* Sempere y Cía, Valencia, 1908.

— *La política de España en América,* Edeta, Valencia, 1921.

— *La huella de España en América,* Universidad de Salamanca, Salamanca, 1924.

ALVAR EZQUERRA, Alfredo, *La leyenda negra,* Akal, Madrid, 1997.

ALVARADO TEZOZOMOC, Hernando, *Crónica mexicana,* Leyenda, México D. F., 1944.

AMIN, Samir, *El hegemonismo de Estados Unidos y el desvanecimiento del proyecto europeo,* El Viejo Topo, Madrid, 2001.

ANDREWS, Charles M., *The Colonial Background of the American Revolution,* Universidad de Yale, New Haven, 1924.

ARCINIEGAS, Germán, *El descubrimiento de América,* Colegio Mayor Zurbarán, Madrid, 1986.

— *América después del descubrimiento,* Colegio Mayor Zurbarán, Madrid, 1988.

ARNOLDOSSON, Sverker, *Los orígenes de la leyenda negra española,* El Paseo Editorial, Sevilla, 2018.

ARON, Raymond, *Mémoires: 50 ans de réflexion politique,* Julliard, París, 1983.

— *Paix et guerre entre les nations,* Calmann-Lévy, París, 1984.

ARTEAGA MARTÍNEZ, Alejandro, *La guerra cristera según Jaime Chabaud: historia, ficción, intertextualidad,* Anagnórisis, México D. F., 2013.

AYUSO, Miguel, *La Hispanidad como problema. Historia, cultura y política,* Consejo de Estudios Felipe II, Madrid, 2018.

BALLESTEROS GAIBROIS, Manuel, *Labor cultural de los misioneros españoles en América,* Biblioteca Pax, Madrid, 1936.

— *Historia de América,* Salvat, Barcelona, 1947.

BARROW, Robin, *Atheniam Democracy,* Nelson, Londres, 1973.

BATTISTONI, Gustavo, *Disidentes y olvidados,* Germinal, Rosario, 2008.

BAYLE, Constantino, *La expansión misional de España,* Labor, Barcelona, 1936.

— *España en Indias,* Editorial Nacional, Madrid, 1944.
— *El clero secular y la evangelización de América,* Instituto Santo Toribio de Mogrovejo, Madrid, 1950.
— *España y la educación popular en América,* Editorial Nacional, Madrid 1953.
Bayón, Damián y Marx, Murillo, *Historia del arte colonial sudamericano,* Ediciones Polígrafa, Barcelona, 1989.
Bécker, Jerónimo, *La política española en las Indias,* Imprenta de Jaime Ratés Martín, Madrid, 1920.
Beckert, Sven, *El imperio del algodón. Una historia global,* Crítica, Barcelona, 2015.
Beer, George Louis, *The Old Colonial System, 1660-1754,* Macmillan, Nueva York, 1912.
Belaúnde, Víctor Andrés, *Peruanidad,* Studium, Lima, 1965.
— *El debate constitucional,* Comisión Nacional del Centenario, Lima, 1966.
— *El Perú antiguo y los modernos sociólogos,* Comisión Nacional del Centenario, Lima, 1987.
— *Meditaciones peruanas,* Comisión Nacional del Centenario, Lima, 1987.
— *La realidad nacional,* Horizonte, Lima, 1991.
Benavente, Fray Toribio de, *Historia de los indios de la Nueva España,* Atlas, Madrid, 1970.
Bernal, Federico, *El mito agrario. Una comparación con Australia y Canadá,* Capital Intelectual, Buenos Aires, 2010.
Bidez, Joseph, *La Vie de l'Empereur Julien,* Les Belles Lettres, París, 1965.
Blanco Fombona, Rufino, *El conquistador español del siglo XVI,* Mundo Latino, Madrid, 1922.
Boardman, John, Griffin, Jasper y Murray, Oswyn (comps.), *The Oxford History of Greece and the Hellenistic World,* Oxford University Press, Oxford, 1991.

BOLAÑOS, Raúl, *Historia Patria,* EPSA, México D. F., 1994
BORGES MORÁN, Pedro, *Métodos misionales en la cristianización de América,* CSIC, Departamento de Misionología Española, Madrid, 1960.
— *El envío de misioneros a América durante la época española,* Universidad Pontificia, Salamanca, 1982.
— *Misión y civilización en América,* Alhambra, Madrid, 1987.
BOUTMY, Émile, *Éléments d'une Psychologie politique du Peuple américain: la nation, la patrie, l'État, la religion,* Hachete BnF, París, 2022.
BOWRA, Cecil Maurice, *The Greek Experience,* Mentor Book, Nueva York, 1959.
BRAVO UGARTE, José, *La guerra a México de Estados Unidos: 1846-1848,* Colegio de México, México D. F., 1951.
BREIDE OBEID, Rafael, *Política y sentido de la Historia,* Gladius, Buenos Aires, 2020.
BRENAN, Gerald, *El laberinto español,* Ruedo Ibérico, París, 1962.
BRIANT, Pierre, *Darius: les Perses et l'Empire,* Gallimard, París, 1992.
— *Histoire de l'empire perse. De Cyrus à Alexandre,* Fayard, París, 1996.
BRUN, Patrice, *La bataille de Marathon,* Larousse, París, 2009.
BRUNO, Cayetano, *Apóstoles de la evangelización en la cuenca del Plata,* Ediciones Didascalia, Rosario, 1990.
— *La España misionera ante el quinto centenario del gran descubrimiento,* Ediciones Didascalia, Rosario, 1990.
— *La presencia de España en Indias,* Ediciones Didascalia, Rosario, 1991.
— *La acción benéfica de España en Indias,* Ediciones Didascalia, Rosario, 1992.
— *Gobernantes beneméritos de la evangelización en el Río de la Plata y el Tucumán,* Ediciones Didascalia, Rosario, 1993.

— *Las relecciones del quinto centenario,* Ediciones Didascalia, Rosario, 1993.

Brzezinski, Zbigniew, *El gran tablero mundial. La supremacía estadounidense y sus imperativos geoestratégicos,* Paidós, Barcelona, 1998.

Buela, Alberto, «El enemigo histórico de Hispanoamérica es el anglosajón». Disponible en https://unidosxperon.blogspot.com/2014/05/el-enemigo-historico-de-hispanoamerica.html.

Bueno, Gustavo, «¡Dios salve la Razón!», *El Catoblepas,* núm. 84, febrero de 2009, pág. 2. Disponible en https://nodulo.org/ec/2009/n084p02.htm.

— «El puesto del Ego trascendental en el materialismo filosófico». Disponible en file:///C:/Users/User/Downloads/gb_El%20Ego%20trascedental_2016_pagina_306%20(1).pdf.

Bulnes, Pepe, *Gobernantes de Tabasco. 65 años de episodios nacionales, 1914-1979,* ed. del autor, México D. F., 1979.

Burckhardt, Jacob, *Historia de la cultura griega,* Iberia, Barcelona, 1947.

Burgard, Raymond, *L'expédition d'Alexandre et la conquête de l'Asie,* Gallimard, París, 1937.

Burn, Andrew Robert, *Pericles and Athens,* Collier, Nueva York, 1948.

Busaniche, José Luis, *Historia argentina,* Hachette, Buenos Aires, 1965.

Caillavet, Chantal, «Antropofagia y frontera: el caso de los Andes septentrionales», Institut Français d'Études Andines. Disponible en https://books.openedition.org/ifea/2864?lang=es.

Calvo, Thomas, *Iberoamérica de 1570 a 1910,* Península, Barcelona, 1996.

Caponnetto, Antonio, *Hispanidad y leyendas negras,* Ediciones del Cruzamante, Buenos Aires, 1989.

Cappa, Ricardo, *Estudios críticos acerca de la dominación española en América,* Librería Católica de Gregorio del Amo, Madrid, 1889.

Carey, Henry, «Crisis financiera: sus causas y sus efectos». Disponible en https://www.schillerinstitute.org/newspanish/institutoschiller/literatura/HenryCareySistAme.html.

Carman, Harry James, *Social and Economic History of the United States,* Heath, Boston, 1930.

Carney, Stephen A., *The occupation of Mexico. May 1846-July 1848. U. S. Army campaigns of the Mexican War,* Didatic Press, San Diego, 2015.

Carrizo, Juan Alfonso, *Cancionero popular de Salta,* Baiocco, Buenos Aires, 1935. Disponible en file:///C:/Users/User/Downloads/cancionero-popular-de-salta--0.pdf.

Carro, Venancio, *La teología y los teólogos-juristas españoles ante la conquista de América,* Biblioteca de Teólogos Españoles, Salamanca, 1951.

Cartledge, Paul, *The Greeks,* Oxford University Press, Oxford, 1993.

Castellani, Leonardo, *Elementos de metafísica,* D.A.L.I.A., Buenos Aires, 1951.

Castro, Jorge, «El G-20, en busca de retomar el control de las finanzas mundiales», *Clarín,* 9 de septiembre de 2009.

Caturelli, Alberto, *América bifronte,* Troquel, Buenos Aires, 1961.

— «Hispanoamérica y los principios de la política cristiana», *Verbo,* marzo de 1981.

— «El significado del descubrimiento y evangelización de Iberoamérica», en *Filosofar Cristiano,* Córdoba, 1986.

— «La Virgen María y la evangelización de América», *Gladius,* núm. 19, Buenos Aires, 27 de diciembre de 1990.

— *El nuevo mundo,* Santiago Apóstol, Buenos Aires, 2004.

Cháneton, Abel, *La instrucción primaria en la época colonial,* Sociedad de Historia Argentina, Buenos Aires, 1942.

Chang, Ha-Joon, *Retirar la escalera. La estrategia del desarrollo en perspectiva histórica,* Los Libros de la Catarata, Madrid, 2004.

— *¿Qué fue del buen samaritano? Naciones ricas, políticas pobres,* Universidad Nacional de Quilmas, Buenos Aires, 2009.

Chang, Ha-Joon y Grabel, Ilene, *Reclaiming Development. An Alternative Economic Policy Manual,* Zed Books, Londres, 2004.

Chartrand, René, *Santa Anna's Mexican Army, 1821-1848,* Osprey Publishing, Oxford, 2004.

Châtelet, François, *Périclès et son siècle,* Complexe, Bruselas, 1982.

Chávez Zamora, Isabel Guadalupe, «Tomás Garrido Canabal. Del líder carismático al líder institucional», tesis en la Universidad Nacional Autónoma de México, mayo de 1984. Disponible en https://132.248.9.195/pmig2019/0027118/Index.html.

Chomsky, Noam y Dieterich, Heinz, *La sociedad global. Educación, mercado y democracia,* Editorial 21, Buenos Aires, 1999.

Cieza de León, Pedro de, *Crónica del Perú. El señorío de los Incas,* Biblioteca Ayacucho, Caracas, 2005.

Clapham, John H., *The Economic Development of France and Germany, 1815-1914,* Cambridge University Press, Londres, 1936.

Clark, Samuel Delbert, *The Canadian Manufactures' Association. A Study in Collective Bargaining and Political Pressure,* University of Toronto Press, Toronto, 1937.

Clark, Victor Selden, *History of Manufactures in the United States, 1607-1860,* Carnegie Institution, Washington, D. C., 1916.

Clauder, Anna, *American Commerce as Affected by the Wars of the French Revolution and Napoleon, 1793-1812,* Universidad de Pennsylvania, Filadelfia, 1932.

Clement, Wallace y Williams, Glen, *The New Canadian Political Economy,* Montreal, Mc Gill-Queen's University Press, Montreal-Kingston, 1989.

Clough, Shepard Banroft, *France: A History of National Economics, 1789-1939,* Charles Scribner's Sons, Nueva York, 1939.

Cole, George Douglas Howard, *Introducción a la historia económica,* FCE, Buenos Aires, 1973.

Colmeiro, Manuel, *Historia de la economía política de España,* tomo II, Taurus, Madrid, 1965.

Comas, María Isolina, «Los Runatinya: los tambores Inca de piel humana de hombre desollado». Disponible en https://notinor.com/jujuy/los-runatinya-los-tambores-inca-de-piel-humana-de-hombre-desollado/.

Cortés, Hernán, *Cartas de Relación de la Conquista de México (Cartas y relaciones al emperador Carlos V),* Espasa-Calpe, Buenos Aires, 1989.

Coulanges, Fustel de, *A cidade Antiga,* Universidad de Brasilia, Brasilia, 1966.

Crowley, Roger, *Constantinopla, 1453: el último gran asedio,* Ático de los Libros, Barcelona, 2018.

Cruz, Miguel, «Presencia de Carlomagno en la cultura campesina del Tucumán», *Gladius,* núm. 19, Buenos Aires, 27 de diciembre de 1990.

De Sanctis, Gaetano, *Storia dei Romani,* Fratelli Bocca, Turín, 1970.

DELORME, Jean, *La Grèce Primitive et archaique,* Armand Colin, París, 1992.

DÍAZ DEL CASTILLO, Bernal, *Historia verdadera de la conquista de la Nueva España,* Porrúa, México D. F., 2007.

DROMUNDO, Baltasar, *Tomás Garrido. Su vida y su leyenda,* Guarania, México D. F., 1976.

DUMONT, Jean, *La primera liberación de América,* Verbo, Buenos Aires, 1986.

— *La incomparable Isabel la Católica,* Encuentro, Madrid, 1992.

— *La hora de Dios en el Nuevo Mundo,* Encuentro, Madrid, 1993.

— *El amanecer de los derechos del hombre. La controversia de Valladolid,* Encuentro, Madrid, 2009.

DUROSELLE, Jean-Baptiste, *La France et les États-Unis: des origines à nos jours,* Seuil, París, 1976.

DUVERGER, Maurice, «Le talon d'achille de la diplomatie gaulliste», *Le Monde,* 8 de noviembre de 1965.

EAST, Robert A., *Business Enterprise in the American Revolutionary Era,* Universidad de Columbia, Nueva York, 1938.

EGAÑA, Antonio de, *Historia de la Iglesia en la América Española,* Biblioteca de Autores Cristianos, Madrid, 1966.

EGERTON, Hugh, *A Short History of British Colonial Policy,* Methuen, Londres, 1924.

ENEA SPILIMBERGO, Jorge, *La cuestión nacional en Marx,* Octubre, Buenos Aires, 1974.

ESTRADA, Julio (ed.), *La música de México,* UNAM, México D. F., 1984.

FAZIO, Mariano, *Interpretaciones de la evangelización: del providencialismo a la utopía,* Rialp, Madrid, 1988.

— «Descubrimiento de América: derecho natural y pensamiento utópico», *Acta Philosophica,* vol. 1, Roma, 1992.
— *Francisco de Vitoria. Cristianismo y modernidad,* Ediciones Ciudad Argentina, Buenos Aires, 1998.
— *Evangelio y culturas en América Latina,* Logos, Rosario, 2013.
— *En torno a América. Conquista y evangelización,* El Buey Mudo, Madrid, 2023.
Fernández-Armesto, Felipe, *Cristóbal Colón,* Folio, Barcelona, 2004.
Ferrer, Aldo, *Hechos y ficciones de la globalización,* FCE, Buenos Aires, 2001.
— *De Cristóbal Colón a Internet: América Latina y la globalización,* FCE, Buenos Aires, 2002.
Fowke, Vernon C., *Canadian Agricultural Policy: The Historical Pattern,* Toronto University Press, Toronto, 1946.
Francis, R. Douglas, Jones, Richard y Smith, Donald B., *Destinies. Canadian History since Confederation,* Holt Rinehart & Winston, Toronto, 1998.
Freyre, Gilberto, *Camões: Vocação de Antropólogo Moderno?,* Conselho da Comunidade Portuguesa, Sao Paulo, 1984.
Friedlaender, Heinrich y Oser, J., *Historia económica de la Europa moderna,* FCE, México D. F., 1957.
Fuentes Mares, José, *Poinsett. Historia de una Gran Intriga,* Jus, México D. F., 1958.
Furlong, Guillermo, *Bibliotecas argentinas durante la dominación hispánica,* Huarpes, Buenos Aires, 1944.
— *Nacimiento y desarrollo de la filosofía en el Río de la Plata (1536-1810),* Kraft, Buenos Aires, 1952.
— *Historia social y cultural del Río de la Plata (1536-1810),* Tipográfica Editora Argentina, Buenos Aires, 1969.

— *Los jesuitas y la cultura rioplatense,* Secretaría de Cultura de la Nación, Buenos Aires, 1994.

GALBRAITH, John Kenneth, *El dinero,* Hispanoamérica, Buenos Aires, 1983.

GALLARDO, Guillermo, *Joel Robert Poinsett, agente norteamericano (1810-1814),* Emecé, Buenos Aires, 1984.

GÁLVEZ, Manuel, *Vida de Sarmiento. El hombre de autoridad,* Emecé, Buenos Aires, 1945.

GANDÍA, Enrique de, «El fin de la Edad Media y el descubrimiento de América», *Nosotros,* núm. 31, octubre de 1938.

— *Historia crítica de los mitos y leyendas de la conquista americana,* Centro Difusor del Libro, Buenos Aires, 1946.

GÓNGORA, Mario, *El Estado en el derecho indiano. Época de fundación (1492-1570),* Instituto de Investigaciones Histórico-Culturales, Santiago de Chile, 1951.

GONZÁLEZ CALZADA, Manuel, *Tomas Garrido (al derecho y al revés),* Publicaciones y Ediciones Especiales, México D. F., 1940.

GONZÁLEZ QUIROGA, Miguel Ángel, «La guerra entre Estados Unidos y México», en *Revista de Historia de la Universidad Autónoma de Nuevo León*, núm. 9, 2012, págs. 20-29.

GONZÁLEZ RUIZ, Felipe, «La antropofagia en los indios del continente americano», *Revista de las Españas,* año VII, núms. 75-76, Madrid, 1932, págs. 545-548. Disponible en https://www.filosofia.org/hem/dep/rde/re075545.htm#:~:text=Basta%20un%20ejemplo%3A%20en%20el,fueron%20rechazados%20con%20notables%20p%C3%A9rdidas.

GRAMSCI, Antonio, *El materialismo histórico y la filosofía de Benedetto Croce,* Nueva Visión, Buenos Aires, 1984.

GREEN, Peter, *Alexander of Macedon,* Universidad de California, Berkeley, 1970.

— *Les guerres médiques,* Taillandier, París, 2008.

GUERRA, Francisco, *El Hospital en Hispanoamérica y Filipinas (1492-1898),* Ministerio de Sanidad y Consumo, Madrid, 1994.

GULLO OMODEO, Marcelo, *La insubordinación fundante. Breve historia de la construcción del poder de las naciones,* Biblos, Buenos Aires, 2008.

— *Haya de la Torre. La lucha por la Patria Grande,* Universidad Nacional de Lanús, Remedios de Escalada, 2012.

— *Insubordinación y desarrollo. Las claves del éxito y el fracaso de las naciones,* Biblos, Buenos Aires, 2012.

— *La historia oculta. La lucha del pueblo argentino por su independencia del imperio inglés,* Biblos, Buenos Aires, 2013.

— *Relaciones internacionales. Una teoría crítica desde la periferia sudamericana,* Biblos, Buenos Aires, 2018.

— *Madre Patria,* Espasa, Barcelona, 2021.

— *Nada por lo que pedir perdón,* Espasa, Barcelona, 2022.

GUTHRIE, William K. Chambers, *Historia de la filosofía griega,* vol. IV, Gredos, Madrid, 1988.

HACKER, Louis, «The First American Revolution», *Columbia University Quarterly,* núm. XXVII, 1935, págs. 259-295.

HAMILTON, Alexander, «Informe sobre el asunto de las manufacturas». Disponible en https://larouchepub.com/spanish/other_articles/2006/hamilton.htm.

HARING, Clarence H., *El comercio y la navegación entre España y las Indias en época de los Habsburgos,* Desclée de Brouwer, París, 1939.

— *El Imperio hispánico en América,* Peuser, Buenos Aires, 1958.

HARRIS, Marvin, *Caníbales y reyes,* Salvat, Barcelona, 1986.

HECKSCHER, Eli F., *La época mercantilista. Historia de la organización y las ideas económicas desde el final de Edad Media hasta la sociedad liberal,* FCE, México D. F., 1943.

HENDERSON, Gregory, *Korea. The Politics of the Vortex,* Harvard University Press, Cambridge, 1968.

HENRÍQUEZ UREÑA, Pedro, *Historia de la cultura en la América hispánica,* FCE, México D. F., 1997.

HERAS, Julián, *500 años de fe. Historia de la evangelización de América latina,* Sin Fronteras, Lima, 1985.

HERNÁNDEZ ARREGUI, Juan José, *Nacionalismo y liberación,* Peña Lillo, Buenos Aires, 2004.

— *¿Qué es el ser nacional?*, Peña Lillo, Buenos Aires, 2005.

HOBSBAWM, Eric, *La era del Capital, 1848-1875,* Planeta, Buenos Aires, 1998.

HOMO, Léon, *Les Institutions Politiques Romaines. De la cité a l'État,* Albin Michel, París, 1970.

HORROCKS, John W., *A Short History of Mercantilism,* Methuen, Londres, 1924.

HUNTINGTON, Samuel P., *¿Quiénes somos? Los desafíos a la identidad nacional estadounidense,* Paidós, Buenos Aires, 2004.

IBÁÑEZ, Alberto G., *La leyenda negra. Historia del odio a España,* Almuzara, Córdoba, 2018.

IMBER, Colin, *El Imperio otomano, 1300-1650,* Vergara, Buenos Aires, 2004.

IRABURU, José María, *Hechos de los apóstoles de América,* Editorial San Francisco, Mar del Plata, 2021.

ITURRALDE, Cristian Rodrigo, *1492. Fin de la barbarie, comienzo de la civilización en América,* Grupo Unión, Buenos Aires, 2016.

JAGUARIBE, Helio, «Mercosur y las alternativas de ordenamiento mundial», *Octubre Sudamericano,* diciembre de 2000.

— *Un estudio crítico de la historia,* FCE, México D. F., 2001.

JAURETCHE, Arturo, *El medio pelo en la sociedad argentina. Apuntes para una sociología nacional,* Peña Lillo, Buenos Aires, 1966.

— *Manual de zonceras argentinas,* Peña Lillo, Buenos Aires, 1984.

JONES, Arnold Hugh, *Constantine and the Conversion of Europe,* Collier Book, Nueva York, 1962.

— *The siege of Constantinople 1453: Seven contemporary accounts,* Adolf M. Hakkert, Ámsterdam, 1972.

JOUGUET, Pierre, *L'impérialisme macédonien et l'hellénisation de l'Orient,* Albin Michel, París, 1926.

KATZ, Claudio, «Existe un consenso de todas las clases dominantes del mundo para enfrentar la crisis con mayores atropellos a los trabajadores». Disponible en https://rebelion.org/existe-un-consenso-de-todas-las-clases-dominantes-del-mundo-para-enfrentar-la-crisis-con-mayores-atropellos-a-los-trabajadores/.

KELLER, Werner, *Les Étrusques,* Fayard, París, 1976.

KENNEDY, Paul, *Auge y caída de las grandes potencias,* Debolsillo, Barcelona, 2009.

KIRSHNER, Alan M., «Tomás Garrido Canabal y el movimiento de los Camisas Rojas», *SEP-Setentas,* núm. 267, 1976.

KRUEGER, Anne, *Studies in the Modernization of the Republic of Korea: 1945-1975. The Development Role of the Foreign Sector and Aid, Council on East Asian Studies,* Harvard University Press, Cambridge, 1979.

LACY, Dan, *El significado de la Revolución norteamericana,* Troquel, Buenos Aires, 1969.

LAFER, Celso, *La identidad internacional de Brasil,* FCE, Buenos Aires, 2001.

LARA MARTÍNEZ, María, *Enclaves templarios,* Edaf, Madrid, 2013.

LEÓN, Ismael, «Dragón y precavido», *Caretas,* núm. 1432, 16 de septiembre de 1996.

LEÓN PORTILLA, Miguel, *El reverso de la conquista,* Joaquín Motriz, México D. F., 1982.

LEVASSEUR, Émile, *Histoire du commerce de la France. De 1789 à nos jours,* vol. 2, Arthur Rousseau, París, 1912.

LEVENE, Ricardo, *Introducción a la Historia del Derecho Indiano,* Abeledo, Buenos Aires, 1924.

— *Historia de América,* Jackson, Buenos Aires, 1941.

— *Las Indias no eran colonias,* Espasa-Calpe, Madrid, 1951.

LEVI, Mario Attilio, *Péricles,* Universidad de Brasilia, Brasilia, 1991.

LEVILLIER, Roberto, *América la bien llamada,* Kraft, Buenos Aires, 1948.

LICHTHEIM, George, *El imperialismo,* Alianza, Madrid, 1972.

LIRA PÉREZ, Osvaldo, *Hispanidad y mestizaje,* Covadonga, Santiago de Chile, 1985.

LIST, Friedrich, *Sistema Nacional de Economía Política,* Aguilar, Madrid, 1955.

LÓPEZ DE GÓMARA, Francisco, *Historia general de las Indias,* Espasa-Calpe, Madrid, 1941.

LÓPEZ REYES, Diógenes, *Historia de Tabasco,* Gobierno de Tabasco, Villahermosa, 1980.

LUCCHINI, Cristina, *Estrategias de desarrollo. Industria y Estado en Canadá, 1919-1939,* Siglo XXI, Buenos Aires, 2006.

LUCENA GIRALDO, Manuel, *Premoniciones de la independencia de Iberoamérica: las reflexiones de José de Ábalos y el conde de Aranda sobre la situación de la América española a finales del siglo XVII,* Doce Calles, Madrid, 2003.

LUMMIS, Charles F., *Exploradores españoles del siglo XVI. Vindicación de la acción colonizadora española en América,* Edaf, Madrid, 2017.

LYNCH, John, *Dios en el Nuevo Mundo,* Crítica, Buenos Aires, 2012.

MAEZTU, Ramiro de, *Defensa de la Hispanidad,* Homo Legens, Madrid, 2011.

MAHIEU, Jacques de, *Colón llegó después. Los templarios en América,* Ediciones Sieghels, Buenos Aires, 2012.

MANTRAN, Robert, *Histoire de l'Empire Ottoman,* Fayard, París, 1989.

MARIÁTEGUI, José Carlos, *7 ensayos de interpretación de la realidad peruana,* Amauta, Lima, 1994.

MARTIN, Paul M., *Antoine et Cléopâtre,* Albin Michel, París, 1995.

MARTÍN MERRIO, Raúl, *Hernán Cortés: la fe, aspecto fundamental de la empresa de conquista y pacificación, Quinto Centenario,* núm. 9, Madrid, 1985.

MARTÍNEZ ASSAD, Carlos, *El laboratorio de la Revolución. El Tabasco garridista,* Siglo XXI, México D. F., 1981.

MARTÍNEZ CÁRDENAS, Leticia, MORADO MACÍAS, César y ÁVILA ÁVILA, J. Jesús, *La guerra México-Estados Unidos. Su impacto en Nuevo León, 1835-1848,* Senado de la República, México D. F., 2003.

MASON, Alfredo, *Perón y el arte de la conducción,* Biblos, Buenos Aires, 2009.

MAURIAC, François, «L'invitation à la grandeur», *Le Figaro,* 15 de febrero de 1945.

McLuhan, Marshall, *Guerra y paz en la aldea global,* Planeta, Barcelona, 1985.

Meed, Douglas V., *The Mexican War 1846-1848,* Osprey Publishing, Londres, 2002.

Meier, Christian, *César,* Seuil, París, 1989.

Melandri, Pierre, «In God We Trust!», *Vingtième Siècle,* núm. 19, julio-septiembre de 1988.

Mendieta, Jerónimo de, *Historia eclesiástica indiana,* Atlas, Madrid, 1973.

Meslin, Michel, *L'Homme Romain,* Hachette, París, 1978.

Messori, Vittorio, *Leyendas negras de la Iglesia,* Planeta, Barcelona, 2000.

Methol Ferré, Alberto, *El Uruguay como problema,* Ediciones de la Banda Oriental, Montevideo, 1971.

— «La Iglesia en América Latina: La historia contemporánea (1945-1986)», *Nexo,* núm. 10, diciembre de 1986, pág. 51.

Miller, William, *Nueva historia de los Estados Unidos,* Nova, Buenos Aires, 1961.

Mira Guardiola, Miguel Ángel, *Cartago contra Roma: las guerras púnicas,* Aldebarán, Madrid, 2000.

Moniz Bandeira, Luiz Alberto, *Argentina, Brasil y Estados Unidos. De la Triple Alianza al Mercosur,* Norma, Buenos Aires, 2004.

— *La formación de los estados en la cuenca del Plata: Argentina, Brasil, Uruguay, Paraguay,* Norma, Buenos Aires, 2006.

Mora, Alfonso María, *La conquista española juzgada jurídica y sociológicamente,* Editorial Americalee, Buenos Aires, 1944.

Morgenthau, Hans J., *Política entre las naciones. La lucha por el poder y la paz,* Grupo Editor Latinoamericano, Buenos Aires, 1986.

MOSSÉ, Claude, *Histoire d'une démocratie: Athènes,* Seuil, París, 1971.

MOWAT, Robert Balmain y SLOSSON, Preston, *Historia de los pueblos de habla inglesa,* Peuser, Buenos Aires, 1953.

MUCHNIK, Daniel, *Tres países, tres destinos. Argentina frente a Australia y Canadá,* Norma, Buenos Aires, 2003.

NICOLET, Claude, *Le métier de citoyen dans la Rome républicaine,* Gallimard, París, 1976.

NICOLLE, David, *Constantinople, 1453: The end of Byzantium,* Osprey Publishing, Londres, 2000.

NOUAILHAT, Yves-Henri, «La Cour Suprême et la séparation de l'Église et de l'État», *Vingtième Siècle,* núm. 19, julio-septiembre de 1988.

OLIVERA RAVASI, Javier, *La contrarrevolución cristera,* Parresía, Buenos Aires, 2021.

ORREGO, Antenor, *Pueblo-Continente. Ensayos para una interpretación de la América Latina,* Continente, Buenos Aires, 1957.

ORTEGA, Ángel, *La Rábida: Historia documental crítica,* Imprenta y Editorial de San Antonio, Sevilla, 1925.

PALACIO, Ernesto, *Historia de la Argentina,* Abeledo Perrot, Buenos Aires, 1984.

PANDRA, Alejandro, *Origen y destino de la Patria,* Punto de Encuentro, Buenos Aires, 2013.

PANIKKAR, Kavalam Madhava, *Asia y la dominación occidental. Un examen de la historia de Asia desde la llegada de Vasco da Gama (1498-1945),* Eudeba, Buenos Aires, 1966.

PASSERON, André, *De Gaulle parle. 1962-1966,* Fayard, París, 1966.

PAZ, Pedro, «Las raíces de la crisis económica internacional: diagnóstico y perspectivas», *Revista Integración Latinoamericana,* septiembre de 1986.

PEEMANS, Jean-Philippe, *Le développement des peuples face à la modernisation du monde,* L'Harmattan, París, 2002.

PELLICCIARI, Ángela, *Una historia única: de Zaragoza a Guadalupe,* Bendita María, Madrid, 2021.

PEREIRA, Juan de, *Política indiana,* Compañía Ibero-Americana de Publicaciones, Madrid, 1930.

PEREYRA, Carlos, *La obra de España en América,* M. Aguilar Editor, Madrid, 1930.

PÉREZ, Joseph, *La leyenda negra,* Gadir, Madrid, 2010.

PERÓN, Juan Domingo, *La comunidad organizada y otros discursos académicos,* Machaca Güemes, Buenos Aires, 1973.

PETRAS, James, «Entrevista de Efraín Iribarne», CX36 Radio Centenario, www.radio36.com.uy, lunes 26 de diciembre de 2011. Disponible en https://www.radio36.com.uy/entrevistas/2012/12/26/petras.html.

PETROCELLI, Héctor, *Lo que a veces no se dice de la conquista de América,* Ediciones Didascalia, Rosario, 1992.

PINHEIRO GUIMARÃES, Samuel, *Cinco siglos de periferia. Una contribución al estudio de la política internacional,* Prometeo, Buenos Aires, 2005.

PIRENNE, Henri, *Historia económica y social de la Edad Media,* FCE, México D. F., 1964.

PORTILLO, Álvaro del, *Descubrimientos y exploraciones en las costas de California (1532-1650),* Rialp, Buenos Aires, 2004.

POULSEN, Frederik, *Vida y costumbres de los romanos,* Revista de Occidente, Madrid, 1950.

PRESCOTT, William H., *Historia de los Reyes Católicos,* Argonauta, Buenos Aires, 1947.

— *Historia de la conquista de México,* Compañía General de Ediciones, México D. F., 1953.

PUIG, Juan Carlos, *Doctrinas internacionales y autonomía latinoamericana,* Universidad Simón Bolívar, Caracas, 1980.

Puiggrós, Rodolfo, *La España que conquistó el Nuevo Mundo,* Altamira, Buenos Aires, 2005.

Quesada, Vicente G., *Historia colonial argentina,* La Cultura Argentina, Buenos Aires, 1915.

— *La vida intelectual en la América española,* La Cultura Argentina, Buenos Aires, 1917.

Rabí Chara, Miguel, *El Hospital Refugio de Incurables «Santo Toribio de Mogrovejo» de Lima,* ed. del autor, Lima, 1997.

— *La formación de médicos y cirujanos durante los siglos* xvi *a* xix. *Las escuelas prácticas de Medicina y Cirugía en el Perú,* Anales de la Facultad de Medicina, Lima, 2006.

Ramírez Padilla, Marco Fabrizio, *La guerra de religión en México (1926-1929),* Palabra de Clío, México D. F., 2014.

Ramos, Jorge Abelardo, *De octubre a septiembre,* Peña Lillo, Buenos Aires, 1959.

— «El campo de batalla del imperialismo», *Marcha,* año I, núm. 12, 23 de octubre de 1986, pág. 13.

— «La relación Iglesia-Estado», *Politicón,* Buenos Aires, agosto de 1986.

— *Historia de la Nación Latinoamericana,* Senado de la Nación, Buenos Aires, 2006.

Ramos Pérez, Demetrio, *Historia de la colonización española en América,* Pegaso, Madrid, 1917.

Rea, Kenneth J., *A Course in Canadian Economic Development,* Toronto University Press, Toronto, 1966.

Reinert, Erik S., *La globalización de la pobreza. Cómo se enriquecieron los países ricos y por qué los países pobres siguen siendo pobres,* Crítica, Barcelona, 2007.

Renard, Georges y Weulersse, Georges, *Historia económica de la Europa moderna,* Argos, Buenos Aires, 1949.

Rey Morato, Javier del, «España, ¿una provincia de Alemania?», *Clarín,* 27 de marzo de 2012, pág. 28.

Riendeau, Roger, *A Brief History of Canada,* Fitzhenry and Whiteside, Markham, 2000.

Roca Barea, María Elvira, *Imperiofobia y leyenda negra,* Siruela, Madrid, 2016.

— «Las pruebas que confirman el Holocausto azteca», *El Mundo,* 10 de junio de 2017.

— *Fracasología. España y sus élites: de los afrancesados a nuestros días,* Espasa, Barcelona, 2019.

Rodó, José Enrique, *El mirador de Próspero,* Cervantes, Barcelona, 1928.

Rodríguez de la Torre, Fernando, «Antonio de Salazar». Disponible en https://dbe.rah.es/biografias/70776/antonio-salazar.

— «Manuel de Sumaya». Disponible en https://dbe.rah.es/biografias/74187/manuel-de-sumaya.

Roitman Rosenmann, Marcos, «Goldman Sachs gobierna España», *Patria Grande,* núm. 46, enero de 2012. Disponible en https://www.jornada.com.mx/2012/01/10/opinion/016a2pol.

Rosa, José María, *Defensa y pérdida de nuestra soberanía,* Huemul, Buenos Aires, 1967.

— *Historia argentina,* Oriente, Buenos Aires, 1974.

Rosenblat, Ángel, *La población indígena y el mestizaje en América,* Nova, Buenos Aires, 1954.

Rousset, Pierre, «La Corée du Sud, second Japon?», *Croissance des Jeunes Nations,* núm. 265, octubre de 1984.

Rubio Hernansáez, Luis, *Zacatecas bronco: introducción al conflicto cristero en Zacatecas y norte de Jalisco, 1926-1942,* Universidad Autónoma de Zacatecas, Zacatecas, 2008.

Runciman, Steven, *The Fall of Roman Empire,* Cambridge University Press, Cambridge, 1965.

Saavedra Inaraja, María, *La forja del Nuevo Mundo. Huellas de la Iglesia en la América española,* Sekotia, Madrid, 2008.

Sábato, Ernesto, «Dialécticas de las culturas», *La Nación,* 23 de noviembre de 1991.

Sáenz, Alfredo, *Rusia y su misión en la historia,* tomo 2: «La experiencia soviética y la supervivencia de Rusia», Gladius, Buenos Aires, 2011.

— *La gesta de los cristeros,* Gladius, Buenos Aires, 2012.

— «Arquetipos cristianos. Anacleto González Flores». Disponible en https://www.gratisdate.org/texto.php?idl=57&a=775.

Salado Álvarez, Victoriano, *Poinsett y algunos de sus discípulos,* Jus, México D. F., 1968.

Saldívar, Gabriel, *Historia de la música en México,* INBA, México D. F., 1934.

Sampson, Anthony, *Los bancos y la crisis mundial*, Grijalbo, Barcelona, 1993.

Sánchez-Albornoz, Claudio, *España, un enigma histórico,* Edhasa, Barcelona, 1977.

— *La Edad Media española y la empresa de América,* Ediciones Cultura Hispánica, Madrid, 1983.

Sanchís Muñoz, José R., *La América española (1492-1810). Leyenda negra y realidad,* Ágape, Buenos Aires, 2022.

Scalabrini Ortiz, Raúl, *Política británica en el Río de la Plata,* Sol 90, Buenos Aires, 2001.

Schmoller, Gustav, *The Mercantile System and Its Historical Significance,* Smith, Nueva York, 1931.

Sebreli, Juan José, *El asedio a la modernidad,* Sudamericana, Buenos Aires, 1992.

SEVARES, Julio, *Por qué crecieron los países que crecieron,* Edhasa, Buenos Aires, 2010.

SIERRA, Vicente D., *Así se hizo América,* Ediciones Cultura Hispánica, Madrid, 1955.

— *Historia de la Argentina,* Unión de Editores Latinos, Buenos Aires, 1956.

— *El sentido misional de la conquista de América,* Huarpes, Buenos Aires, 1980.

SOLÁ, Miguel, *Historia del Arte hispano-americano,* Labor, Buenos Aires, 1935.

STARR, Chester G., *The Origins of Greek Civilization,* Norton, Nueva York, 1991.

STARR, Kevin, *California: A History,* The Modern Library, Nueva York, 2005.

SUGARMAN, Sarah, «Land Rights and Establishing Desirable Production and Consumption. Outcomes for Agricultural Householdes», 2 de octubre de 2002. Disponible en www.reed.edu/sugarman/LandRights&desirable.pdf.

SULÉ, Jorge Óscar, *Iberoamérica y el indigenismo,* Fabro, Buenos Aires, 2011.

TAPIA, Andrés de, *Relación de la conquista de México,* Colección de Documentos para la Historia de México, Icazbalceta, México D. F., 1920.

TEJERINA CARRERAS, Ignacio, «Acerca del orden criollo». Disponible en https://bitacorapi.blogia.com/2006/121901-acerca-del-orden-criollo-de-mi-amigo-alberto-buela.php.

THOMAS, Hugh, *El Imperio español. De Colón a Magallanes,* Planeta, Buenos Aires, 2004.

TOCQUEVILLE, Alexis, *De la démocratie en Amérique,* Gallimard, París, 1961.

TOFFLER, Alvin, *La tercera ola,* Plaza & Janés, Barcelona, 1981.
— *Las guerras del futuro,* Plaza & Janés, Barcelona, 1994.
TORMO, Leandro, *Historia de la Iglesia en América Latina,* Centro Internacional de Investigaciones Sociales de FERES, Madrid, 1962.
TOUSSAINT, Eric, *Las finanzas contra los pueblos,* CLACSO, Buenos Aires, 2004.
— *Banco Mundial. El golpe de estado permanente. La agenda oculta del Consenso de Washington,* El Viejo Topo, Madrid, 2007.
TOYNBEE, Arnold J., *La civilización puesta a prueba,* Emecé, Buenos Aires, 1967.
TRÍAS, Vivian, *El Imperio británico,* «Cuadernos de Crisis», núm. 24, Ediciones del Noroeste, Buenos Aires, 1976.
TROTSKY, León, *Escritos latinoamericanos,* CEIP, Buenos Aires, 2007.
TRYON, Rolla Milton, *Household. Manufactures in the United States, 1640-1860,* Universidad de Chicago, Chicago, 1917.
TUDELA, José, *El legado de España a América,* Pegaso, Madrid, 1954.
UNDERWOOD FAULKNER, Harold, *Historia económica de los Estados Unidos,* Nova, Buenos Aires, 1956.
VALTIERRA, Cecilio E., *Mis memorias y actuación en pro del movimiento libertador en Jalpa de Cánovas, Guanajuato,* Instituto de Investigaciones sobre la Universidad y la Educación, UNAM, México D. F., 2017.
VARGAS LLOSA, Álvaro, «Sí, Goldman Sachs gobierna el mundo», *El Mundo,* 30 de septiembre de 2011. Disponible en https://www.elmundo.es/blogs/elmundo/hilo-de-ariadna/2011/09/30/si-goldman-sachs-gobierna-el-mundo.html.

VARGAS LLOSA, Mario, «Cabezazos con la Madre Patria», *La Nación,* 27 de enero de 1992.

VARGAS UGARTE, Rubén, *Historia de la Iglesia en el Perú,* Santa María, Lima, 1953.

— *Historia del culto de María en Iberoamérica y de sus imágenes y santuarios más celebrados,* Talleres Gráficos Jura, Madrid, 1956.

VASCONCELOS, José, *La raza cósmica. Misión de la raza iberoamericana,* Agencia Mundial de Librería, París, 1928.

— *Breve historia de México,* Continental, México D. F., 1959.

VÉLEZ, Iván, *Sobre la leyenda negra,* Encuentro, Madrid, 2014.

VICIEDO, Víctor, «San Isidoro de Sevilla y el sentimiento de España». Disponible en https://clubjaimeprimero.org/content/san-isidoro-de-sevilla-y-el-sentimiento-de-espana.

VIZCARRA, Zacarías de, *La vocación de América,* Gladius, Buenos Aires, 1995.

VV. AA., *Historia general de la República del Ecuador,* tomo I, capítulo 3: «Usos y costumbres de las antiguas tribus indígenas del Ecuador». Disponible en https://www.cervantesvirtual.com/obra-visor/historia-general-de-la-republica-del-ecuador-tomo-primero--0/html/0012f708-82b2-11df-acc7-002185ce6064_14.html.

YURMAN, Pablo, *Instantes decisivos de la historia argentina,* Imago Mundi, Buenos Aires, 2018.

ZAVALA, Silvio, *La filosofía política en la conquista de América,* FCE, México D. F., 1993.

Índice onomástico

Otros títulos del autor en Booket:

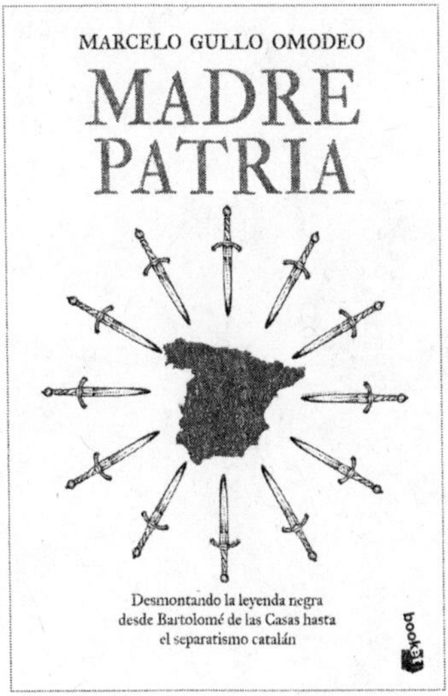

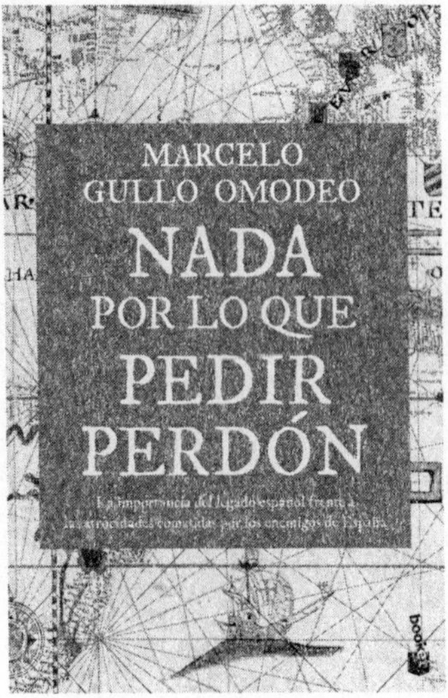